KB161513

여자가 왜 세상을 지배해야 하는가

일러두기

1. 본문에서 단행본 도서와 정기 간행물은 『』, 개별 자료와 보고서는 「」, 영화나 TV 프로그램 등의 작품은 〈〉로 표기합니다.
2. 각주는 옮긴이 주석입니다.

여자가 왜
세상을 지배해야 하는가

디디 마이어스 지음
민지현 옮김

WHY WOMEN SHOULD RULE THE WORLD

☑ *Cooperativeness*

☑ *Peaceful mind*

☑ *Emotonal Responsiveness*

☑ *Communication*

☑ *Conflict Resolution*

페이퍼로드
paperroad

출판사 서문

"나는 최초의 여성으로 기록되었으나
최후의 여성으로 기억되지 않을 것이다."

『여자가 왜 세상을 지배해야 하는가』의 원서 『Why Women Should Rule the World』는 2008년에 미국에서 출간된 도서로, 출간 당시 『뉴욕타임스』가 베스트셀러로 선정할 만큼 선풍적인 인기를 끌었다. 이 책의 내용이 무엇인지, 이 책이 왜 흥행했는지를 이해하기 위해서는 먼저 지은이가 책에서 본인을 어떤 사람으로 소개하는지를 알아야 한다.

지은이 '디디 마이어스'는 1993년 빌 클린턴 행정부의 첫 번째 백악관 대변인으로, 당시 기준 31세의 '최연소' 백악관 대변인이자 최초의 '여성' 대변인이었다. '나이 어린 여성'이었던 지은이가 요직에 부임한 배경은 꽤 복잡하다. 클린턴 대통령은 대선 후보 시절에 정부 요직에 더 많은 여성과 소수자를 임명하겠다고 공약했다. 대통령에 당선된 이후에는 이 약속을 지켜야 했다. 지은이 본인이 밝히듯이 디디 마이어스는 "여성이라서 그 자리에 임용"된, 할당제 정책의 수혜자였다.

하지만 그녀는 탄탄한 경력으로 실력을 증명한, 유능하고 젊

4

은 실무자였다. 스스로 "뼛속까지 파란 지지자"라고 표현한 것처럼 지은이는 대학생 시절부터 정치에 관심을 둔 열정적인 민주당원이었다. 마이어스는 대학을 졸업한 뒤 1984년 '월터 먼데일' 대통령 선거 캠프에서 일하면서 본격적으로 정치계에 입문한다. 1985년 '토머스 브래들리(톰 브래들리)' 로스앤젤레스 시장 선거, 1988년 '마이클 두카키스' 대통령 선거, 1990년 '다이앤 파인스타인' 캘리포니아 주지사 선거 그리고 1991~1992년 빌 클린턴 대통령 선거 캠프에서 연달아 중책을 맡았다. 디디 마이어스는 1992년 52회 미국 대선을 승리로 이끈 주역들 가운데 한 사람이었고, 최초의 여성으로 기록될 자격을 갖춘 인재였다.

그러나 백악관의 '유리천장'은 지은이의 상상보다 훨씬 투명하고도 견고했다. 지은이는 백악관 대변인 시절을 "직무에 걸맞은 책임은 짊어야 하지만 그 직무를 수행하는 데에 필요한 권한은 주어지지 않았던 시기"라고 회고한다. 자신의 직책과 업무가 전임자들과 달랐다. 자신과 직급이 같은, 다른 부서의 남자 직원이 본인보다 더 많은 연봉을 받았다. 미국 대통령과 그의 고위 참모진이 공유하는 정보를 본인만 몰랐던 경우도 있었다. 다른 남자 정치인과는 달리 본인은 여자라는 이유만으로 패션 감각을 지적받았다. 백악관에 있던 동료들이 성차별주의자는 아니었으나 마이어스의 업무 환경이 상대적으로 더 고단하고 힘들었던 건 사실이었다.

여러 사건을 겪은 후 디디 마이어스는 백악관 대변인직에서 사임한다. 백악관을 떠난 뒤에도 지은이는 시사 토크쇼 진행자, 정치

평론가, 작가로 일하며 미국 정치계에 발을 디디었다. 마이어스는 미국 정치의 현실을 분석하면서 자신의 경험을 되돌아보자, 여성이 세상을 지배해야 더 나은 세상을 만들 수 있을 거라는 확신을 느꼈다. "전 세계에서 더 많은 여성이 리더가 된다면 많은 것이 좋아지지 않을까?" 이러한 도발적인 질문에 응답하고자 그녀는 『여자가 왜 세상을 지배해야 하는가』를 집필했다고 책에서 밝힌다.

지은이가 거듭 말하듯이 이 책은 남성을 공격하기 위해 출간된 게 아니다. 그러면서도 세상을 바꾸기 위해서는 더 많은 여성이 공공 영역에 진출해야 한다는 사실을 증명하고자 부단히 애쓴다. 다양한 분야의 수많은 여성 리더와 인터뷰를 진행했고, 광범위한 문헌을 조사했으며, 누구나 공감할 수 있는 사례들을 제시하며 독자들을 설득한다. 저널리스트 메리 마탈린은 원서의 추천사에서 "디디 마이어스는 격렬한 논쟁을 유도하는 데에만 그치지 않는다. 깊이 있는 연구와 조사에 기반을 둔 호소력 짙은 이야기를 들려준다. 더불어 디디 마이어스의 이야기는 유리천장의 최전선을 경험한 자의 처절한 증언이다."라고 말했다. 이처럼 이 책은 성평등을 왜 이룩해야 하는지, 여성이 질서를 주도할 때 얼마나 긍정적인 결과를 창출하는지를 쉽고 간결하며 설득력 있게 설명한다. 2008년 대선 당시 힐러리 클린턴이 대통령이 될 수도 있다는 사회적 기대감과 더불어 디디 마이어스의 균형감 있는 유창한 글솜씨가 이 책을 베스트셀러로 만든 원동력이었던 셈이다.

원서가 출간된 이후 약 16년이라는 기간이 지났다. 그렇지만 전 세계 여성의 사정은, 그리고 한국 여성의 사정은 아직 위태롭다. 2024년 세계은행이 발표한 「여성, 비즈니스, 법 2024」 보고서에서 말하기를, 전 세계 여성은 남성보다 육아 노동에 시달리고, 남성보다 '안전할 권리'를 덜 보장받으며, 남녀 임금 격차를 해소하기 위한 집행 장치를 구축한 국가는 35개에 불과하다. 한국 정치의 경우, 페미니즘과 성평등이 시대정신으로 대두되었음에도 여전히 여성의 권익을 충분히 대변하지 못한다. 2004년 17대 총선에서야 비로소 여성 국회의원 비율이 10%를 넘겼고, 21대 총선때는 19%까지 올랐다. 그러나 OECD 평균인 33.9%에 비하면 한참 부족한 수치이다. 국민의 절반이 여성임에도, 여전히 정치는 남자의 얼굴을 하고, 정책은 남자의 이름으로 수립된다.

『여자가 왜 세상을 지배해야 하는가』는 여성이 세상을 지배해야 '협동'과 '공동체'의 가치를 회복할 수 있다는 메시지를 담고 있다. 독자의 이해를 돕고자 본문에서 언급하는 주요 여성 정치인들의 설명문을 395쪽에 수록했다. 원서가 2008년에 출판되었기에 본문에 수록된 학계 연구, 통계 자료, 인터뷰, 언론 기사 등은 당시를 기준으로 정리됐음을 밝힌다. 국민의 절반이 사회 전 분야를 통틀어 불합리한 차별에 시달린다는 현실은 지금도 변함이 없다. 이 책이 차별과 평등의 문제를 고민하고 논의하는 계기가 될 수 있기를 희망한다.

페이퍼로드 편집부

사랑과 격려, 타고난 낙천성으로
내게 장벽보다는 기회를 보도록 가르쳐주신
내 어머니 주디스 벌리 마이어스에게 이 책을 바칩니다.

"여성이 세계를 지배해야 한다!"

이것이 내가 겪었던 좌절감을 해소하고, 점차 정치적으로 고립되던 문제 상황을 해결할 수 있는 방법이다. 정말 단순하고 명료하지 않은가? 여성이 곧 해답이다!

여성이 통치권을 쥐면 실제로 모든 게 달라질 수도 있다. 경쟁하기보다는 협동할 것이고, 상황을 교착 상태에 빠뜨리기보다는 발전과 진보를 이루고자 할 것이며, 서로 목청을 돋우는 대신 대화를 나눌 것이다. 아주 긴 대화를 하겠으나 누구도 마다하지 않을 것이다. 다 함께 손을 잡고 '쿰바야Kumbaya*'를 부를 것이다.

그런데 정말 그럴까? 나는 여성이 세상을 지배하면 어떻게 될

---

* 기독교 찬송가 중 'Come By Here(여기에 임하소서)'라는 노래가 있다. 이 노래를 선교사들이 아프리카 원주민들에게 전파하는 과정에서, 영어가 익숙지 않던 흑인 원주민들이 이 노래 제목을 '쿰바야'라고 불렀다. 이 '흑인 찬송가(블랙 가스펠)'는 현재에도 평화를 염원하는 모든 곳에서 널리 불린다.

지 생각하기 시작했다. 뭔가 정말 달라질 수 있을까? 세상이 좀 더 살기 좋은 곳이 될까? 나는 공직에 종사하는 여성이 좀 더 많아지면 모든 게 나아지리라 생각한다. 사실 점점 더 많은 여성이 이미 그러한 변화를 만들고 있다.

남성이 자기 역할을 잘 해내지 못했다고 간단하게 주장할 수도 있다. 하지만 그건 너무 안이하고 피상적인 견해일지 모른다. 지난 한 세기는 인류 역사상 가장 피비린내 나는 시간이었고, 전쟁과 테러, 종교적 극단주의, 극심한 빈곤과 질병으로 점철된 시간이었다. 그것이 모두 남성의 잘못이라 말할 수는 없다. 다만 그동안 남성이 통치권을 쥐고 있었고, 이 심각하고 골치 아픈 문제들을 해결하는 데에 별 진전을 보이지 못했다는 정도로만 언급하겠다.

여성이 실질적인 리더의 역할을 하는 사회는 간혹 있었다고 해도, 그 예가 매우 드물고 희귀해서 찾아보기 어려울 정도다. 역사를 통틀어 여성은 주로 통치하는 남성을 보조하는 역할을 해왔기 때문이다. 1900년대 초에 출간된 백과사전의 항목들을 살펴보면, 2000년에 가까운 인류 역사를 포괄함에도 그중에 수록된 여성 인물은 850명뿐이다.[1] 게다가 이들 여왕과 정치인, 어머니, 아내, 애인, 미녀와 여성 종교인, 그리고 '비운의 여인'은 대부분 남성과의 관계라는 맥락 때문에 조명을 받았다.

나는 언제나 여성이 세상을 지배할 수 있다고 믿는다. 내가 기억하는 한 언제나 여성은 거의 모든 분야에서 남성 못지않은 실력을 발휘할 수 있는 듯이 보였고, 많은 경우 남성을 능가할 수도 있기 때문이다. 물론 남성이 여성보다 뛰어날 수밖에 없는 분야도 있다. 적어도 초등학교 6학년 이후부터는 분명히 그렇다. 6학년이 되기 전까지 나는 남자아이들이 하는 것이면 무엇이든 할 수 있다고 생각했다. 나는 모범생이었고 운동도 잘했으니, 교실에서든 운동장에서든 남자아이들과 보조를 맞추기가 어렵지 않았다. 캘리포니아의 와일리 캐니언Wiley Canyon 초등학교 6학년 시절, 하루는 동급생 더그가 나와 내 친구 페기에게 2대1로 농구 게임을 하자고 청해왔다. 먼저 10점을 차지하는 편이 이기는 게임이었는데, 우리는 그에게 10:0으로 졌다.

그날 나는 운동신경이 좋은 남자아이는 대다수 여자아이보다는 물론이고, 페기와 나처럼 많은 시간 농구장에서 슈팅을 연습한 여자아이들보다도 농구를 잘한다는 사실을 깨달았다. 당시 나는 그 일로 약간의 좌절을 맛보았지만, 그렇다고 해서 남자아이들이 매사에, 아니 많은 분야에서 우월하다는 생각은 하지 않았다. 그런 생각은 단 한 번도 해 본 적이 없었다.

그렇게 생각한 적이 없는 이유는, 어쩌면 내가 강한 여성들 사이에서 자랐기 때문일지도 모른다. 시대의 흐름에 순응하며 살았던 나의 어머니는 대학교 2학년 때 젊은 해군 조종사였던 아버지와 결혼하기 위해 학교를 중퇴했다. 그 후 1, 2년 사이에 딸 셋을 낳았으며, 자주 바다에 나가 집을 비우는 남편의 몫까지 도맡아가며 가정 살림을 꾸렸다. 쿠바에서 카스트로가 기세를 떨치고 베트남에서 전쟁이 일어나자 아버지는 한 번 바다에 나가면 몇 주, 몇 개월씩 돌아오지 못하게 되었다. 그동안 어머니는 혼자 집안을 돌봐야 했다. 어머니가 동남아 어느 바다 위에 있을 아버지에게 보내기 위해 선물 상자에 작은 크리스마스트리와 과자, 선물꾸러미들을 넣는 걸 도와드리던 일은 지금도 내 어린 시절 최초의 기억으로 남아 있다. 하지만 어머니는 단 한 번도, 적어도 우리 자매들이 있는 자리에서는, 그러한 현실에 불평한 적이 없었을 뿐 아니라 당신이 감당해야 하는 짐을 버거워하는 모습을 보인 적도 없었다.

모든 군대가 마찬가지겠지만 해군 역시 남편이(요즘엔 아내가 그런 가정도 있지만) 먼 곳에서 파견 근무를 수행하는 동안 후방을 지키고 보살피는 유능한 여성들이(요즘엔 남성일 수도 있지만) 없다면 무너지고 말 것이다. 어머니는 다른 해군 아내들과 함께 아픈 아이들을 돌보고, 주방의 막힌 개수대를 서로 뚫어주었으며, 지구 반대편에서 들려오는 참혹한 전쟁 소식에 불안해진 마음을 위로했다. 아버지가 해군을 제대한 후 우리는 로스앤젤레스 근교로 이사했는데, 거기서 어머니는 대학의 학부 과정과 대학원 과정을 마쳤다. 그 후 첫 직장으로 지역 대학에서 상담사로 일하다가 전화 회사의 임원직을 맡게 되었다. 어머니는 직장생활에서 탁월한 능력을 발휘했기 때문에 어디서 무슨 일을 하든 진급이 빨랐고, 그만큼 직업적 성취도 높았다.

어머니의 부재가 늘 좋았던 건 아니었지만, 어머니가 하는 일이 의미 있고 중요한 일이라는 믿음은 한결같았다. 그 시절 동네의 다른 어머니들은 대부분 집에 있었기 때문에 우리 어머니는 특별한 경우였다. 하지만 아버지는 그런 어머니를 적극적으로 지원했고, 따라서 우리 자매는 종종 베시 언니가 만들어 준 뻑뻑한 마카로니와 까맣게 탄 핫도그를 먹으면서도 의기소침해지기보다는 오히려 부모님을 자랑스러워했다. 대학을 졸업해 직업도 갖고 가정도 꾸리겠다는 계획을 단 한 번도 의심한 적이 없었다. 나의 부모님은, 그중에도 특히 어머니는 그러한 나의 꿈을 늘 지지하고 격려해 주었다.

친할머니 버나뎃도 당신께서 생각하지 못했던 방식으로 여성의 성취에 관한 내 생각을 고양해 주었다. 어렸을 때 류마티스열을 앓았던 친할아버지는, 다섯 아이를 할머니에게 남겨둔 채 서른일곱 살에 울혈성 심부전으로 돌아가셨다. 당시 아버지는 열한 살이었고, 그 아래로 두 살부터 열두 살 사이의 여동생 네 명이 있었다. 생전에 할아버지는 위스콘신주의 러신이라는 도시 대로변에서 주유소를 운영하셨고, 할머니는 다섯 아이를 키우느라 바쁜 중에도 세인트 요셉 성당에서 오르간 반주자로 봉사하셨다. 할머니는 할아버지의 사업에 거의 관여하지 않으셨는데, 1946년 당시 여자가 주유소를 운영한다는 건 누구도 생각하기 힘든 일이었을 것이다. 심장이 건강하지 않았던 할아버지는 생명보험을 들 수 없었지만, 주유소 사업 자체는 사업자 보험에 가입되어 있었다. 할머니가 특히 자주 들려주셨던 이야기가 있는데, 할아버지가 돌아가시자 보험회사 직원이 집으로 찾아와서 할머니에게 집과 주유소를 팔고 아이들과 함께 시내 반대편에 있는 보육원으로 들어가 사는 게 어떻겠냐고 제안했다고 한다. 할머니는 보험회사 직원에게 "당장 내 집에서 나가."라고 고함치고는 다신 찾아오지 말라며 내쫓으셨다고 한다. 그리고 할머니는 그날부터 주유소를 팔 때까지 30년 넘게 주유소를 직접 운영하셨다. 혼자 다섯 아이를 키우고 대학 공부까지 시키면서 매일 주중 미사와 다섯 번의 주일 미사에서 오르간 반주를 하셨다. 결혼생활에서 누릴 수 있는 것들이 아쉽고 아이들이 아버지 없이 자라는 것이 애석했을 법도 하지만 할머니는 진지하게 누군가를 사귀거나 재혼할 생각은 하지 않으셨던 듯했다. 할머니는 좋은 사람을 만나지 못했기 때문이라고 말씀하셨지만 고모들은 할머니가 당신 재량대로 사는 걸 원하셨기 때문일 거라고 말한다.

그렇게 나의 할머니는, 본인이 원해서라기보다는 운명적으로, 작은 사업가이자 다섯 아이의 홀어머니가 되셨고 그 삶을 살아내셨다. 이 두 가지를 다 하는 건 고사하고 둘 중 하나도 해내는 여성이 드물던 시대에 말이다. 나는 가끔 스스로 이렇게 질문하곤 한다.

만약 어느 가정에서 아내가 일찍 죽고 그 남편이 혼자 남아 다섯 아이를 키워야 한다면 어떻게 될까? 사업체를 오롯이 혼자서 운영하면서 아이들을 기르고 동시에 일주일에 6일씩 교회에서 봉사할 수 있는 남자가 몇 명이나 될까?

어머니와 할머니 외에도 어린 시절 내 주변에는 성공한 여성이 많았다. 초등학교 교장선생님, 고등학교 진로상담 선생님, 고모들, 친구 어머니들, 그리고 어머니의 친구들. 내가 보기에 여자들은 무엇이든 할 수 있는 것 같았다. 물론 그럴 수 있는 여건이 항상 허락되었던 건 아니지만.

초등학교 2학년이었을 때였다. 아직 내가 남학생들이 농구를 더 잘한다는 사실을 깨닫기 전이었는데, 선생님께서 이다음에 자라서 무엇이 되고 싶은지 그림으로 그려보라고 하셨다. 내 짝이었던 로버트는 텔레비전 수리공을 그렸다. 그 아이가 꿈꾸던 직업이 그의 부모에게는 그다지 흡족하지 않은 것이었을지도 모르지만 나에게는 신선한 충격이었다.

"와, 이 아이는 무엇이든 될 수 있구나! 나는 교사나 간호사, 수녀 중 하나가 되어야 하는데."

나는 교사가 된 내 모습을 그렸다. 다행스럽게도 2학년을 마치고 해가 거듭되면서 내가 고를 수 있는 선택지는 기하급수적으로 늘어났다. 오늘날 여자아이들은 초등학교 교사가 되기를 꿈꿀 수도 있고 대학 총장이 되기를 꿈꿀 수도 있다. 간호사나 의사, 수녀 혹은 각종 종교의 사제나 목사, 랍비가 되기를 열망할 수도 있다.

여자아이든 남자아이든 공학자가 될 수도 있고, 사업가나 우주비행사가 될 수도 있다. 텔레비전 수리공이 될 수도 있지만, 배우나 저널리스트로 텔레비전에 나올 수도 있다. 집을 지을 수도 있고, 집에서 살림하며 아이를 기를 수도 있다. 그리고 나처럼 미국 대통령의 대변인이 될 수도 있다.

1984년 대통령 선거 캠페인에서 월터 먼데일Walter Mondale의 하급 보좌관으로 일하기 시작했을 때만 해도 내가 훗날 백악관에서 일하게 되리라고는 예상하지 못했다. 봉투에 내용물을 넣거나 선거구를 도는 자원봉사자 중에는 여성도 많았다. 하지만 실질적으로 영향력을 행사하고 결정권을 보유한 직위로 올라갈수록 여성의 수는 줄어들었다. 그 후로 내가 캘리포니아 주의회에서, 로스앤젤레스 시장실에서, 톰 브래들리Tom Bradley와 다이앤 파인스타인Dianne Feinstein의 선거 캠페인에서, 1988년 마이클 두카키스Michael Dukakis의 대선 캠페인에서 일하느라 옮겨 다니는 동안 그 분야에 발을 디디는 여성의 수가 점점 많아지기는 했어도 선거 정치는 확실히 백인 남자들의 세계였다.

1991년 시작된 빌 클린턴의 대선 캠페인에 합류하면서, 나는 여성이 누구보다 중요한 역할을 해낼 것이라 확신했지만 우리가 이기면 어떻게 될지는 단 1분도 생각해 보지 않았다. 우리는 선거에서 승리했고, 나는 여성 최초로 백악관 대변인이 되었다. 그 후로 나의 삶은 완전히 바뀌었다. 하지만 세상이 바뀌지는 않았다. 그동안 나는, 세상이 바뀌려면 훨씬 더 많은 여성이 필요하다는 것을 깨달았다.

백악관을 떠난 뒤에도 나는 토크쇼 진행자, 정치평론가, 강연가, 때로는 작가로 일하느라 미국 정치계에 발을 디디고 있었다. 더는 현역으로 일하지는 않지만 여전히 민주당의 열렬한 지지자이고, 뼛속까지 파란 민주당 당원이었다. 치열하게 주고받는 정치 논쟁 또한 마다하지 않는 사람이었다. 그런데 세월이 흐르면서 뭔가 달라졌다. 이 나라에 만연하게 퍼지는, 신랄함으로 일관된 풍조에 점점 더 절망감을 느낀다고 할까? 양편이 갈수록 문제 해결보다는 논쟁 자체에서 이기는 데에 중점을 두는 것처럼 보인다. 그 결과 우리가 마주하는 건 정체되고 양극화된 현실과 만연하는 냉소주의다.

분명 다른 길도 있다. 더 나은 길. 이제 나는 대결의 문화에서 합의의 문화로, 나는 이기고 너는 지는 게임에서 모두가 이기는 게임으로 옮겨갈 방법을 생각하기 시작했다. 워싱턴에서 내가 말로밖에 할 수 없었던 그것을 실천하는 사람이 있었던가? 진실성 있게 말하고 상대방의 이야기를 듣는 사람이 있었던가? 서로 힘을 모아 일했던가? 서로를 존중하고 상대방의 관점에 서서 세상을 보려는 사람이 있었던가? 나중에 깨달은 것이지만 몇몇은 그랬던 것 같다. 그리고 일상적으로 그런 분위기가 유지되는 곳 중 하나는 미국 상원의 여성의원 그룹이었다.

여성의원이라 해봤자 아직 16명이니 상대적으로 작은 그룹이다. 16명 사이에서 예의를 지키는 건 100명이나 535명, 또는 3억

명 사이에서 예의를 지키는 일보다 쉽다. 그렇지만 거기엔 뭔가가 있다. 경력만 보면 그 여성들 사이엔 별로 공통점이 없다. 누구는 진보파고 누구는 보수파다. 작은 주에서 온 사람도 있고 큰 주에서 온 사람도 있으며, 해안지역 출신도 있고 중부 내륙 출신도 있다. 독신 여성도 여럿 있으나 나머지는 엄마이기도 하고 할머니이기도 하다. 관심사도 다르고, 각자 다른 삶의 여정을 거쳤다. 신체적으로, 정신적으로 가지고 있는 에너지도 다르다. 그런데도 일단 정치 현안을 마주하면 의회를 지배하는 냉혹한 당파주의를 뛰어넘어 연대를 이룰 뿐 아니라 진정한 우정까지 싹틔우는 것이다. 공화당 소속 텍사스주 상원의원 케이 베일리 허치슨Kay Bailey Hutchison은 이렇게 말했다.

> "우리가 사적인 차원에서 연대감을 나눌 수 있는 이유는, 모두가 자신을 과소평가하고 하찮게 여기려는 편견의 잣대를 극복한 경험이 있기 때문이에요. 그러다 보니 좋은 친구가 된 거죠."[2]

이념적으로 다양한 이 여성의원 그룹은 공식적으로 하나의 의견을 내놓은 적은 없어도 최근까지 협동해서 여러 문제의 해결안을 도출해 내고 있다. 예를 들면 주부들이 개인의 은퇴 자금을 좀더 유용할 수 있게 하는 문제, 가정에서의 건강관리와 유방암 연구 지원 자금을 확대 편성하는 문제, 그리고 미얀마의 군사 정권이 민주화 시위자들을 잔혹하게 진압한 일을 비난하는 결의안 채

택 문제를 해결했다. 또한 이 그룹은 세계 각국의 여성 지도자에게도 손을 내밀었다. 몇 년 전에는 전쟁으로 피폐해진 나라에 시민 사회를 건설하기 위해 애쓰는 북아일랜드의 여성 지도자들과 만나 이들을 격려했다.³ 메인주의 공화당 의원인 수전 콜린스Susan Collins는 이렇게 말했다.

"내 경험상 여성이 남성보다 협동을 더 잘해요. 그리고 더 실용적이고 결과 지향적이죠."⁴

16명의 여성의원이 상원에서 항상 완벽한 주장을 하는 건 아니다. 다만 여성이 좀 더 합일에 초점을 맞춘다는, 나의 편파적인 견해를 뒷받침하는 건 분명하다. 정치라는 경기에서 누가 이기고 누가 졌는지 승부에 연연하느라 자신의 역량을 소모하는 일이 상대적으로 적다는 뜻이다. 다른 사람의 의견에 좀 더 귀를 기울인다는 뜻이기도 하다. 모든 여성이 다 그렇다는 뜻은 아니다. 그렇지는 않다. 하지만 의회에 여성의원의 수가 많아지면 풍조도 달라지지 않을까? 좀처럼 합의하기 어려운 사안에서 좀 더 높은 확률로 의견을 조율할 수 있지 않을까? 정치 현안을 처리하는 과정이 더 생산적으로 변하지 않을까? 그렇지 않을까? 나는 그럴 거라 생각한다. 사실 의회뿐 아니라 미국 전역에, 아니 전 세계에서 더 많은 여성이 리더가 된다면 많은 게 좋아질 것이다. 완벽하지는 않아도 더 나아질 것이다. 국민의 뜻을 좀 더 포괄적으로 반영하는 정부,

더 부강한 경제, 더 건강하고 지속 가능한 지구를 갖게 될 것이다. 갈등을 해결하고 평화를 유지하는 데에 좀 더 유능해질 것이다. 우리의 가정이 좀 더 건강해질 것이다. 그러한 생각들이 뒷받침되어 이 책, 『여자가 왜 세상을 지배해야 하는가』를 쓰게 되었다.

정부 기관의 실무자, 엄마, 딸, 자매, 아내, 그리고 누군가의 친구로서 살아온 나의 이야기는 내가 누구보다 잘 알고 있지만 그것만으로는 충분하지 않았다. 그래서 친구들과 이야기도 나누고, 기사와 연구자료도 찾아보고 책도 읽었다. 또한 영장류 동물학자인 제인 구달Jane Goodall, 다이앤 파인스타인 상원의원, 사회운동가이자 기업인인 아니타 로딕Anita Roddick, 노벨상 수상자이자 환경 운동가인 왕가리 마타이Wangari Maathai 같은 뛰어난 여성들을 만나 그들의 이야기도 들었다. 이 주제와 관련하여 끊임없이 쏟아져나오는 학술 문헌들도 탐구했다.

하지만 막상 자리 잡고 앉아 논쟁을 펼치려니, 이 문제는 예상보다 어려울 수 있겠다는 생각이 들었다. 세계사를 통틀어 어느나라 어느 문화에서도 여성이 성취의 정점에 많은 공간을 차지한 적이 없었다. 지난 30년 동안 엄청난 진보를 이루었다는 데에는 의심할 여지가 없으나 숫자로 보면 아직 너무 작다. 미국의 경우, 투표하는 여성의 수가 투표하는 남성의 수보다 수백만이나 더많으며 2007년에는 낸시 펠로시가 여성으로서는 처음으로 하원의장이 되었다. 그렇지만 미국 상원에서 여성의원의 비율은 전체의 16%밖에 되지 않으며, 주의회에서는 24%였다.[5] 전국에 있는

50명의 주지사 중에 여성은 8명에 불과하다. 드디어 여성도 미국 대선에서 막강한 경쟁력을 발휘하지만 여성이 대통령으로 선출된 적은 아직 없다. 세계적으로 보면, 국가나 정부의 수장을 맡은 여성의 수가 늘어나고는 있으나 여전히 소수이다. 하지만 세계 모든 지역, 모든 단계에서 정부 조직의 절반 이상이 여성으로 구성된다면 상황이 어떻게 달라질지는 예측하기 어렵다.

비즈니스도 마찬가지다. 이 나라에서 여성은 주요한 소비 결정권자로, 많은 분야에서 80% 이상을 차지한다. 그런데도 상품과 서비스를 제공하는 기업의 고위 경영권에서 여성의 영향력은 너무 작다. 현재 여성이 관리직의 절반 정도를 차지하지만 비즈니스 잡지 『포춘Fortune』이 선정한 500대 기업을 보면 임원 중에 여성은 16%, 최고 소득자의 5%, CEO의 2%에 불과하다.[6] 이런 상황에서 경영진의 절반에 여성이 이름을 올렸을 때 세상이 어떻게 바뀔지를 가늠한다는 게 가능할까?

똑같은 양상이 계속 반복된다. 법과 대학 졸업생의 반이 여성이며 전체 변호사 3분의 1이 여성이다.[7] 하지만 로펌 파트너나 연방 판사 중에 여성은 고작 15%이며, 법과 대학 학장이나 『포춘』 선정 500대 기업의 법무 자문위원 중 여성은 10%밖에 되지 않는다. 여성은 의대 졸업생의 대략 절반을 차지한다.[8] 그러나 전체 의사 중 4분의 1만이 여성이며 의대 학장 중 10%뿐이다. 대학 총장 중에 여성은 20%에 불과[9]하며 종신교수, 그중에서도 특히 수학이나 과학, 공학 분야에 여성 종신교수의 비율은 통탄할 정도로 낮다.

그렇다면 모든 단계에서 여성의 수가 증가할 때, 법률, 의학, 학술 분야에는 어떠한 변화가 일어날까?

나는 이러한 의문들에 답하기 위한 탐구를 하고 싶었다. 물론 이러한 질문은 여성의 성취나 그것의 결여를 수치화한 통계보다 깊은 곳에 닿아 있다. 지난 수십 년 동안 리더십 스타일, 윤리, 성욕에 이르기까지 모든 것에 성별을 결부하여 살펴보고 분석하는 연구와 논평이 무수히 쏟아졌다. 정보의 양이 많아지면서 그 의미를 둘러싼 논쟁도 늘었다. 그 과정에서 제기되는 '성별 차이'는 사실일까? 사실이라면 그중 어느 것이 선천적으로 내재하며, 어느 것이 사회화의 결과일까? 그 '차이'는 성 역할을 향한 기대감에 어떤 영향을 미칠까?

이러한 질문을 탐구하기 시작하고 보니, '본성 대 양육'의 문제를 둘러싼 논쟁이 놀랄 만큼 격렬하다는 걸 알 수 있었다. 본성을 주장하는 사람들은 성 역할이 유전적으로, 심지어 신에 의해 결정된다고 믿는다. 과학자, 철학자, 평론가, 부모, 종교적 전통주의자 등 다양한 사람이 이 의견을 지지한다. 이들의 견해에 따르면 여성은 아기를 낳고 기르는 양육자로, 남성은 세상에 나가 경쟁하고 가족을 부양하도록 선천적으로 만들어졌다는 것이다.

반대의 주장도 똑같이 열정적이다. 주로 심리학자, 사회학자, 페미니스트, 진보주의자들이 '양육' 의견을 지지하는데, 이들은 남성과 여성의 행동 차이는 양육으로 형성된 결과라고 주장한다. 그들의 주장에 따르면 연구 결과는 점점 축적되고 있는데 생물학과 행동을 연결하는 증거는 미약하고, 문화가 행동 차이를 결정하는 주원인이다. 유아기 때부터 여자아이와 남자아이에게 기대되는 행동 양식이 다르다는 것이다. 이것을 다른 관점에서 보면, 여성을 수천 년간 억압해 온 생물학적 운명론의 한계를 마주하게 된다. 만약 여성에게 양육하는 본성이 있고, 관계 맺기에 좀 더 유능하다면, 남성이 수학과 과학에 더 뛰어날 가능성도 있지 않을까? 그렇다면 그 분야에 여성의 기회가 적은 것도 정당화될 수 있지 않을까? 나는 이러한 의문도 탐구하고 싶었다.

나는 사회학자가 아니다. 심리학자나 생물학자도 아니고, 정치 이론가도 아니다. 하지만 이 책을 집필할 때 비전문가의 관점에서 더 많은 여성이 공공 생활에서 권력이나 권위를 가지게 되면 어떠한 변화가 일어날 것인지 상상하고 싶었다. 그리고 솔직히 말하자면 여성의 영향력이 압도적으로 긍정적이라는 결과를 확인할 수 있기를 기대했다. 여성이 남성과 똑같아서가 아니라, 여러 가지 면에서 다르기 때문임도 확인할 수 있기를 원했다. 동시에 여성에게 권한을 부여했을 때 얻어지는 긍정적인 측면을 정직하게 들여다보기 위해서는 거대한 문화적·역사적·생물학적 영향력, 일과 가정의 균형을 유지하는 문제, 그리고 여성이 잠재력을 충분히 발휘하는 데에 방해가 되는 내면의 장벽 등 모든 장애물을 살펴봐야 한다는 사실을 깨달았다.

이 책은 남성을 공격하기 위한 게 아니다. 남성을 비하하거나 소외시키려는 의도로 집필하지 않았다. 결국 나의 아버지도 남자고, 내가 결혼한 사람도 남자다. 그리고 남자아이를 낳았다. 남성은 (여성의 아이디어였는데 남성이 그 공로를 가로챈 것일 수도 있지만) 바퀴를 발명하는 일부터 달 위를 걷는 일까지 훌륭한 업적을 세웠다. 남성의 성취 목록은 너무도 길고 심오해서 숫자로 표현하는 작업 자체가 어리석어 보일 정도다. 그렇다고 해도 더 많은 여성이 공공의 영역에 진출한다면 세상이 더 나아질 것이라는 사실이 부정되는 건 아니다.

미국뿐 아니라 세계적으로 여성의 영향력이 커진다면. 여성도 남성과 똑같은 교육의 기회를 누리고 경제적으로 뒷받침을 받으며 의료 서비스를 이용할 수 있다면. 여성도 남성과 동등한 권리와 기회를 부여받는다면. 기업의 이사회, 학교 교실, 수술실 그리고 법정에 더 많은 여성이 존재한다면. 여성의 아이디어와 의견과 삶의 경험이 남성과 동등하게 존중된다면. 여자아이도 남아아이만큼 가치 있는 존재로 대우받는다면.

만약 여성이 세계를 지배한다면
세상은 더 나아질 것이다.

차례

3부
PART III

여자는 어떻게 세상을 지배해야 하는가
HOW WOMEN CAN RULE THE WORLD

7장 누출되는 파이프라인을 정비하려면 237

보이는 장벽과 보이지 않는 장벽 | 여성에게 더 많은 선택지를 |
노동의 재구성 | 패러다임 바꾸기

8장 자신감의 격차를 줄이려면 270

고정관념을 버리기 | 욕심에 솔직해지기 | 위험부담을 재고하기 |
여성 스스로를 긍정하기 | 주위 잡음 무시하기

9장 눈으로 보아야 믿는다 304

롤모델, 여성을 이끌다 | 롤모델은 많을수록 좋다 | 롤모델의 뒤를 따라서 |
서로의 이정표가 되는 여성들

10장 여자가 지배하는 세상을 위해 334

여자가 이끄는 더 나은 결말 | 마거릿 대처 딜레마 | 한 사람으로는 부족하다 |
3분의 1을 넘어야 한다 | 성공하는 여성이 많을수록 | 세상을 바꾸는 여성

1부 여자가 왜
세상을 지배하지 않는가

WHY WOMEN DON'T RULE THE WORLD

1장

정치적 난관과 공약 사이에서

"남성이 발표하려고 일어나면 청중은 귀를 기울인다. 그리고 본다.
여성이 발표하려고 일어나면, 청중은 본다. 그리고 외모가 마음에
들면 그제야 여성의 발언에 귀를 기울인다."

— 폴린 프레데릭(Pauline Frederick), 미국의 여성 배우

빌 클린턴은 미국의 42대 대통령으로 취임하기 6일 전에 내게 백
악관 대변인이 될 거라고 발표했다. 당시 31세였던 나는 여성으로
서도 처음으로 백악관 대변인을 맡았다. 그 직무를 맡은 사람 중
당시 기준으로 최연소이기도 했다. 이상하게도 그 순간의 기억이
거의 남아 있지 않다. 아칸소강둑을 따라 서 있는 리틀록 시내의
올드 스테이트 하우스Old State House였던 건 기억한다. 나는 친구와
동료들에게 둘러싸여 있었다. 빌 클린턴 대선 캠페인을 위해 15개
월 동안 함께 달려온 사람들이었다. 지난 신문 기사들을 확인한
나는 대통령 당선인이 직접 고위급 참모들을 소개한 뒤 새로 임명
된 비서실장 맥 맥라티Mack McLarty에게 단상을 넘기면, 맥 맥라티

가 나를 포함한 나머지 보좌관들의 명단을 발표할 것임을 알고 있었다.[10] 하지만 당시의 다른 기억들이 그렇듯이 그 순간도 뭔가 무게에 눌리는 듯한 느낌으로만 남아 있다. 장대한 음악처럼 오랫동안 잊히지 않을 감동과 환희의 순간이어야 하는데 그러기에는 불안과 전율, 실망감이 복잡하게 혼합된 감정에 압도됐던 듯하다.

백악관에서 일하게 될 거라는 사실은 당연히 나를 설레게 했다. 대학생 시절 정치에 관심을 가지면서부터 꿈꿔왔던 일이었으니까. 몇 년 전 내 친구 레드가, 내가 프랑스에서 유학할 때 그에게 보낸 편지를 보여주었다. 반송 주소는 '펜실베니아 애비뉴 1600번지(백악관 주소).' 하지만 실제로 내가 백악관에서 일하게 될 거라고는 생각하지 못했으며, 더구나 백악관 대변인으로 일할 것이라고는 꿈도 꾸지 못했다. 그런데 내가 실제로 젊고 활기찬 미국의 새 대통령을 보좌하기 위해 워싱턴으로 떠날 준비를 하고 있었다. 선거 캠페인에 처음부터 참여한 팀의 일원으로서, 나는 이 특별한 여정에 동참할 자격이 있다 믿었고 열정적으로 임할 준비가 되어 있었다.

그러나 내가 아직 깨닫지 못했을 뿐, 그곳에는 넘어야 할 산들이 너무 많았다. 1991년 12월 처음 빌 클린턴 후보를 위해 일하기 시작했을 때만 해도 그는 거의 승산이 없어 보였다. 걸프전의 여파로 여전히 조지 H. W. 부시의 인기가 높았던 데다가 가난한 남부 출신의 패기 충천한 젊은 주지사는 당시 부시 대통령을 물리치는 건 고사하고 민주당 경선을 통과하기도 어려울 것 같았다. 하지만 나는 걱정하지 않았다. 그즈음 몇 년에 걸쳐 그를 몇 번 만난 적이 있는데 무척 인상 깊었기 때문이었다. 그가 하는 이야기들은 내가 그동안 민주당이 마땅히 숙고해야 한다고 생각했던 주제들이었다. 보건 정책도 그렇고, 복지 정책을 개혁해서 노동자들이 경제 변화에 대처할 수 있도록 평생 교육 체제를 갖추어야 한다는 발상도 그랬다. 그해 가을, 선거 캠프에서 언론 담당 비서로 일할 사람을 채용하는 자리에서 면접을 볼 때도, 그는 나의 배경이나 자격 요건에 관해 한마디도 따지지 않았다. 그보다는 국가를 위한 그의 비전에 대화의 초점을 맞추었다. 빌 클린턴은 자신이 대통령으로 당선되어야 하는 이유가 무엇인지 내게 분명하게 밝혔다. 할리우드힐스Hollywood Hills에서 샌퍼낸도밸리San Fernando Valley까지 차를 타고 가는 15분 동안 그와 대화를 나누면서 그를 위해 일하고 싶다는 생각이 확고해졌다. 그리고 며칠 후 나는 채용 제안을 받았다.

캠페인에 합류하면서, 나는 잃을 게 없다고 생각했다. 1988년 두카키스 선거 캠페인에서 주州 담당 대변인이었던 내가 백악관 대변인으로 승격되는 거였으니까. 책임 면에서나 가시성 면에서나 대단한 승진이었고, 값진 경험을 얻을 기회임을 알고 있었다. 클린턴 후보가 선거에서 패하더라도, 4년 후 다음 대선에서 현직 대통령이 재선을 노리지만 않는다면 나는 더 좋은 기회를 얻게 될 거라 생각했다. 만약 이번 선거에서 승리한다면? 거기까지는 점쳐볼 여유가 없었다.

그로부터 1년은 대체로 비행기 안에서 시간을 보냈다. 빌 클린턴 후보가 정치생명이 거의 끝날 뻔한 일련의 사건을 이겨내고 민주당 경선을 통과하여 미국의 대통령으로 당선되었기 때문이다. 대선 승리는 내게 새로운 경험이었다. 그전까지 내가 일했던 캠프는 모두 선거에서 패배했기 때문이다. 선거일 밤, 우리는 리틀록에 있는 어느 술집에서 칵테일을 손에 들고 승리의 영광에 취했다. 그러다가 문득 "내일 일해야 하는구나!"라는 생각에 정신이 번쩍 들었던 건 기억한다. 우리는 다음 날 아침 8시에 언론 담당부서에 모이기로 약속한 후 헤어졌다. 그 후로 이틀 동안 우리 부서에서 응대한 전화 통화만 900통에 가까웠다.

길고 치열했던 선거 캠페인을 치른 후보자와 모든 임직원 그리고 그들의 일거수일투족을 기록해야 했던 기자들은 마지막 한 방울의 에너지까지 소진한 상태였다. 하지만 우리는 경기가 끝나자마자 새로운 에너지를 끌어 올려야 했다. 선거 못지않게 치열한 새 임무를 수행해야 하니까. 바로 1993년 1월 20일 정오에 있을 취임식을 위해 빌 클린턴 대통령 당선인을 준비시키는 것이었다. 7월에 열렸던 민주당 전당 대회 이후 여론 조사에서 클린턴 후보가 선두를 달리고 있었기 때문에 선거일 몇 주 전부터 고위 참모들 사이에서는 인수인계를 위한 대략의 계획이 수립됐다. 하지만 대통령 당선인의 일상 업무를 보좌할 실무진에게는 그러한 계획이 완벽하게 전달되지 못했다.

공식적으로 인수위원회를 구성하는 데에 일주일이 넘게 걸렸다. 일이 지연되는 것도 혼란스럽고 불안했지만, 결과 또한 앞으로 나의 행보를 명확하게 제시해 주지 않았다. 나는 인수위원회에서 대변인을 맡게 될 예정이었지만 이후 백악관 대변인이 될 거라 짐작하지 말라는 말을 들었기 때문이었다. 단도직입적인 말에 나는 얼떨떨해졌다. 물론 인수위원회에서 내가 맡은 역할이 워싱턴에서도 그대로 이어지리라 기대했던 것은 아니다. 백악관 대변인이 되고 싶었고, 빌 클린턴 대선 캠페인을 비롯해 지난 10년간 관련 임무를 수행하면서 나의 능력을 인정받았다는 확신도 있었다. 한편으로는 당시의 나는 내 경력이 완벽하지 않다는 것쯤은 알고 있었다. 나는 워싱턴에서 산 적도, 일해본 적도 없는 31세의 여성이었으니까.

11월이 지나고 12월에 들어서면서, 나는 사실무근으로 떠도는 인사 관련 소문에 가능하면 초연해지려고 노력했다. "마이어스는 임용된다더라, 마이어스는 잘린다더라, 클린턴은 마이어스를 어떻게 하면 좋을지 몰라 고민한다더라." 등등이 들렸다. 클린턴은 일련의 기자회견에서 그가 선택한 인사들을 차례차례 소개하며 서서히 내각을 구성했다. 하지만 성탄과 연말연시가 다가오면서 백악관 참모와 보좌관들의 명단은 완성되지 않았다. 나는 마냥 기다려야 했다.

그러던 중에 인수위 홍보국장인 조지 스테퍼노펄러스George Stephanopoulos와 인사 문제로 이야기를 나누었다. 그는 내게 어떤 일을 맡고 싶은지 물었고, 나는 백악관 대변인을 맡고 싶다고 했다. 그렇지만 일단 기대하는 바를 꺼내 놓고 절충할 여지를 주자는 의미에서 최대한 높은 목표를 이야기한 거였을 뿐, 나는 어느 기관이나 부서의 수석 대변인 혹은 백악관 부대변인 정도를 맡게 될 거라 예상했다. 어떤 경우든 1, 2년 후에는 좀 더 높은 직책에 오를 수 있을 거로 생각했다. 워런 크리스토퍼Warren Christopher를 조금 알고 있었던 나는, 그가 12월 말에 국무장관으로 지명되었을 때 그의 밑에서 일하면 어떨지 생각해 본 적도 있었다. 그도 나처럼 로스앤젤레스 출신이라서 크리스마스 이브에 함께 집으로 가는 비행기에 탄 적도 있었다. 그렇지만 나와는 다르게, 그는 비행기에서도 수행원의 안내를 받아 활주로에서 바로 내렸고, 비행기가 착륙할 때부터 국무부 보안 요원들이 대기시켜 놓은 리무진에 올랐다. 그와 달리 나는 수화물 찾는 곳에서 마중 나온 아버지를 만나야 했지만.

1월 초 아칸소 주지사 저택(빌 클린턴의 집) 지하층에서 조지 스테퍼노펄러스, 리키 시드먼Ricki Seidman, 그리고 인수위원회의 또 다른 팀원과 만났다. 그곳은 빌 클린턴 부부의 개인 수행직원들이 근무하는 공간이었다. 백악관의 보좌관직에 초대하는 절차가 거창하거나 좀 더 공식적일 것이라는 내 예상과는 달리 조지와 리키가 복도에서 나를 한쪽으로 부른 이후 계획을 얘기해 주었다. 내가 백악관 대변인직을 맡게 될 거라고. 그렇지만 직무를 수행하는 방식은 조금 다를 거라고. 조지는 홍보국장직을 맡을 것이고 인수위원회에서 그랬던 것처럼 그가 일일 브리핑을 담당하며, 나는 뒤에서 그를 돕고 그의 부재 시에는 내가 브리핑을 담당하게 될 거라고 했다. 그는 웨스트윙West Wing에 있는 언론 담당 보좌관실에서 업무를 보게 될 것이고, 나의 집무실은 그와 같은 공간에 있긴 하지만 좀 더 작은 방이 될 거라고 했다. 조지는 이전의 언론 담당 보좌관들이 그랬던 것처럼 중요한 업무들로 대통령을 보좌하게 될 것이고, 나는 조지보다 한 단계 낮고 당연히 급여도 적은 부보좌관의 임무를 수행하게 될 거라고 했다. 이를 들은 난 무슨 말로 응답해야 할지 몰랐다. 아무 생각도 떠오르지 않았다.

분명 조금 전에, 감히 꿈도 꾸지 못했던 백악관 대변인이 될 거라는 말을 듣기는 했는데, 막상 그 실체는 상상하던 것과 달랐다. 그 순간 "많은 여성이 걸려들었던 그 함정에 나도 결국 빠졌구나!"라는 생각이 머릿속을 스쳤다. 직무에 걸맞은 책임은 짊어야 하지만 그 직무를 수행하는 데에 필요한 권위는 주어지지 않는 함정 말이다.

당시로부터 4년 전 두카키스 캠페인에서 수전 에스트리치Susan Estrich에게 그런 일이 일어나는 것을 본 기억이 아주 뚜렷하게 남아 있다. 한 사소한 스캔들로 인한 파문으로 선거운동 본부장과 수석 고문이 직위 해제되자 수전 에스트리치가 선거운동 본부장 직에 지명되었다. 본부장의 임무는 스캔들로 인한 피해를 복구하고 캠페인을 운영하는 일이었다. 하지만 그녀의 능력과 각고의 노력에도 불구하고 에스트리치에겐 끝까지 통솔권이 없었다. 그런데도 일이 잘못되면 모든 비난은 그녀에게 향했다. 그녀는 본인이 통제할 수 없는 문제도 본인이 책임을 져야 하는 상황에 놓였던 거다. 나는 그녀를 지켜보면서, 절대로 나에게는 그런 일이 일어나지 않도록 하겠다고 다짐했다. 그러나 나 역시 그런 상황을 겪어야 했고, 나는 그 이유를 명백하게 알고 있다.

숫자만 따지는 빈 카운터스

빌 클린턴은 나를 좋아했다. 캠페인에 일찍부터 합류했고, 1년이 넘는 기간 동안 매일 그의 옆에 붙어 있었다. 그는 나의 강점과 약점, 경험의 한계까지도 알고 있었다. 내가 대변인직을 맡을 준비가 되어 있다고 확신하는 건 아니었지만 백악관에 내 자리를 찾아주고 싶어 했다. 하지만 그에게는 풀어야 할 정치적 과제가 있었다.

캠페인이 이어지는 동안 클린턴 후보는 역사상 전례가 없을 정도로 많은 여성과 소수자를 내각 고위직에 등용할 거라고 계속 이야기했다. '미국의 실제 모습'을 닮은 정부를 세우고 싶다고 했다. 그러면서 '4대 내각 요직'인 국무장관 · 재무장관 · 국방장관 · 법무장관 중 하나에 여성을 임용할 것임을 암시했다. 하지만 4대 요직 중 3개 부처에 여성이 아닌 인재를 지명하자 클린턴은 자신이 개시한 할당제 게임 때문에 자신의 선택을 변명해야 하는 모순에 직면한다.[11] 공약을 지키라는 압박이 거세지자, 클린턴은 '숫자'만

바라보는 페미니스트와 자유주의자의 연합을 비난하기 시작했다. 이들 '빈 카운터스Bean Counters'는 클린턴의 일거수일투족을 주시하면서 그가 약속을 지키도록 숫자와 통계로 그를 압박하고 있었기 때문이다. 그런 상황에서 법무장관직을 맡을 여성을 찾지 못하자, 클린턴은 남성 인재를 등용하고자 충성스러운 여성, 즉 나와의 의리를 도저히 저버릴 수 없는 상황에 봉착했다. 정치적 난관과 공약 사이에서 어떤 선택도 하기 힘들어지게 된 것이다.

나는 클린턴의 목표에 동감한다. 미국의 참모습을 닮은 정부를 만드는 일은 중요하다. 그리고 과거나 지금이나 권력자들이 수많은 여성 인재를 고루 등용하기 위해 노력할 때 국가가 번영할 수 있다고 믿는다. 그렇지만 내가 장기적인 문제의 임시방편으로 쓰이고 싶지는 않았다. 빌 클린턴이 직면한 인사 문제를 미뤄둘 수 있게 하려고 실패가 뻔한 길로 내가 대신 들어설 수는 없지 않은가?

"그럴 수는 없습니다. 실패가 뻔한 길이에요."

내가 조지 스테퍼노펄러스에게 말했다.

"수락해야 할 겁니다. 미국의 대통령이 일을 맡기려는데, 거절할

_____

* 숫자와 데이터로만 모든 문제를 바라보려는 사람을 뜻한다.

수는 없어요.”

조지가 말했다. 리키 시드먼도 조지의 말에 동의했다.

“좋은 결말을 볼 수 없을 거예요.”

나는 다시 한번 나의 우려를 표명했다. 그렇지만 신임 대통령을 위해 일해보고 싶은 마음은 있었다. 백악관 대변인이 되고 싶었다. 그래서 의구심이 들었음에도 결국은 그가 제안한 대로 수락하고 말았다.

저택을 떠나면서 불안을 느꼈던 기억이 떠오른다. 내가 처한 상황이 당황스럽기도 했다. 그러나 한편으로는 설레기도 했었다. 내가 백악관에서 일하게 된다니! 그곳엔 딱 한 번 가봤다. 선거 직후 클린턴이 대통령 당선인 자격으로 부시 대통령을 방문했을 때였다. 치열했던 캠페인을 끝낸 직후여서 부시 대통령의 백악관에서 우리는 가든파티에 나타난 스컹크 취급을 받아야 했음에도 그곳 정경은 충분히 감동적이었다.

상상했던 것만큼 웅장하지는 않았다. 방들은 작은 편이었고 양탄자도 낡았었다. 그렇지만 어디를 보나 그곳 풍경은 거기서 일어났던 사건들만큼이나 친숙했다. 흰 기둥이 늘어선 로즈 가든의 주랑은, 사진이나 매스컴을 통해 역대 대통령이 걸어 다니던 길이라고 알려진 공간이었다. 기자 회견실의 단상 뒤에는 낯익은 푸른

장막과 백악관 명판이 걸려 있었다. 회견실에서 웨스트윙 집무실로 이어지는 경사로의 벽면에는 노먼 록웰Norman Rockwell[*]의 그림들이 걸려 있었다. 부시 대통령과 클린턴 대통령 당선인이 대통령 집무실 밖에 잠깐 모습을 드러낸 후 백악관 보좌관들은 내가 기자단 근처에 얼씬거리지 못하도록 예의 불문하고 몰아냈지만, 나는 그 와중에도 모든 세세한 모습들을 눈에 담으려고 애썼다.

"로즈 가든에서 돌아다니시면 안 됩니다."

그들은 계속 소리쳤다. 그게 마치 모두가 알아야 할 절대 불문율이라도 되는 듯이 웨스트 로비로 안내되어 들어가니, 안내원이 대통령 문장이 새겨진 조그만 흰색 M&M's 초콜릿 상자를 주었다(그 후로 그런 걸 수백 개는 아니더라도 수십 개는 받았지만 그날에 받은 첫 번째 상자만큼은 지금도 간직한다).

새로운 근무 환경은 나를 설레게 했으나 상황은 그렇지 않았다. 내가 얻은 기회를 놓치지 않기 위해서는 그에 따르는 뻔하디뻔한 난관을 초연하게 무시해야 한다는 건 알고 있었다. 어떻게든 일이 되게 해야 했으니까. 그리고 내 일의 가장 중요한 부분을 차지하는 언론 매체가 내 이야기에 가장 회의적인 자세를 취할 거라는

---

[*] 노먼 록웰은 미국의 20세기 화가로, 미국 중산층의 일상을 친근하고 인상적으로 묘사한 작품들로 유명하다.

사실 또한 알고 있었다. 나와 어느 정도 친분을 쌓고 있는 기자들도 내 사정을 봐주기보다는 자기들의 이익을 보호하는 게 우선이었으니까. 새 내각의 인사와 관련해서도 그들은 자기들이 어디까지 접근할 수 있는지에 집중할 것이며, 나는 그 결과가 그들이 원하는 바와 다를 것임을 알고 있었다.

내가 지명된 사실이 공식화되기 전에, 그러니까 워싱턴에서 있을 취임 전 축제를 위해 리틀록을 떠나기 며칠 전에, 내가 고용할 수 있는 인력과 급여의 상한선에 관한 지침을 받았다. 인력은 14명까지 고용할 수 있었으며, 허용되는 급여는 그다지 많지 않았다. 새 대통령이 선서하는 순간부터 프레스룸은 백악관 기자단의 모든 요구에 대응할 준비가 되어 있어야 하기에 나는 빨리 움직여야 했다. 한 명을 뺀 나머지 직원 전부를, 지난 한 해 동안 내가 일일이 찾아내 함께 일했던 선거 캠페인의 팀원 중에서 채용했다. 그들 대부분도 나처럼 워싱턴에서 일해본 경험이 없었다. 그렇지만 난 친구가 필요했고, 그들 모두 클린턴과 나에게 충실했다. 며칠 후 나는 동료들이 한자리에 모인 올드 스테이트 하우스에서 우리가 맡은 임무를 공식적으로 발표하고 어려운 상황을 최선의 방향으로 이끌어 가기 위한 다짐을 나누었다.

내 우려는 적중했다. 새 행정부가 출범하고 처음 몇 달 동안 프레스룸에 관한 의문들이 제기되었는데, 그중에서도 축소된 나의 위상에 의문의 초점이 맞춰졌다. 여러 달이 지난 후, 마크 기어런 **Mark Gearan**은 조지를 홍보국장으로 임명하고 내가 일일 브리핑까지 말도록 내 업무 범위를 확장시켰다. 의미 있는 진전이 이루어진 셈이지만 나의 권한을 둘러싼 의구심을 풀기에는 부족했으며, 그러한 의구심은 나의 대변인 임기 내내 따라다닐 예정이었다.

어떤 때는 대통령과 고위 참모들이 모두 나를 지지해주고, 임무를 수행하는 데 필요한 정보를 활용할 수 있는 권한도 주어진 것처럼 느껴졌다. 하지만 또 어떤 때는 전혀 그렇지 않은 것 같았다. 이전에 내 직무를 담당했던 남성 보좌관 중에는 나보다 훨씬 경험이 풍부한 사람들도 있었다. 그들의 존재는 종종 내 역할을 제한하는 합리적인 근거가 되었고, 역할이 제한되니 나라는 사람의 효용성도 저평가될 수밖에 없었다. 이러한 순환 논리와 그것이 초래하는 실질적인 파문 때문에 나는 비분강개했고, 때때로 차오르는 분노를 제어하기 위해 안간힘을 써야 했다. 하지만 당시의 상황을 바꾸기 위해 내가 뭘 할 수 있었는지는 아직도 잘 모르겠다.

내가 겪은 일들이 다른 이들에게 교훈이 되기를 바란다. 내가 마주해야 했던 수많은 장애물은 임용 제안을 수락하는 의사 결정 과정에서 비롯됐다. 더 중요한 건 그 과정이 내가 백악관 대변인으로 일했던 몇 년의 기간을 결정했다는 사실이다. 짊어야 하는 책임은 전임자들과 같았으나 허락된 권한은 작았다. 이전의 백악관 대변인이 받았던 대우, 예를 들면 집무실, 직위, 급여와 같은 것들이 나에게는 축소되어 제공됐다. 처음에는 그러한 처우가 워싱턴이 사람보다 상징성에 비중을 두기 때문이라고 이의를 제기하기도 하였으나 별 설득력은 없었던 것 같다. 대통령과 고위 참모들은 내 직무를 전보다도 덜 중요하게 여겼으며, 결과적으로 나 역시 전보다 덜 중요한 사람이 되었다.

그렇게 하향곡선이 그려진다. 어떤 직위에 여성을 임용하는 것만으로 그 직위가 덜 중요해 보이기도 한다. 여성이 등장하는 것만으로 그 분야의 경제적 가치가 하락하는 것이다.[12] 다수의 연구에 따르면, 남녀 모두 어떤 직업군에 남성보다 여성이 많거나 앞으로 그럴 것이라 예상되면 그 직업이 뿜어내던 권위나 그 직업을 향한 호감을 덜 느낀다고 한다. 최고의 신뢰와 권위의 상징인 의사를 예로 들어보자. 이들은 지금까지 신뢰도나 수입 면에서 높은 수준을 보장받았고, 주로 제일 좋은 동네에 살면서 고급 승용차를 소유했었다. 하지만 이제 조금씩 변하기 시작했다. 물론 의료 경제의 변화도 원인이라 할 수 있으나 의학 분야에 여성의 진입이 눈에 띄게 증가한 것도 사실이다. 2002년 의과대학 레지던트의 40%가 여성이라는 사실[13]은 2010년 미국 의사들의 40%가 여성일 것임을 뜻한다. 의사라는 직업이 여전히 선망받는 직종이기는 하지만, 이들 여성 인력은 경제적으로나 사회적으로 의사라는 직종의 수익 능력과 권위를 조금씩 깎아 먹기 시작했다.

여성 인력이 해당 직업군의 가치를 떨어뜨리는 것도 사실이지만, 많은 경우 가치가 어느 정도 떨어지기 전까지는 여성이 아예 고용되지도 않는다. 방송인 케이티 커릭Katie Couric을 예로 들어보자. 저녁 뉴스 방송 프로그램이 시청률이나 영향력 면에서 쇠락하면서 여러 가지 어려움에 부딪히게 되고 나서야 여성을 단독 앵커로 등용하기 시작했다(바버라 월터스Barbara Walters와 코니 정Connie Chung도 수십 년 동안 공동 앵커로 활동했지만 단독 앵커로는 활동하지 못했다). 하지만 이미 진부했던 CBS 저녁 뉴스가 계속 하향곡선을 그리자, 커릭은 간간이 날아오는 혹평을 오롯이 홀로 감당해야만 하는 처지로 전락했다. 물론 방송사는 상황을 호전시키는 대가로 커릭에게 수천만 달러를 주었으니, 그에 따르는 실망감은 이해할 만하다. 그러나 ABC 방송이나 NBC 방송에서 그녀와 같은 임무를 맡은 남성 앵커도 역시 높은 연봉을 받지만, 그 남성들도 프로그램 시청률 상승에 크게 공헌한 바가 없었다.[14]

누구에게도 호의적이지 않은 상황이다. 너무 많은 여성이 등장함으로써 이제는 앵커라는 직업 자체가 경시된다. 상대적으로 더 낮은 위상과 더 적은 부하직원으로 남성과 똑같은 목표를 달성해야 한다. 그리고 목표에 도달하지 못하면 과한 비난을 감수해야 한다. 백악관으로 출근하기 전에도 이러한 부조리를 잘 알고 있었다. 다른 여성이 그러한 처지에 서는 걸 지켜보았으니까. 하지만 막상 내가 그런 일을 당하니, 그 충격은 절대 가볍지 않았다. 그리고 모든 게 내 잘못이었던 건 아니었음을 깨닫기까지 자그마치 수 년이라는 시간이 소요됐다.

"그는 가족을 부양하잖아!"라는 핑계

클린턴 대통령의 임기가 일 년 반 정도 지났을 때였다. 백악관 직원의 급여에 관한 뉴스를 보던 중이었는지는 정확히 기억나지 않지만 다른 부서의 부보좌관이 나보다 더 많이 받는다는 사실을 알게 되었다. 그도 나처럼 대통령의 부보좌관이었고 그 직책에 허용되는 최대 급여는 11만 달러였다. 그런데 그는 그 최대치를 받고, 나는 그보다 1만 달러가 적은 급여를 받았다. 책임지고 있는 임무도 내가 그보다 많았으니 어느 모로 보나 나의 역할이 훨씬 중요했다. 그와 나의 급료 차이는 현실에 비추어 볼 때 부조리했다. 나는 급여 인상을 요구하고자 당시 새롭게 비서실장이 된 리언 패네타Leon Panetta에게 찾아갔다. 그에게 상황을 설명하고 급여를 1만 달러 인상해 달라고 말했다. 백악관 직원 중에 나의 직위가 비중으로 보나 책임 할당량으로 보나 상위에 속한다는 사실을 설명하고, 같은 직급 중에 최상위 급여를 받는 것이 합당하다고 말했다.

"불가하오. 그를 법률사무소에서 백악관으로 데려오기 위해 임금 예산을 많이 감축했단 말이오."

패네타가 냉담한 어조로 말했다. 이에 나도 맞섰다.

"고마운 일이네요. 여기를 떠날 땐 그만큼을 충분히 보상받고도 남을 만큼 받게 될 거예요. 하지만 그건 제가 드리고자 하는 이야기의 초점에서 벗어나 있습니다. 저는 그의 급여를 깎아야 한다는 말씀을 드리는 게 아닙니다. 제 급여를 인상해 주십사 하는 거지요."

"그럴만한 재정적인 여유가 없소."

"그렇지만 이건 공평하지 않습니다. 제가 더 많은 일을 맡고 있어요. 급여에 그런 게 반영되어야 한다고 생각합니다."

무리한 요구를 하는 게 아니다. 한 달에 800달러 정도를 인상해 달라는 거 아닌가? 하지만 패네타의 머릿속에는 재고의 여지가 없어 보였다.

"급여는 경력과 급여 이력을 근거로 책정하오. 그리고 그에게는 딸린 가족이 있지 않소? 그러니 당신의 요구는 들어줄 수 없소."

상담은 그렇게 끝났다. 당시의 나는, 패네타의 말을 믿을 수 없었다. 너무나 화가 났다. 내 방까지 걸어가면서 내가 취할 수 있는 대응 방법을 정리해 보았다. 임금 인상을 위해 투쟁할 수도 있다. 하지만 누구를 상대로? 대통령? 고작 1만 달러가 걸린 급여 문제로 대통령의 시간을 빼앗을 수는 없다. 공식적으로 대응할 수도 있기야 하겠으나 세부적인 절차가 어떻게 진행되는지도 몰랐고,

내겐 그럴 여유 시간이 없었다. 게다가 그러한 내용이 유출되기라도 하면 대통령이 정치적으로 곤란을 겪을 수도 있는데, 그건 내가 원하는 바가 아니다. 이런 점들을 고려해 볼 때, 그대로 덮어 둘 수밖에 없다는 결론에 도달했다. 불평등을 받아들이고 다시 일어나 하는 게 최선일 것 같았다.

패네타를 만나기 전까지만 해도 모든 게 선명했다. 곧장 상관에게 가서 사실대로 말하는 게 최선일 것 같았다. 급여를 인상 받게 되리라는 확신은 없었지만 내가 하는 말에 공감은 얻을 수 있으리라 생각했다. 적어도 패네타가 내 말에 일리가 있다는 점을 인정하고 그 문제를 재고하겠다고 약속이라도 할 줄 알았다. 그는 닉슨 행정부를 스스로 그만두었고 흑인 민권 운동에 관한 분쟁을 계기로 정당을 바꾸기도 했던 사람이었으니까. 하지만 그를 만난 후에야 싸울 준비를 하고 갔어야 했다는 사실을 깨달았다. 다른 여성 직원들을 은밀히 조사해서 어떤 형태로든 차별이 행해졌는지 알아봐야 했다. 아니면 내가 급여 문제를 항의하는 데 도움을 줄 동지를 몇 명 섭외했어야 했다. 그가 내 요구를 거절할 경우, 나는 어떠한 방법으로 대응할 수 있는지 미리 알아보는 것도 좋았을 것이다. 그런데 그래야 할 거라고 전혀 예상치 못했다. 그렇지만 이 일을 겪은 덕에 싸움은 신중하게 걸어야 한다는, 훨씬 중요한 사실을 깨달았다. 어머니가 늘 말했듯이 "어느 언덕에서 죽고 싶은지 결정"해야 한다. 그날 밤 나는 패네타와의 갈등은 내가 목숨을 걸만한 싸움이 아니라는 사실을 깨달았다. 그런 목표는 훗날에도 계속 만나게 될 테니까.

그렇지만 너무 많은 여성이 이 지점에서 걸려 넘어지는 것도 사실이다. 케네디 대통령이 임금 평등법에 서명한 지 수십 년이 지났지만, 아직도 여성은 같은 일을 하면서도 남성보다 적게 받는다는 사실을 많은 연구 결과가 증명한다. 2000년도에 미국 회계 감사원(현재 명칭은 '미국 정부책임처GAO')에서 진행한 포괄적인 연구에 따르면 정규직으로 일하는 여성의 임금이 같은 시간, 같은 일을 하는 남성의 80%에 불과한 것으로 나타났다.[15] 남성이 1달러를 받을 때, 여성은 80센트를 받는 것이다. 해당 연구는 임금 책정에 영향을 미칠 수 있는 요소들, 예를 들면 교육과 경력과 같은 요소들을 포괄적으로 고려했다고 한다. 하지만 이러한 요소들을 고려하지 않을 경우, 데이터상으로 나타나는 임금 차이는 여성이 남성보다 40%나 낮다.

그 외에도 비슷한 결과를 보여주는 많은 연구가 있다. 버지니아주에 있는 래드포드 대학교 심리학과 교수인 힐러리 립스Hilary Lips는 연구를 통해 다른 요소들을 고려한다 해도 여전히 여성은 거의 모든 분야의 모든 직종에서 남성보다 적게 받는다는 사실을 발견했다.[16] 다만 임금이 2만 5,000달러에서 3만 달러 사이인 직종에서는 남성과 여성이 동등하게 받는 것으로 나타났고, 임금이 높고 요구되는 교육 수준이 높을수록 남녀 간의 임금 격차는 커지는 것으로 나타났다. 예를 들면 같은 시간 같은 일을 하는 남성이 1달러를 받을 때, 여성 심리학자는 83센트, 여성 대학교수는 75센트, 여성 변호사와 판사는 69센트를 받는다. 반면에 여성인 초등학교 교사는 95센트, 경리 직원은 94센트, 비서는 84센트를 받는다고 한다. 힐러리 립스는 이렇게 결론내렸다.

"남성이 하는 일은 여성이 하는 일보다 중요하고 가치 있다는 통념 때문에 이러한 임금 차이가 발생한 겁니다. 이러한 설명 외에는 달리 규명할 수가 없습니다."[17]

더 많은 증거 자료가 필요한가? 최근에는 AOLAmerica Online 사이트에 들어갔다가 다음과 같은 헤드라인을 보았다. "성별에 따른 최고의 직업…. 여성은 간호사로 일할 때 가장 좋은 봉급을 보장받는다." 그 문장을 클릭했다. 그러자 간호사는 여초 직군이고 평균 연봉은 5만 6,900달러로 가장 높다는 설명이 나와 있었다. 하지만 남성 간호사의 연봉은 6만 4,200달러였다! 사실은 간호사를 포함해서 보수도 좋고 여초 직군이라 불리는 다섯 가지 직종(인사 담당 매니저, 비서, 법률 사무보조원, 회계원)에서도 남성 직원이 여성 직원보다 임금을 많이 받는다.

남성이 여성보다 야심 있고 의욕적이라서 돈을 더 많이 받는 게 아니다. 2005년 연구 및 자문 기관인 카탈리스트Catalyst가 여성 사업가를 추적하는 연구를 진행하면서 950명의 남녀 경영자와 대담을 나누었는데, 그중에 자녀를 가진 여성을 포함해서 55%의 여성이 CEO가 되고 싶다고 말했다. 이는 회사를 경영하고 싶다고

말한 남성 응답자의 비율과 거의 같았다.[18]

그렇다면 왜 실제로 복도 끝에 자기 사무실을 갖게 되는 여성이 그렇게 드문 것일까? 카탈리스트의 조사에 따르면 25%의 여성이 사업을 성공시키는 데에 필요한 핵심 요소인 '손익 책임'과 같은 운영 경험이 부족해서라고 응답했다. 반면에 50%에 가까운 여성은, 정보를 공유하고 친분도 쌓으면서 경력이 시작되는, 골프 게임이나 포커 게임 그리고 남성 클럽 같은 네트워크에서 여성이 소외되기 때문이라고 대답했다. 다수의 여성이 여성은 실적으로 평가되는 반면 남성은 잠재성으로 평가받기 때문이라고도 응답했다.

직장 경력 전체를 고려한다면 작은 차이도 간과할 수 없다. 축적되어 나타난 결과가 믿기지 않을 정도이기 때문이다. 신입 시절에 생기는 1,000~2,000달러의 연봉 차이가 일생의 경력을 통해서 쌓이면 수십만 달러가 될 수도 있다. 보잉사Boeing의 한 경영자도 경제지 『포춘』과의 인터뷰에서 모든 직위를 통틀어 남성이 여성보다 많이 받는다고 언급했다.[19] 임금 인상이 이루어지면 상황은 더 악화한다고 했다. 남녀 사원 전원에게 7%를 인상해 주는 대신, 연봉 10만 달러를 받는 남성의 임금 인상분 7%에서 2%를 떼어 5만 달러를 받는 여성의 7%에 얹어 준다고 가정한다면, 5%를 인상 받은 남성의 연봉은 5,000달러가 오르지만, 9%를 인상 받은 여성의 연봉은 4,500달러가 오르므로 격차는 해소되지 않는다.

"이런 문제를 해결할 만큼 재정적으로 여유로운 상황을 기대하긴 어렵습니다. 이러한 여건에서 남성 직원들에게 불이익을 주지 않으면서 여성 직원들의 급여를 올려줄 방법을 모색하려다 보면 여간 곤욕스러운 게 아닙니다. 그러니 결국 포기하게 되는 거죠."

여성이 남성보다 급여를 적게 받는 분명한 이유 중 하나는 더 많이 요구하지 않아서다(경험상 여성이 요구를 하여도 상사는 남성보다 여성의 요구를 더욱 쉽게 거절하는 듯하다). 연구 결과에서도 여성은 봉급 문제에 의문을 제기하기보다는 그대로 수용하는 경우가 많은 것으로 나타났다. 카네기 멜런 대학 졸업생들을 추적한 한 연구에 따르면, 남성이 여성보다 초봉 협상을 하는 경우가 8배나 많다고 한다.[20] 그 결과 남성의 초봉은 여성보다 평균적으로 4,000달러나 높은 것으로 나타났다. 이는 7.4%에 불과하지만, 시간이 지나면서 복리 이자처럼 불어나는 것이다.

린다 뱁콕Linda Babcock과 사라 래시버Sara Laschever는 그들의 공저인 『여자는 어떻게 원하는 것을 얻는가』(한국경제신문사, 2012)에서 여성(혹은 가끔 남성)이 초봉 협상에 실패하여 손해를 본 액수를, 그녀가 60세가 될 때까지 모아 보면 50만 달러가 넘는다고 썼다.[21] 그렇다면 여성은 왜 원하는 바를 말하지 않을까? 뱁콕은 여성이 사회화 과정에서 그렇게 하지 않도록 키워졌다고 말한다.

"사회는 여자아이가 태어나는 순간부터 다른 사람의 필요를 배려하고 자기가 원하는 바는 생각하지 않도록 가르칩니다. 그러므로 여성은 자신에게 필요한 것이나 원하는 것을 어떻게 얻을지를 생각하며 자라기보다는, 타인을 위한 배려를 익히며 자랍니다. 게다가 여성이 지나치게 적극적이거나 진취적이면 응징을 당할 수 있어요. 남자가 흥정이나 협상에서 거칠게 밀어붙이면, 그건 그가 자신의 가치를 알기 때문인 걸로 인정되고 결국 자기가 원하는 바를 쟁취하지요. 하지만 여성이 똑같이 밀어붙이면 극성맞은 여자로 낙인찍혀 아무도 그녀와 함께 일하고 싶어 하지 않습니다."[22]

허울뿐인 직책

백악관에서 대변인의 업무를 경시하면 그 자체로 또 다른 문제가 연달아 발생한다. 실질적으로 나를 포함해 네 사람의 영역이 중복된 상황이었다. 빌 클린턴 대통령의 고문 출신이자 과거 공화당 출신 대통령 세 명을 연달아 보좌한 적이 있던 대외홍보 담당 수석고문 데이비드 거겐David Gergen, 정책 및 전략 수석보좌관인데 직무 변경 후 기자단과 소통해 온 조지 스테퍼노펄러스, 조지를 이어 홍보국장 자리에 오른 마크 기어런, 그리고 나. 이런 구성이 바람직하지 않다는 사실은 누구나 쉽게 간파할 수 있을 것이다. 특히 그중에 '가장 나이가 어린 여성' 대변인에게는 더욱 그랬다.

이런 구성은 대통령에게도 좋지 않았다. 매일 회견실의 단상에 서서 대통령과 백악관, 그리고 이 나라를 대신해서 소통하는 게 나의 임무였다. 그러므로 정책적인 세부 사항뿐 아니라 진행 상황까지 알아야 했다. 좋지 않은 소식은 기자들에게서 멀리 떼어 놓고, 앞으로 일어날 일에는 현실적인 기대와 예상을 제시해야 한다. 하지만 임무를 수행하는 데에 필요한 정보를 얻지 못하는 경우가 너무 많았다. 필요한 정보가 교환되는 자리에 내가 없었던 적이 너무 많았다. 그들이 의도적으로 나를 소외시키는 건 아니었다. 나는 동료들과 제법 굳건하고 좋은 관계를 유지했고, 그들은 나를 믿음직스러운 팀원으로 인정했다. 사람들은 나의 세 동료인 거겐과 기어런, 스테퍼노펄러스가 아는 일이면 '백악관 대변인'인 나도 당연히 알고 있을 거라 가정했다. 하지만 매일 사건에 휩쓸리는 탓에 정보와 명령이 늘 제대로 전달되는 건 아니었다. 설사 전달받았다고 해도, 간접적으로 전달받은 정보가 직접 들었거나 목격해서 얻은 정보를 대체할 수는 없었다. 그러다 보니 내가 아는 바와 실제로 발생한 일 사이에 간극이 있었다. 그리고 때로는 그러한 간극 때문에 나는 기회를 놓치거나 의도치 않게 잘못된 정보를 전하기도 했고, 실수를 저지르며, 그 때문에 피해를 보기도 했다.

그중 최대의 실수는 1993년 조지 H. W. 부시 전 대통령이 쿠웨이트를 방문했을 때 그를 암살하려던 계획이 실패한 사건과 연결된다. 그 계획에 사담 후세인이 결부됐다는 증거를 확보하자 클린턴 대통령은 FBI와 CIA에 수사할 것을 명했다. 그 후로 몇 달 동안 나는 국가 안전 보장 회의 실무자에게서 정규적으로 수사 경과를 보고받았다. 그리고 일주일에 한두 번 브리핑 중에 기자단은 수사 진행 상황을 내게 물었다. 나의 대답은 늘 같았다.

"FBI가 아직 수사 중입니다. 수사가 종결되면 그 결과를 대통령에게 보고할 것이고, 대통령의 결정에 따라 그다음 단계가 진행될 것입니다."

그해 6월 25일 금요일에 국가 안전 보장 회의 실무자가 내게 전해준 바에 따르면, 머지않아 '최종 보고서'를 대통령에게 전달할 거라고 했다. 그리고 마침 그날 오후 브리핑에서 그와 관련된 질문을 받았다.

"최종 보고서를 작성 중이라 들었습니다만 아직 완성된 건 아닙니다."[23]

참석해 있는 기자단에게 이렇게 말하고 나서, 다시 암살 시도 이야기가 이어졌다.

"며칠 내로 부시 전 대통령 암살 시도를 조사한 FBI의 보고가 있을 거라고 하셨죠?"

"아니요, 최종 보고서를 작성 중이라고는 들었으나 아직 완성되지 않았다고 말했습니다."

"며칠 내로 보고서를 받을 것이라 예상하시나요?"

"그건 모릅니다."

그날이 지나고 나서야 내가 모르는 일이 많았다는 사실을 알게 되었다. 대통령은 이미 보고서를 받았고, 사담 후세인과 암살 계획 사이에 분명한 연결고리가 있음이 확인되었다. 대통령은 당시 합참 의장이었던 콜린 파월Colin Powell 장군을 비롯한 국가 안보 보좌관들과 상의한 끝에 바그다드 시내에 있는 이라크 정보국 본부에 순항미사일 공격을 감행하기로 했다. 민간인의 희생을 최소화하기 위해 타격 시간은 일요일 아침 동트기 전(워싱턴 시각으로 토요일 초저녁)으로 예정되었다. 그러나 금요일 퇴근할 때까지도 나는 상황이 어떻게 돌아가는지 일말의 정보조차 보고받지 못했다.

다음 날인 토요일 아침. 나는 평상시처럼 오전 9시쯤 백악관에 도착했다. 10시에 있을 대통령의 주간 라디오 연설 준비를 보좌하고 나서, 내 사무실에서 서류 작업을 하며 2시간쯤 보냈다. 조용한 날이었다. 대통령의 일정이라 해봤자 가벼운 산책 이후 골프를 치는 정도였다. 정오 좀 지나서 머리를 자르러 나가는 길에 데이비드 거겐과 마주쳤다.

"3시 정도엔 돌아와요. 되도록 단정하고 말끔한 모습이면 더 좋을 거요."

이게 도대체 무슨 뜻이지? 나는 의아했다. 그날 나는 평상복 차림이었다. 빌 클린턴이 당선된 후 백악관 직원들은 주말마다 평상복을 입었고, 그날은 공식 일정이나 뉴스 브리핑도 없었다. 나는 그에게 무슨 일이 있느냐고 물었다. "그건 내가 말해줄 수 없어요." 거겐이 엷은 미소를 띠며 말했다. 그의 표정으로 보나, 거의 우연에 가까운 초대로 보나, 아주 중요한 일은 아닐 거라고 넘겨짚었다. 아무튼 머리를 자르고 나서 사무복으로 갈아입고 3시에 맞추어 백악관으로 돌아갔다.

내가 도착하자 거겐이 신속하게 상황을 설명해 주었다. 앞으로 1시간 내에 토마호크 미사일이 두 대의 함선에서 발사될 것이다. 하나는 홍해에서, 하나는 페르시아만에서. 발사되는 시점부터 타격 시점 사이에 클린턴 대통령이 부시 전 대통령과 의회 지도자, 세계 정상들에게 전화할 것이다. 그리고 미사일이 명중되었다는 확인 보고를 받으면 대통령이 집무실에서 대국민 연설을 할 것이다. 그의 말을 들으면서 나의 마음은 두 갈래로 갈라졌다. 일단 몇 시간 안에 긴급하게 처리해야 할 일들을 머릿속으로 정리해 보았다. 우선 대통령 연설이 있을 거라고 언론 매체에 알리고, 적절한 경로를 이용해 세계 각국에 알려야 한다. 고위 참모들이 좀 더 자세한 설명을 할 수 있도록 회견 자리도 마련해야 한다. 또 미사일 타격이 있기까지 일련의 사건을 시간순으로 정리해야 한다. 다른 한편으로는 정당한 분노가 차오르고 있었다. 의도하진 않았으나 하루 전에 기자들에게 그릇된 정보를 주었으니, 나는 어느 시점에 서든 이 문제를 해명해야 한다. 물론 그런 상황이 벌어지지 않을 수도 있었다. 이런 엄청난 사건을 조지 스테퍼노펄러스도 알고 있었고, 데이비드 거겐도 알고 있었으니까. 나만 모르고 있었다. 그들은 나를 모르게 하여 작전을 보호하고자 했을 것이다. 내가 상황을 알고 있는데, 기자들이 집요하게 질문하면 어쩔 수 없이 거짓말을 하거나 사실을 은폐하는 데에 실패해 너무 많은 정보를 누설하게 될 수도 있을 거라 짐작한 것이다. 하지만 누구도 내가 기자들에게 어떻게 말했는지 확인조차 하지 않았다.

얼마 후 내 비서인 데이비드 리비David Leavy가 오더니 아래층 공보실에서 보도 통제를 공표했다고 전했다. 그날 백악관에서 더 이상 어떤 뉴스나 발표도 없을 거라는 얘기였다. 혹시나 해서 회견실에 남아 있던 기자들도 토요일 오후 일정을 위해 뿔뿔이 흩어졌다고 했다. 마크 기어런에게 가서 상의한 결과, 기자들에게 현재 상황을 노출하지 않은 채 그들을 다시 불러 모을 방도가 없다고 판단했다. 나는 한층 더 난감해졌다. 이러한 상황 역시 내가 해명해야 했으니까. 하지만 당장 내가 할 수 있는 일은 고개를 숙이고 내 임무를 수행하는 것뿐이었다. 제일 먼저 미사일 공격 질의응답이 진행될 것이다. 절차에 관한 예상 질문은 내일 생각해도 될 것이다.

거의 모든 면에서 미사일 공격은 성공적이었다.[24] 24대의 미사일 중 23대가 성공적으로 발사되었다. 러시아와 서부 유럽, 그리고 지금까지 중립을 지킨 스웨덴도 전폭적으로 클린턴 대통령을 지지했다. 정부는 테러리즘을 지원할 가능성이 있는 세력을 향해 테러 행위는 반드시 응징할 것이라는, 분명한 경고의 메시지를 보냈다. 게다가 작전 계획이 누출되지도 않았으니, 그동안 조심성이 부족하다고 지적받았던 백악관 입장에서는 큰 승리를 거둔 셈이었다. 웨스트윙 실무자들은 대체로 환희했다. 새 대통령과 그의 참모단은 첫 번째 중대한 군사 작전을 훌륭히 수행했다. 단상에서 누군가 실언했다는, 상대적으로 사소한 문제에 대해서는 아무도 심각하게 우려하지 않았다. 물론 본인이 실언한 게 아니어서 그랬겠지만.

다음 날 『뉴욕타임스』 더글러스 젤Douglas Jehl이 내게 전화했다. 백악관이 미사일 공격이라는 비밀 작전을 성공적으로 수행한 일에 관련된 글을 쓰고 있다고 했다.[25] 백악관의 참모 다섯 명만이 작전을 사전에 알고 있었고, 세부 내용을 공유한 인원을 제한한 덕분에 비밀 유지에 도움이 된 것으로 알고 있지만 그 때문에 내가 브리핑에서 잘못된 정보를 제공했던 게 아닌지 확인하고 싶다고 했다. 그리고 또 한 가지, 그로 인해 백악관이 솔직하지 않게 보이게 된 건 아닌지 확인하고 싶다고 했다.

나는 미국 국가 안보 보좌관 앤서니 레이크Anthony Lake와 거겐을 만나러 갔다. 나의 실언은 대통령은 물론 백악관에도 득이 되지 않고, 당연히 나에게도 좋지 않은 일이라고 항변했다. 앞으로 같은 실수를 반복하지 않기 위해 절차가 약간 변경될 거라고 기자들에게 말할 수 있어야 한다고 주장했다. 모두 내 말에 동의했다. 이제 대통령과 이야기하는 일만 남았다. 월요일 아침, 집무실에 출근하는 대통령을 기다렸다가 상황을 설명했다.

"작전이 누출됐다면 언론은 우리를 추궁했을 거요. 그리고 지금은 누출되지 않았기 때문에 추궁하고 있는 거지."

대통령은 다소 짜증 섞인 어조로 이렇게 말했다. 하지만 몇 가지 실무적인 변화를 시도할 필요가 있다는 데에는 동의했다.

나머지 오전 일정은 각료 회의와 몇 주 후에 있을 G7 첫 회의 관련 계획, 그리고 내가 표적이 될 수도 있는 브리핑 준비로 채워졌다. 오후 2시 조금 못 돼서 나는 최악의 사태를 각오하고 단상으로 향했다. 몇 가지 의례적인 발표가 끝나고 질문을 받겠다고 했다. 첫 번째 질문은 주말에 일어난 일이 몰고 올 정치적 여파에 관해서였다. 대통령이 미사일 공격을 결정하는 과정에서 정치적인 문제를 고려했는지를 묻기에 나는 이에 답했다. 그러자 한 기자가 반문했다.

"대변인의 말씀에 의하면 이번 공격과 관련된 회의에 대변인은 참석한 적이 없다고 하셨는데, 어떻게 아시는 겁니까?"

처음부터 마치 강타를 맞은 듯한 충격을 받았다. 그때부터 상황은 점점 더 어려워졌다.

"보도된 바에 의하면 대변인은 주말에 있었던 일이 대변인의 신뢰도에 좋지 않은 영향을 미쳤을 것이며 공보실의 잘못된 '통제' 조치로 공보실의 신뢰도 역시 손상되었을 것이라 우려하셨습니다. 대변인께서 실제 상황을 모르는 채 지난 목요일에 하셨던 말씀 때문이었지요. 그 일에 관한 대변인의 의견을 좀 더 말씀해 주시겠습니까?"[26]

그때부터 30분 동안, 나는 백악관에서 내가 맡은 역할을 캐묻는 난감하고도 다소 모욕적인 질문들에 답해야 했다. 내가 '의도치 않은 실수'를 했고 앞으로 이러한 실수가 반복되지 않도록 업무 절차를 개선할 것이라고 설명했다. 이는 대통령을 포함해 참모들과도 논의된 내용이며, 그들도 동의했다고 말했다. 하지만 나는 이미 피를 흘리는 상태였고, 상어 떼에 둘러싸여 있었다. 결국 나를 가엾게 여긴 헬렌 토머스Helen Thomas가 백악관 기자단 최고참의 자격으로 그쯤에서 브리핑을 마무리해 주었다.

그 일의 충격에서 빠져나오는 데 몇 개월이 걸렸다. 군사 작전이 이루어질 때 정보 교환 네트워크에서 대변인을 단절시켰던 경우는 내가 처음이 아니었다. 레이건 대통령의 대변인이었던 래리 스피크스Larry Speakes는 미군이 그라나다에 상륙하기 불과 몇 시간

전까지도 침공할 것임을 부인했었다.[27] 오랜 시간이 지나고 나서야 나는 그때 좀 더 신중하게 대응할 수 있도록 미리 언질을 받을 수도 있었다는 생각이 들었다. 이라크의 암살 시도와 수사에 관한 첫 질문을 받았을 때, 대통령이 대응책을 결정하기 전까지 어떠한 언급도 할 수 없다고 대답할 수도 있었다. 그런데 내가 받은 정보는 너무 구체적이었다. 물론 국가 안보 보장 회의에서 받은 정보가 잘못된 것일 수도 있지만 말이다. 진짜 문제는, 미사일 공격을 미리 알고 있던 사람들이, 내가 기자단에게서 관련 질문을 받을 것이라는 점을 고려하지 않았다는 사실이다. 데일리 브리핑 자체가 그들의 안중에 없었기 때문이다.

백악관 대변인의 위상이 떨어지면서 초래될 부정적 결과는 몇 가지 더 있다. 현 대통령과 그를 취재하는 기자단 사이는 예전부터 팽팽한 긴장 상태를 유지하기 마련이다. 그런데 대변인의 위상이 낮다면(그리고 동시에 웨스트윙에서 기자들이 안내받지 않고 자유롭게 다닐 수 있는 영역을 제한한다면), 이는 언론에 대한 냉담한 태도로 보일 수 있다. 현 정부는 언론을 상대적으로 중시하지 않으며, 기자들의 접근이 제한될 것이라는 메시지를 전하게 된다. 이런 분위기에서 기자들의 불만이 쌓이다 보면 공공연한 접전이 발생하고, 양측이 모두 휩쓸려 들어갈 수밖에 없다. 그로 인한 피해를 복구하는 데는 수년이 걸리며 대변인을 바꿔야 할 수도 있다.

빌 클린턴도, 인수 작업을 맡은 참모들도, 나의 권한을 축소하면서 초래될 문제를 예견하지 못했다. 아마도 그 문제를 예견했어야 했겠지만 그러지 못했다. 나에게는 그것이 중요한 문제였지만, 대통령의 의중에서는 제외되었던 것 같다. 그들은 다른 문제들을 해결하느라 바빴다. 바로 선거 공약과 정치적 정당성의 문제다.

빌 클린턴은 사람들에게 보여줄 '여성 인력'이 필요했다. 대통령을 보좌하는 '첫 여성 대변인'을 등용해 '핵심 직책에 여성을 등용한 대통령'으로 인정받아야 했다. 하지만 그의 공약이 달성됐을 때, 나를 포함해 그가 등용한 여성 인력은 임무를 효과적으로 수행하는 데에 필요한 권한을 부여받지 못했고, 이로 인해 몇몇은 힘든 날들을 견뎌야 했다.

내가 백악관을 떠날 즈음 래리 킹Larry King이 주요 방송에서 백악관 출입 기자들을 초대해서 프로그램을 진행한 적이 있었다.[28] 그가 프로그램 중에 기자들에게 물었다.

"디디 마이어스의 역할은 유용했나요?"

그러고는 마이크를 패널들에게 넘겼다. 그러자 당시 ABC 뉴스의 브릿 흄Brit Hume이 대답했다.

"그건 알 수 없지요. 그 직책을 수행하기에 거의 완벽한 기질을 갖고 있었지만…. 기회를 얻지 못했으니까요."

이는 내가 백악관 대변인으로 여정을 시작할 때 듣고 싶었던 대답은 아니었지만, 모든 일을 겪고 난 후에 돌아보니 타당한 대답이었던 듯하다. 지금은 그의 공정한 견해에 감사하다. 내가 그동안 느껴왔던 감정을 한마디로 정리해 주는 말이기도 했다. 나에게는 기회가 주어지지 않았다. 오해를 막기 위해 한가지 부연하자면, 나의 경우에 '여성'이라는 정체성 덕분에 이득을 얻기도 했지만 손해도 보았다. 여성이라서 그 자리에 임용되었고, 여성이라서 임무를 제대로 수행할 기회를 얻지 못했다. 남성이 임용되었더라면 나와 같은 제약을 받지 않았을 것이다. 그럼에도 나는 그 기회를 얻었던 것에 감사한다. 어려움을 겪었으나 덕분에 내 삶이 바뀌었고, 그때의 경험이 없었다면 얻지 못했을 많은 기회를 얻을 수 있었다.

지금 돌이키면 내가 겪은 일들은 매우 보편적인 현상이었다. 공직을 수행하는 많은 여성이 그렇듯이 나 또한 권한보다 책임이 큰 임무를 맡아서 어떻게든 해내려고 고군분투했다. 다른 여성도 다양한 분야에서 같은 장벽을 만난다. 승진에서 제외되고, 기회를 얻는 데 필요한 정보 네트워크에서 단절되고, 다른 잣대로 평가된다. 이러한 장벽들 때문에 여성은 자기가 가진 잠재성을 충분히 발휘하지 못한다. 내가 빠졌던 함정을 다른 여성은 피해 가기를 바라는 마음에서 내 이야기를 나누기로 했다. 그리고 만약 함정에 빠졌다면, 당신이 혼자가 아니라는 사실을 알려주고 싶어서이기도 하다.

또 하나의 이유는, 내게 일어난 문제가 무엇이고 왜 일어났는지를 정확하고 진솔하게 진단한 결과, 문제를 일으킨 세력이 얼마나 감당하기 어려운 집단이었는지를 이해하는 데에 도움이 되었기 때문이다. 내가 실수하지 않았다고 변명하려는 건 아니다. 나는 실수했었다. 처음부터 다시 할 기회가 주어진다면 많은 것을 다르게 시도할 것이다. 그러나 내가 바꿀 수 없는 것들도 많았다. 그 점을 깨닫고 나니, 모든 문제를 내 탓이라고 자책하기보다는 잘된 일들에 대해 스스로 인정할 수 있게 되었다. 그러자 세상이 다르게 보였다.

2장

이중잣대의 굴레

> "남편과 자식을 굶기고 고생시키면서 유용한 물건을 발명했거나,
> 책을 썼거나, 예술로 자신을 표현했거나, 철학 체계를 정립한 여성
> 을 찬양하는 책은 지금까지 쓰인 적이 없다."
>
> **- 안나 갈린 스펜서(Anna Garlin Spencer),**
> **미국의 교육자·페미니스트·유니테리언교의 목사**

이탈리아 나폴리에 있는 어느 한 회의실에서 차마 믿기 힘든 광경
을 목격한 적이 있었다. 대통령 직속 경제자문위원회 회장인 로라
타이슨Laura Tyson이 대화에 끼지도 못할 뿐 아니라 테이블에 앉지
도 못하고 있었던 것이다.

우리 일행이 세계 산업 대국 정상들의 연례 모임인 G7에 참석
하기 위해 유럽에 막 도착한 직후였다. 국제 통화 시장에서 달러
화가 급락하면서 전 세계의 관심이 미국 대통령의 대응책에 쏠려
있는 가운데 대통령의 경제 및 공보 담당 보좌관들이 동행했다.
방 가운데 테이블이 하나 있었고, 벽을 따라 여분의 의자가 정렬
되어 있었다. 우리 일행은 회의실로 들어가면서 연차와 직분에 따

라 각자 자리를 찾아 앉았다. 대통령, 재무장관 로이드 벤슨Lloyd Bentsen, 국가경제회의 의장 로버트 루빈Robert Rubin이 차례로 테이블에 자리를 잡았다. 나는 몇몇 부관들과 함께 그들의 뒤쪽에 자리를 잡고 섰다. 로라가 회의장에 들어섰을 때에는 테이블에 자리가 남아 있지 않았다. 하지만 앉아 있는 남성 중에는 로라보다 낮은 직위인 사람들도 있었다. 로라는 벽을 따라 놓여 있는 여분의 의자 중 하나에 앉아야 했다.

대응 방안이 논의되는 동안 로라 타이슨이 의견을 제시하자 누군가 그녀의 말을 끊고 발의했다. 로라가 의견을 제시할 때마다 누군가 그녀의 말을 끊고 끼어들었다. 그러자 로라는 자리에서 일어나더니 목소리를 높여 이야기하기 시작했다. 회의실에 있는 남성 참석자들이 놀란 표정으로 바라보았지만 그녀는 개의치 않았다. 그제야 그녀를 알아본 대통령의 승인으로 그녀는 의견을 끝까지 피력할 수 있었다.

결국 대통령은 로라의 의견을 받아들였다. 하지만 그건 중요하지 않다. 이 일화에서 내가 말하고 싶은 것은, 그곳에 있던 다른 남성 참석자들과 달리 그녀는 대화에 끼기 위해서 사력을 다해 싸워야 했다는 사실이다. 회의실에 들어가 있는 것과 테이블에 자리를 차지하고 앉는 것은 분명 다르다. 로라 정도의 경력과 자격을 가지고도 그 자리에 소속되고자 고군분투하는 모습을 지켜보자니 안타깝고 속이 상했다. 회의실에서 나올 때 내가 그녀에게 다가가 말했다.

"회의실에서의 상황이 도저히 납득이 안 되네요."

그러자 로라가 고개를 절레절레 흔들며 대답했다.

"믿을 수 없는 일이지요."

우리는 또다시 전투에 임하는 자세로 다음 회의실로 향했다.

1994년 나폴리에서 G7이 열린 지 10여 년이 지났다. 그동안 여성은 정치와 기업은 물론 과학, 학문, 스포츠 등 모든 분야에서 입지를 다져왔다. 하지만 이러한 진보에도 불구하고 여성은 여전히 사회의 외곽에서 중심으로 향하고자 분투한다. 여성의 발목을 잡는 이중잣대는 아직도 존재한다. 남성의 태도나 아이디어, 관심사, 견해, 가치, 그리고 그들의 의견은 '기준'이 된다. 그리고 여성이 그 기준에 동조하지 않는 것은 이를 이해하지 못하기 때문이라고 간주된다. 여성은 남성보다 조금 덜 유능하다고 가정하는 것이다. 여성의 문제는 덜 시급하게 취급되고, 경험의 가치도 그만큼 덜 중요해진다.

이러한 이중잣대의 출발점을 찾아내기란 그리 어렵지 않다. 여성은 무려 수백 년 동안 사적인 공간에 갇힌 채 그 안에서 아이를 기르고 집안 살림을 돌보며 살아왔다. 사회생활은 남성에 의해, 남성을 위해 만들어진 남성의 영역이었다. 이러한 남성의 영역에 여성이 발을 들여놓기 시작하자 남성은 그들의 세계를 원래대로

'보존'할 필요를 느꼈다. 여성은 남성의 의례를 체득해야만 그 사회에서 인정받았다. 하지만 여성은 남성과 다르다. 그래서 남성처럼 행동해야 한다는 강박과 실상 그럴 수 없는 현실의 괴리 때문에 여성은 하급 상품처럼 취급되었다. 남성을 업그레이드된 마력과 고급스러운 마감재, 최첨단의 전자 장치들을 갖춘 '렉서스'에 비유한다면 여성은 같은 제조업체의 제품이지만 그러한 것들을 갖추지 못한 '토요타'인 것처럼 말이다.

여성은 이중구속의 굴레에 갇혀 있다. 남성처럼 행동하도록 요구받으나 그 역할을 너무 잘하면 견제를 받는다. 카탈리스트가 진행한 최근 연구에 따르면 여성은 팀을 구성하고 타인을 북돋아 주는 등 '돌보는 능력'이 뛰어나고, 남성은 상관의 명령을 수행하고 문제를 해결하며 상황을 판단하는 일과 같은 '책임 및 관리 능력'이 뛰어나다는 통념을 남녀 모두 공유한다.[29] 경험 연구의 결과에 따르면 남성과 여성 모두 다양한 리더십의 양상을 보이지만 이들 각각의 리더십에 관한 고정관념은 여전히 존재하는 것으로 나타난다. 여성 리더가 전통적인 여성 이미지에 부합하면 '너무 부드럽고 온화해서' 직무를 수행하기 어렵다고 여겨진다. 하지만 이러한 편견을 깨고 대담한 모습을 보이면 그때는 "너무 세다." 또는 "지나치게 남성적이다."라고 하거나 튄다는 지적을 받는다. 잘해도 욕을 먹고, 못해도 욕을 먹는 것이다.

이러한 고정관념이 확산되면 여성의 사회 진출에 거대한 장벽이 세워진다. 남들이 보기에는 대수롭지 않게 여겨질지 몰라도,

여성 리더 대부분이 이러한 고정관념을 심각한 장애로 인식한다. 다수의 연구 결과에 따르면 남성은 여성 지도자를 평가할 때 다른 일반 여성을 평가할 때보다 더 혹독한 잣대를 들이대는 것으로 나타났다. 이러한 경향은 고정관념에서 벗어나려는 여성 리더들의 시도를 더욱 어렵게 만든다는 것이다.

백악관 대변인직을 맡았던 첫 여성으로서, 나 역시 이렇게 상충적인 기대 사이에 갇힌 듯한 느낌을 받을 때가 종종 있었다. 지구상에서 가장 강력한 힘을 가진 미국의 대통령을 대변하는 일인 만큼 권위적인 면모를 갖추어야 하면서, 동시에 남들이 좋아할 수 있는 사람이어야 했다. 남성에게는 이러한 기질적 조건이 필수 요소가 아니라 있으면 득이 될 정도의 요소였을 것이다. 두 가지를 다 잘하는 방법도 있었을 텐데 나는 그러지 못하는 나날이 많았다. 기자들이 나를 시험하려 든다는 생각이 들 때면 나는 강경하게 대처하려고 애썼다. 그들의 질문을 조목조목 따지고 그들의 가정을 부정하면서 그들이 걸려 넘어지도록 유도했다. 하지만 내가 유리한 위치에 서 있을 때조차 이러한 방법은 통하지 않았다. 나의 직위는 아무짝에도 쓸모없었다. 서른한 살짜리 여성은 나이와 경험이 더 많은 남성을 이길 수 없었고, 의미 있는 대화를 나누는 것조차 쉽지 않았다. 그렇다고 온유한 태도로 대처하면 뭔가 확신이 없거나 자신이 없는 것처럼 보였다. 마치 상어에게 먹히는 밑밥처럼 내가 하는 말들은 어느새 남들에게 뜯어 먹혔다. 경험과 연륜이 쌓이면서 좀 더 효과적인 중간 지점을 찾았던 것 같기도

하다. 하지만 이중구속의 굴레는 다른 남성 전임자들이 겪지 않았던 방식으로 나의 능력과 태도를 둘러싼 사람들의 기대치를 규정했다.

물론 '첫 번째 주자'로 나선 여성들만이 이러한 장애를 만나는 것은 아니다. 모든 분야에서 여성 리더들이 비슷한 경험을 한다. 사적인 공간에서든 사회적으로 좀 더 확장된 공간에서든, 이중구속은 자기 의견을 피력하려는 여성을 여전히 압박한다.

이중잣대와 이중구속

인수인계가 진행되는 동안 빌 클린턴은 내각을 구성할 사람들을 물색했다. 대통령의 변호사와 매스컴 전문가, FBI 요원들은 팀을 이루어 클린턴이 지명한 후보자들을 자세히 조사하면서 그들의 배경에 결격사유가 될 만한 점이 있는지 확인했다. 그리고 잠재적 문제점이 발견되면 각각의 문제를 어떻게 처리할 것인지 논의하고 결정했다. 때에 따라서는 후보자를 고려 대상에서 제외하기도 하고, 어떤 경우에는 그대로 심사를 진행하기도 했다.

법무장관을 맡을 여성을 물색할 때 인수위원회를 이끌던 워런 크리스토퍼가 조 베어드Zoë Baird를 추천했다. 베어드는 뛰어난 변호사로 당시 나이는 40세밖에 안 되었지만 우수한 경력만큼이나 세간의 평판도 훌륭했다. 크리스토퍼는 이란에 억류된 미국인 인질 석방을 위한 협상을 진행할 때 베어드를 만나 함께 일한 적이 있었다. 그 후 베어드는 크리스토퍼의 법률사무소인 오멜버니 앤 마이어스O'Melveny & Myers에 합류하여 함께 일하다가 대형 보험회사인 애트나 생명 및 상해 보험Aetna Life and Casualty의 법률 고문이 되었다. 그런데 베어드가 인수인계 담당자에게, 그녀 부부가 페루인 부부를 고용한 적이 있다고 말한 것이다.[30] 여자는 보모, 남자는 운전기사였는데, 둘 다 서류미비 외국인 노동자였다고 했다. 당시는 합법적인 서류가 없는 사람을 고용하는 일이 불법은 아니었지만 베어드와 그녀의 남편은 사회보장세Social Security Taxes 역시 체납한 상태였고, 그건 명백한 위법이었다(하지만 그건 클린턴 당선인에 의해 법무장관 후보로 추천되기 전의 일이었다. 베어드와 그녀의 남편은 이미 변호사를 고용해서 페루인 부부에게 미국 체류 자격을 갖추어 주고, 미납된 세금과 벌금까지 모두 납부했다).

인수인계위원회에서는 이 문제가 얼마나 심각한 후폭풍을 몰고 올 것인지를 놓고 상반된 의견이 오고 갔다. 그중에도 조사담당자였던 리키 시드먼이 특히 부정적인 견해를 피력했다. 리키는 법을 위반한 전력이 있는 사람을 법무장관 후보로 내세우면 그 자체로 심각한 문제가 될 거라고 주장했다. 게다가 리키는 베어드가 여성이라는 사실, 보모를 고용했다는 사실, 그리고 50만 달러의 연봉을 받으면서 세금을 제대로 납부하지 않았다는 사실 때문에 문제가 더 커질 수 있다고 생각했다. 리키가 내 의견을 물었을 때,

나는 그 일이 베어드를 부자격자로 판정할 수 있는 일인지 잘 모르겠다고 답했다. 하지만 리키가 심각하게 우려하는 걸 보니 나도 덩달아 불안해지면서, 어쩌면 이런 일에서는 리키의 직감이 정확할지 모르겠다는 생각이 들었던 것 같다.

다른 사람들은 이 일을 그렇게 보지 않았고, 베어드를 임용하기 위한 준비는 그대로 진행되었다. 그러나 결국 비판이 거세지면서 베어드를 임용하는 일을 더는 밀어붙일 수 없다고 판명되어 추천이 취소되었다. 그 후로 몇 년이 지나는 동안 나는 종종 리키가 남성이었더라면 상황이 달라졌을지 궁금해지곤 했다. 리키가 남성이었더라도 베어드의 상황이 몰고 올 여파에 그렇게 예민했을까? 리키가 남성이었다면 그녀의 의견에 좀 더 비중이 실렸을까? 같은 맥락에서 조 베어드가 남성이었다면 상황이 달라졌을까? 그녀가 남성이었어도 사회보장세를 납부하지 않은 사실과 보모를 고용한 사실에 대중이 그렇게 격노했을까? 아니면 그런 일은 그의 아내가 알아서 할 일이었다고 간단히 치부했을까? 베어드가 남성이었다면, 당시에는 흔히 지켜지지 않았던 법규를 준수하지 못했다는 사실에, 그리고 영향력이 있는 위치에 있으면서 자녀를 다른 여성을 고용해 돌보게 했다는 사실에 대중은 얼마나 분개했을까?

선출직에 출마하는 여성에게도 같은 유형의 이중잣대가 적용된다. 연구에 따르면 남녀 유권자 모두 여성 후보를 다른 잣대로 평가하는 것으로 나타났다. 여성 후보들을 위한 지침서에서는 '이러한 묵시적 편견을 넘어서기 위한 준비'를 해야 한다고 경고

한다.

"유권자들은 여성 후보가 압박을 받는 상황에서 얼마나 실적을 낼 수 있는지, 사안에 관한 지식이 있는지, 외모·태도·몸짓·의사소통 능력 등 전반적인 자기 제시 능력이 탁월한지에 초점을 맞춘다. 유권자들은 남성 후보보다 여성 후보의 실적을 좀 더 비판적인 시각에서 평가하고, 여성 후보의 실수도 더욱 엄격한 잣대로 평가한다. 유권자들은 다음과 같이 묻는다. 이 여성 후보가 상대 후보와 맞설 수 있는가? 결단력이 있는가?"[31]

다시 말해서 유권자들은 남성 후보를 평가할 때는 임무를 수행하기에 충분히 강인한 성품을 가졌을 거라고 기대하지만 여성 후보에게는 그 자질과 성품을 입증하기를 요구한다.

이건 아주 미묘한 문제다. 다수의 연구가 일관적으로 시사하는 바에 따르면 여성이 너무 강하게 자기주장을 하면 직위에 오를 기회나 승진의 기회를 잃는다.[32] 단지 남성의 의견에 동의하지 않는 것만으로 직장 경력에 흠집이 날 수도 있다. 캔자스 주지사였던 캐슬린 시벨리어스Kathleen Sebelius는 내게 이렇게 말했다.

"공정하지 못하고 이해할 수도 없으나 남성은 여성에 대해서 몇 가지 요소를 견디지 못하는 듯해요. 여성은 그러한 역동 관계를 현명하게 풀어나가느냐, 아니면 장벽에 부딪혀 잠재적 능력을 발

휘하지 못하느냐의 갈림길에 서 있는 거지요."³³

여성으로서는 처음으로 진정성 있고 옹골찬 대통령 선거 캠페
인을 벌였던, 다시 말해서 합법적으로 이길 가능성을 보여주었던
힐러리 클린턴은 그러한 갈림길에서 적절한 균형을 유지하기 위
해 고군분투해야 했다. 어떤 면에서는 힐러리가 넘어야 했던 장애
물은 그녀의 검정 바지만큼이나 익숙한 것이었는지도 모른다. 그
녀 주변 지인들의 말을 들어 보면, 힐러리가 경직된 인상을 주지
않으면서 강하게 보이는 법을 체득하기 위해 고민했다고 한다. 이
는 그녀 주변에 있는 사람들이라면 모두가 알고 있는 사실이고,
모두가 공감한 여성의 현실이었다. 하지만 그 외의 장애물들은 오
로지 힐러리 본인의 몫이었다. 높고 높은 허공에서 조금의 실수도
용납되지 않는 줄타기를 하면서, 그 엄청난 기대에 부응하기 위해
안간힘을 써야 했다.

그녀에게 호칭을 붙이는 일부터가 간단하지 않았다. 아칸소 주
지사의 아내로 처음 대중 앞에 나섰을 때, 그녀는 자신을 '힐러리
로댐Rodham 클린턴'으로 소개했다. 그러나 빌 클린턴의 첫 임기가
끝나고 유권자들이 그를 다시 선출하지 않았을 때, 힐러리는 자기
이름에서 '로댐'을 떼어버렸다. 이후 빌 클린턴은 다음 선거에서
다시 주지사로 선출됐다. 세 번이나 연달아 선출됐는데, 그것이
전적으로 힐러리가 이름을 바꾼 덕분이라고 생각하는 사람은 없
는 것 같다.

1992년 대통령 선거 캠페인에서 그녀를 처음 만났을 때, 그녀는 내게 자신을 '힐러리'라고 소개했었다. 대부분의 젊은 직원들은 클린턴 후보를 '주지사님'으로 부르면서 그의 아내는 '힐러리'라는 이름으로 불렀다. 그녀가 영부인이 된 후에도 나는 공적인 자리에서는 그녀를 '클린턴 여사'로 호칭했지만 사적인 자리에서는 여전히 '힐러리'로 불렀다. 그녀가 상원의원으로 당선되고 나서도 마찬가지였다. 그리고 대선에 출마한 당시 그녀는 '클린턴 상원의원'도, '클린턴 여사'도 '클린턴'도 아닌, '힐러리'로 불리었다. 대중은 그녀를 '힐러리'라고 부른다. 편안하게 입에 담기면서 차가운 외관에 훈기를 불어넣는다. 같은 성을 가진 전 대통령과 구분하기도 쉽다. 그러면서 동시에 그녀의 권위를 아주 약간은 손상하는 것도 사실이다. 어떻게 들어도 '힐러리'는 '매케인 의원'이나 '롬니 주지사', '줄리아니 시장'보다는 덜 권위적이지 않은가? (나는 이 책에서 그녀를 '힐러리'로 호칭한다. 나는 그 이름으로 그녀를 처음 만났고, 현재 힐러리가 자신을 지칭하는 이름이기도 하기 때문이다. 하지만 그녀가 대통령으로 당선되었더라면 나는 사람들이 '대통령 만세'를 부르기 전에 기꺼이 그녀를 '대통령 여사'로 바꿔 불렀을 것이다.)

호칭뿐 아니라 정치적 포부에 관한 의혹에 응대할 때도 힐러리의 '균형 잡기'는 조금도 쉬워지지 않았다. 어떻게 해야 유권자들에게 그녀가 아동복지를 살피면서 동시에 이란에 핵 공격을 가할 수 있다는 확신을 심어줄 수 있겠는가? 힐러리도 절감했겠지만 그건 엄청나게 어려운 과제다. 그녀는 노력했으나 현실적으로 역부족인 경우가 많았다. 힐러리와 비슷한 연배의 한 여성 인사가 나에게 이렇게 말했다.

"나이 고하를 막론하고, 이른바 강경파 여성 활동가들 대다수가 힐러리가 경직되었다고 말해요. 힐러리가 실질적으로 여러 면에서 남성화되었다는 뜻이기도 하지요. 그래서 그녀를 신뢰하지 못하는 겁니다. 힐러리의 본래 모습이 어디로 갔는지 모르겠다는 거지요. 참모습이 아니라고 생각하는 겁니다. 여성에게 꼭 필요한 것을 하나 꼽으라고 한다면, 그건 바로 타인의 신뢰를 받는 일인데 말이지요. 대중이 그녀를 믿어야 합니다. 자신의 정체성을 확고히 지키고 있다고 말이에요. 확고하고 진정성 있는 가치관을 가졌다는 믿음을 얻어내야 합니다."[34]

실제로 힐러리가 '진정성'을 보였을 때, 뉴햄프셔 예비 선거의 끝자락에 잠시 눈물을 보이며 그녀의 '참모습'을 아주 잠깐 내비쳤을 때, 여성들은 하나가 되어 그녀를 옹호하고 지지했다. 이는 종종 편파적으로 적용되는 법규를 향한 여성들의 불만이 커지고 있음을 시사하는 것이었는지도 모른다. 하지만 아이오와주에서 대대적인 승리를 거둔 버락 오바마가 밀고 들어오자, 모든 여론 조사에서 오바마는 뉴햄프셔에서도 안정적으로 승리할 것임이 확실시되었다. 정치 담론에 열을 올리는 사람들은 오바마가 이번에도 승리한다면 힐러리의 캠페인은 무산될 것이라고 예견할 뿐만 아니라 그녀의 '정치적 무덤'에서 춤을 추었다. 휘청이는 캠페인을 살려보려고 안간힘을 쓰는 동안, 힐러리는 일정을 맞추느라 지친 게 아니라 혹독하고 무자비한 비판에 지쳤던 것 같았다.

"어떻게 그 모든 걸 감당하는 거죠?"

유세장에서 한 여성이 물었다.

"쉽지 않아요. 내가 옳은 일을 한다는 확신이 없었다면 하지 못했을 겁니다."

힐러리가 대답했다. 그녀는 감정에 휩싸이는 듯 보였지만 자제력을 잃지는 않았다. 눈물이 차올랐을 뿐 볼을 타고 흘러내리지는 않았으니까.

"이건 저의 지극히 사적인 경험이기도 합니다. 정계나 사회의 문제만이 아니에요. 그동안 어떤 일이 일어나고 있었는지가 보여요."

지난 7년간의 공화당 정치(조지 W. 부시 행정부)를 말하는 게 분명했다.

"반드시 정권을 교체해야 합니다."³⁵

그 후로 24시간 동안 문제의 장면이 케이블 텔레비전과 인터넷에서 거의 무한 루프로 재현되었다. 기자와 전문가들은 힐러리의 감정 표출이 의도된 것인지, 캠페인에 얼마나 큰 영향을 미칠 것인지를 두고 공방전을 벌였다. 평소에 사리 분별이 정확한 존 에드워즈John Edwards조차도 힐러리가 울지 않고 캠페인을 끌고 갈 수 없다면 끝까지 살아남는다고 해도 나약한 대통령이 될 것이라고 평가했을 정도다. 지난 두 대통령이 때때로 눈물을 흘렸다고 고백했을 때 사람들은 그 뜨거운 공감에 찬사를 보내지 않았던가? 그런데도 여성에게서는 눈물이 나약함의 증표로 평가된다. 하지만 그건 나약함의 증표가 아니었다. 유권자들이 직접 확인했던 것처럼, 특히 여성 유권자들은 그녀의 감정 표출이 진실일 뿐 아니라 합당한 것이었다고 결론지었으며, 그녀의 고통에 공감하고 그 고통을 끝낼 수 있도록 돕기로 다짐했었다.

다음 날 뉴햄프셔 유권자의 57%에 해당하는 기록적인 숫자의 여성 유권자가 투표장으로 몰려왔으며 그들 중 절반이 힐러리에게 투표했다. 이들 중에는 그동안 힐러리를 지지하지 않았던 사람도 있었고, 끝까지 그녀를 지지하지 않을 수 있는 사람도 다수 포함돼 있었다. 여론 조사는 힐러리가 두 자리 숫자로 패할 것이라 예상했지만, 그녀는 투표에서 승리를 거두었다. 승리 연설에서 말한 것처럼, 그녀는 자신의 '목소리'를 찾은 것이다.

너무 남성적이거나 남성답지 못하거나, 너무 여성적이거나 여성답지 못하거나… 여성이 게임에 질 확률은 너무 높다. 디스커버리 커뮤니케이션즈Discovery Communications 회장인 주디스 맥헤일 Judith McHale도 힐러리 클린턴에 대해 비슷한 비판을 들었다. 하지만 주디스는 이러한 비판 중 대부분은 이치에 맞지 않는다고 말한다.

"저는 이렇게 말하는 사람들, 특히 여성들을 보면 참을 수가 없어요. '그녀는 분열을 초래할 거야.'라고 말이죠. 그러면 저는 이렇게 응대합니다. '글쎄요, 미국이 현재 굳건히 단결되어 있어서 그렇게 분열을 두려워하는 거겠죠.'라고요."[36]

맥헤일은 이러한 비판이 이중잣대라고 단언한다. 한 번은 어느 여성이 자신에게 힐러리를 보면 불쾌하다는 말을 한 적이 있다고 한다.

"그래서 내가 물었죠. '왜 그런 느낌이 드는데요?' 그러자 그녀가 이렇게 말하더군요. '음, 힐러리는 기회주의자잖아요.' 그래서 내가 말했어요. '그건 사실이에요. 미국 상원에 그녀 같은 사람은 또 없을 거예요. 대다수 정치인은 세속적인 야망 때문에 정치를 하죠. 하지만 힐러리는 그렇지 않아요. 그런 부류와는 전혀 다르죠.' 라고요."[37]

여성의 외모에 집착하는 세상

남성처럼 행동하는 게 약점인 만큼 여성스럽게 보이는 것도 약점일 수 있다. 이에 대해서는 힐러리가 누구보다 잘 알 것이다. 10년이 넘도록 그녀의 외모는 끊임없이 전국적인 이야깃거리로 소비되었으니까. "힐러리는 바지를 입어야 한다. 아니다, 치마를 입어야 한다. 머리가 너무 길다. 아니다, 너무 짧다. 외투가 너무 구식이다. 아니, 너무 파격적인 데다 뚱뚱해 보인다!" 한 번은 그녀가 정장 외투 안에 깊게 파인 캐미솔을 입고 의회 행사에 나왔다가 마치 의회당 계단에서 쿠바의 독재자 카스트로와 탱고라도 춘 듯한 평가를 들은 적도 있었다. 가슴골이 약간 보이는 듯했다는 이유만으로 호사가들은 여론을 흥분의 도가니로 몰고 갔던 것이다.

같은 맥락에서 케이티 커릭이 저녁 뉴스의 첫 여성 단독 앵커로 CBS에 합류했을 때, 홍보 부서에서는 그녀의 사진을 보정하여 옷 치수 하나는 줄여 보일 정도로 날씬하게 만들었다고 한다. CNN에 있는 케이티의 친구 캠벨 브라운Campbell Brown은 이렇게 말했다.

"케이티의 외모를 강조하는 건 정말 마음에 들지 않아요. 너무 화가 나죠. 남성 앵커들에게는 그런 식의 평가를 안 하잖아요. 절대 그런 일이 없지요."[38]

이왕 말이 나온 김에 덧붙이자면 남성은 패션에 관한 이러한 잣대에서 자유롭다. 2004년 민주당 대선 후보들이 '비싼' 이발을 했다가 여론의 물매를 맞았을 때도 논란의 초점은 '이발료가 400달러나 되고, 이발사가 로스앤젤레스에서 비행기를 타고 날아왔다'는 사실이었다. 단 한 번도 그렇게 자른 머리가 보기 좋은지 나쁜지, 머리 모양이 얼굴형을 돋보이게 하는지, 광대뼈를 드러내는지가 아니었다. 아무도 그런 걸 신경 쓰지 않았다. 그런데 유독 여성에게는 모두가 오스카 시상식 레드카펫에 오르는 조앤 리버스Joan Rivers처럼 보여야 한다고 생각하는 것이다.

빌 클린턴 캠페인에 합류한 이후로 나를 둘러싼 평가에는 항상 헤어스타일, 귀걸이, 화장, 복장, 외투 등에 관한 언급이 포함되었다. 그렇다. 바로 그 긴 검정 가죽 외투 말이다.

캠페인에 처음 합류했을 때 로스앤젤레스에서 온 나는 겨울 외투를 가지고 있지 않았다. 때는 12월이었고, 뉴햄프셔에 있던 우리는 많은 시간 밖에서 보내야 했기 때문에 겨울 외투가 필요했다. 그러던 차에 에디바우어Eddie Bauer 카탈로그에서 이 가죽 외투를 보았다. 종아리 중간까지 내려오는 길이에 방수 기능이 있었고, 거위 털이 들어 있었으며, 누빈 안감은 떼어내고 입을 수도 있었다. 나는 단번에 그 외투가 마음에 들었고 지금까지도 내가 입어 본 중에 가장 따뜻한 외투로 남아 있다(힐러리 클린턴도 내 외투가 마음에 들어서 똑같은 것으로 주문해서 입었는데, 그 사실은 세간의 관심을 비껴간 듯하다. 그나마 작은 기적이었다고나 할까?) 그렇게 해서 그 외투는 내 역사의 한 부분으로 남아 있다.

이번엔 신발에 얽힌 이야기를 해 보자. 다시 말하지만, 나는 로스앤젤레스에서 왔기 때문에 겨울 부츠가 없었다. 카우보이 부츠는 몇 개 있다. 1990년대 초였던 만큼 누구나 카우보이 부츠 몇 켤레쯤은 가지고 있었다. 뉴햄프셔에 갈 때도 카우보이 부츠를 가져갔다. 겨울이었으니까. 하루는 자동차 행렬에서 내려 맨체스터의 빙판길에 발을 디디는 순간 두 발이 사정없이 미끄러지면서 중심을 잃고 말았다. 다행히 내가 길바닥에 누워버리기 전에 빌 클린턴이 내 팔꿈치를 잡았다. 그리고 내가 신고 있는 카우보이 부츠를 보더니 재미있다는 듯한 미소를 지어 보이며 말했다. "캘리포니아에서 온 게 분명하군요, 그렇죠?" 두말할 필요 없이 나는 카우보이 부츠를 버리고 팀버랜드Timberland의 스노우 부츠를 장만했다.

그 후로도 나는 의식하지 못했지만, 내 신발이 일부의 관심을 끌고 있었던 듯했다. 1994년 1월, 우리는 대통령의 정상회담을 위해 모스크바에 있었다. 클린턴 대통령과 옐친 대통령이 상대국의 도시를 핵 공격 목표물에서 제외한다는 내용이 담겨 있는 '표적 해제 동의안'에 서명할 예정이었다. 이는 두 국가 간에 중대하고도 상징적인 행사였고, 두 대통령은 크렘린궁에서 기자회견을 열어 이를 발표하기로 하였다. 우리는 주최 측의 규칙에 따라 움직였다. 러시아에서 나와 같은 임무를 담당하는 관계자와 내가 질문할 사람을 지목하면 두 대통령이 각기 서너 개의 질문에 답을 하기로 합의했다. 그러자면 나 역시 상당히 긴 시간에 걸쳐 전 세계로 방송되는 카메라에 등장하게 될 터였다. 모스크바의 도로는 질척한 잿빛으로 덮여 있었고, 우리는 행사장으로 가는 길에 몇 군데 들려야 했다. 호텔에서 출발하면서 나는 당연히 스노우 부츠를 신었다. 몇 군데 들르고 났을 때, 나의 친구이자 백악관 보좌관인 마크 기어런이 내 부츠를 보더니 약간 놀라는 듯이 말했다. "기자회견에 그걸 신고 갈 건 아니죠?" 내가 그것밖에 가져온 게 없다고 말하자, 그는 전화기를 잡더니 직원에게 연락해서 내 방으로 검정 가죽 구두 한 켤레를 가져다 놓으라고 지시했다. 신발은 기자회견 직전에 배달되었다.

그로부터 2주 후, 행사 때 찍은 사진 한 장을 받았다. 클린턴 대통령과 옐친 대통령이 지켜보는 가운데 마이크 앞에 서 있는 나의 전신사진이었다. 사진에는 노란색 포스트잇 메모지가 붙어 있고 다음과 같이 적혀 있었다.

"디디 마이어스의 구두는 마크 제이콥스의 제품이다."

머리에 얽힌 사건도 있었다. 그렇다, 머리도 문제다. 지금도 그 사진들을 보면 저절로 움찔거려진다. 금발. 더 노란 금발, 덜 노랗지만 긴 금발, 다시 짧은 금발에 뿌리 부분엔 다시 자라난 내 머리색, 더 짧은 머리, 더 노란 금발…. 원래도 대충이었던 헤어스타일이 점점 최악으로 갔다가 다시 대충인 스타일로 계속 변화했다.

세간의 입방아에 내 머리가 오르내리고 있다는 건 그때도 알고 있었다. 하지만 그걸 수긍하고 고맙게 생각하기에는 한참의 시간이 필요했다. 나는 패션 아이콘은 될 수 없었다.

백악관 시절을 회상하면서 이중잣대를 비판하는 지금, 후회되는 일 중 하나로 외모 관리를 못한 것이라고 말한다면 모순처럼 들릴지도 모르겠다. 다만 공정하든 공정하지 못하든 외모 관리에 미숙하다는 지적을 받는 일은 나를 신경 쓰이게 했다. 이미 많은 난관을 직면하고 있었던 상황이었음을 고려했다면 그러한 스트레스까지 짊어지지 않아야 했다. 노력하지 않은 건 아니다. 하지만 패션 감각을 타고 나지 못한 걸 어쩌겠는가? 노래하다 음정이 틀리는 건 느끼지만 내가 입은 앙상블이 잘 어우러지는지 도무지 모르겠는걸. 도움을 받았으면 좋았을까 생각하면 후회스럽기도 하다. 서른한 살 생일을 지내고 한 달 후 워싱턴에 도착할 때까지 나는 도심에서 살아본 적도, 직장을 가져본 적도 없었다. 한두 사람을 제외하고 내가 아는 사람은 선거 캠페인을 함께한 민주당 동료들이 전부였다. 그 외에는 도움이나 소통의 창구가 없었다. 멘토도 없었고, 나보다 도시 문물에 해박해서 조언해 줄 수 있는 친구가 있는 것도 아니었다. 그런 친구가 있었다면 현지인의 문화를 내가 이해할 수 있게 도와주기도 하고 쇼핑도 함께 가주었을 것이고, 내게 아주 큰 도움이 되었겠지만.

최근에 알았는데, 현재 백악관 직원 중에는 화장 전담 전문가도 있다고 한다. 주 고객은 물론 대통령이지만, 대변인을 포함해서 카메라 앞에 서야 하는 일정이 있는 직원도 서비스를 이용할 수 있다고 한다. 동영상의 위력을 고려한 매우 현실적이고 영리한 대처다. 여기서 어쩔 수 없이 의문이 하나 생긴다. 만약 예전에 내가 그런 일을 시도했다면 성공할 수 있었을까? 그럴 수 없었을 거라 확신한다. 이 책을 출간한 시점으로부터 12년 전에는 백악관 촬영에 목마른 매체라 해봤자 텔레비전, 케이블, 인터넷 정도밖에 없었다. 그리고 남성의 결단, 이 경우에는 대통령의 결단이 필요하다. 행사를 위해 화장을 하는 일이 국정 신년 연설 자체보다는 덜 중요하더라도 차를 몰고 직장에 출근하는 일보다는 중요하다는 인식을 사람들에게 심어야 한다. 그래서 화장 전담 직원을 고용하는 일이 헛된 낭비가 아니라 현명한 대처인 걸로 모두가 인정하도록 이끌어야 비로소 가능하다.

하지만 그때는 그랬다. 클린턴 대통령의 취임식이 있던 그 주, 내가 워싱턴에 도착하고 며칠 안 되었을 때, 새 행정부의 고위직에 임명된 한 여성과 마주친 일이 있다. 매력이 넘치고 외모도 말끔한 여성이었다. 내가 그녀의 정장에 찬사를 보내자, 그녀가 말했다.

"새 옷 한 벌 장만하는 데 2만 5,000달러밖에 안 들었어요."

그녀는 마치 부끄러운 비밀을 털어놓은 듯이 말했지만 나는 기절초풍을 했다. 나의 전 재산보다 많은 금액이었으며, 새 옷을 사느라 1~2주 사이에 2만 5,000달러를 쓰는 사람은 태어나서 처음 만났기 때문이었다. 하지만 그녀와 나 사이의 간극은 패션에 지출할 수 있는 돈 때문만은 아니었다. 금전 사정이 나와 비슷한데도 '제대로 갖춰 입을 줄 아는' 사람들이 있으니까. 조지 스테퍼노펄러스 같은 사람 말이다. 리틀록을 떠나 워싱턴으로 오기 며칠 전, 그의 인수위원회 사무실에 들렀을 때다. 벽에 긴 상자들이 기대져 있었는데, 폭이 넓고 유난히 납작했다. 내가 "이건 무슨 상자예요?"라고 묻자 그는 "바니스Barneys에서 정장 네 벌 샀어."라고 답했다. 나는 바니스 매장에 한 번도 가 본 적이 없었다. 그런데 조지는 백악관 첫 출근 날, 연단에 서 있을 때 입을 옷을 준비하느라 뉴욕까지 다녀온 것이다. 그는 여성이 아니어도 전 세계가 보게 될 것이라는 사실을 의식하고 있었던 거다.

나는 지금도 텔레비전에 등장하고 나면, 무엇을 말했는지보다 어떻게 보였는지에 관한 피드백을 더 많이 받는다. 이건 여성이라면 마주할 수밖에 없는 현실이다. 머리 모양을 먼저 짚고 넘어가지 않으면 당신이 하는 말에 귀를 기울일 수 없는 거다. 헤어스타일이 바뀌었으면 이를 언급하지 않을 수 없다. 거기엔 암시적인 메시지가 포함됐다.

"헤어스타일이 참 멋지네요. 잘랐어요?(혹은 길렀어요?)"

이렇게 말하면 일단 안심이다. 당신의 모습이 대체로 마음에 들었으므로 이제 당신이 하는 말을 들을 준비가 되어 있다는 뜻이다. 그런데 이렇게 말한다고 가정해 보자.

> "〈투데이쇼Today Show〉에 출연하신 걸 봤어요. 헤어스타일을 바꾸셨더군요."

이건 좀 불길하다. 당신의 모습이 마음에 들지 않았다는 뜻이며, 거슬리는 이유를 찾아내느라 당신의 말에 주의를 기울이지 못했다는 뜻이니까. 한마디로 요약하자면, 머리 모양이 엉망인 날은 내 입에 음소거 버튼이 켜져 있었다고 보면 된다.

참석과 착석의 차이

여성이 외모로 평가받지 않을 때는 종종 투명 인간으로 취급받는다. 그들이 법률 분야에 종사하든, 사업이나 의학, 학술, 정치, 그 외에 어느 분야에서 활동하든 내가 아는 거의 모든 전문직 여성은 그런 경험을 겪는다. 남성 참석자가 가득한 회의실에 당신이 자리를 잡고 착석했다고 해보자. 당신이 의견을 제시해도 반응하는 사람이 없다. 그런데 잠시 후 남성 참석자가 거의 같은 말을 하면 모두가 훌륭한 생각이라며 동조한다. 도대체 왜 그럴까? 분명히 여성 중에는 자기 의견을 설득력 있게 전달하지 못하는 사람도 있을 것이다. 하지만 그런 경우가 그리 잦을 수는 없다. 편견에 대처하는 여성의 다양한 전략에 관한 어느 연구에서, 어떤 응답자는 자기가 제안한 아이디어를 다른 사람이 자기 의견인 양 다시 제안하려 할 때는 분명하게 되짚어야 한다고 주장했다.[39]

"그런 행동은 처음부터 정확하게 되짚어야 해요. 동시에 영리하게 대응해야죠. 예를 들어 그의 이름이 조 스미스라고 합시다. 그러면 이렇게 말하는 거예요. '조, 내 아이디어를 지지해 줘서 고마워요. 그렇게 정리해서 말해주니 속이 시원하네요. 당신도 저와 같은 생각이라는 걸 알겠어요. (그러고는 좌중을 향해) 여러분, 방금 조 스미스가 깔끔하게 정리해 준 저의 제안을 한번 구현해 보면 어떨까요?'라고 하는 거죠."

남성은 당연히 능력을 가지고 있을 것이라 전제하는데 여성에게는 증명해 보이기를 기대하는 경우가 너무 많다. 남성의 행동 방식을 닮아야 하면서 동시에 너무 남성적이어서는 안 된다. 지나치게 노력하는 것처럼 보이지 않으면서 어느 정도 수행 능력을 입증해야 한다. 하지만 사람들의 '기대'라는 것은 명료하게 규정할 수 없고 측정하기는 더욱 어렵다.

왜 여성은 남성처럼 하지 못하는가? '일라이자 둘리틀Eliza Doolittl ˙ 증후군'이라고 할 수 있겠다. 점점 더 많은 여성이 자신에게 금기시되었던 방에 들어가는 방법을 찾아가고 있다. 하지만 들어간다 해도, 여성은 종종 그 속에서 자신이 혼자임을 발견하곤 한다.

케이티 커릭이 CBS 저녁 뉴스의 앵커가 되고 얼마 지나지 않았을 때였다. 그녀는 다른 방송사와 케이블 채널의 앵커, 일요일 아침의 정치 토크쇼 진행자들과 함께 백악관에 초대받았다. 백악관의 고위 참모들이 그날 저녁 대통령이 이라크의 최근 상황과 관련해서 하게 될 연설 내용을 간략하게 브리핑하는 자리였다. 커릭은 CBS 웹사이트에 있는 본인의 블로그에, 당시 백악관 주변의 분위기가 인상적이었다고 올리며 "약간 경이감이 들 정도였다."라고 평가했다.[40] 하지만 회견실에 모인 참석자의 구성은 '약간 당황스러울' 정도였다. 문가에 서 있는 여성 지원 인력을 제외하고는, 언론 매체와 운영진을 통틀어서 케이티 커릭이 유일하게 치마를 입고 있었기 때문이었다.

나도 그녀와 같은 처지에 놓인 적이 있었다. 백악관 대변인으로 일하는 동안 대통령의 주요 행보에 앞서 갖게 되는 수많은 브리핑에 참석했는데, CNN에서 〈인사이드 폴리틱스Inside Politics〉를 진행하던 주디 우드러프Judy Woodruff가 가끔 참석하기도 했어도 대부분은 내가 유일한 여성 참석자였다. 여성 참석자가 부족하다는 사실을 알아차리는 사람은 나뿐인 것 같았는데, 그 이유가 그곳에 모인 기자들의 머릿속에 더 고귀하고 중대한 주제가 자리 잡고 있

---

* 버나드 쇼(Bernard Shaw)의 『피그말리온』에 나오는 주인공이다. 일라이자 둘리틀은 언어학자 '히긴스'라는 인물을 만나 상류 여성으로 재탄생하기 위한 훈련을 받는다. 훈련과정에서 둘리틀은 사회가 요구하는 여성성을 강요받고, 이에 신분제와 가부장제의 문제를 의식하게 된다.

기 때문은 아니었다. 대통령의 연두교서를 앞두고 개최된 앵커들의 오찬 모임에서 오고 간 대화를 떠올려 보면 알 수 있다. 그 자리에 참석한 저널리스트들의 화제는 대통령의 포부나 생각보다는 그의 접시에 놓인 음식에 집중되었으니까. 웨이터들이 프랑스식으로 닭고기, 소고기, 양고기를 가져와서 어느 것을 원하는지 묻자, 대통령은 그 세 가지를 모두 받았다는 것이다. 그날 모인 언론인들의 대화는 끝까지 그 주제를 벗어나지 않았다.

그렇다면 여성이 그 방에 있고, 함께 식탁에 앉았다면 무엇이 달라졌을까? 물론 그 차이는 어떤 여성인지, 어떤 방인지, 테이블이 얼마나 큰지에 따라 다를 것이다. 어쩌면 별로 달라지는 게 없을 수도 있다. 하지만 자기 의견이 분명하고 약간의 권력도 있는 여성이 단호하게 마음먹고 판을 흔들려 든다면, 커다란 변화가 일어날 수도 있다. 심장병 전문의이자 전 국립 보건 연구소 소장이었던 버나딘 힐리Bernadine Healy 박사의 이야기를 예로 들어보겠다.

말도 안 되는 소리처럼 들릴지 모르지만 임상 연구에서 여성을 포함하기 시작한 시기는 1990년대 초부터였다. 그때까지는 이른바 "인류에 관한 과학적 지혜를 전한다."라고 주장하는 연구들이 그 인류의 절반을 무시한 채로 진행되어 온 것이다. 예를 들어 1980년대에 진행된 심장병 관련 연구에서도 1만 5,000명의 남성을 대상으로 삼은 와중에 여성은 한 명도 포함하지 않았다.[41] 아스피린 치료가 심장마비를 예방할 수 있는지를 확인하는 연구도 2만 2,000명의 남성을 중심으로 이루어졌으며, 여성은 한 명도 포함되지 않았다. 에스트로겐이 심장병 예방에 도움이 되는지를 알아보는 연구에서도 그렇다. 짐작하는 대로 여성을 한 명도 포함하지 않았다! 다시 말해서, 여성의 생명 활동과 관련된 모든 의학적 지식은 남성을 연구해서 얻은 결과다. 이러한 체제를 구상한 사람들도 여성이 아니었을 거라 장담한다. 왜냐하면 내가 아는 거의 모든 여성은 자기 신체가 남성과 다르다는 사실을 분명하게 알고 있기 때문이다. 하드웨어가 다르니까!

수년 동안 여성 단체, 특히 소수이지만 점차 그 수가 늘어나는 의회 내의 여성의원들은 연방 정부가 여성의 건강 문제를 좀 더 신중하게 다룰 것을 요구해 왔다.[42] 여성의 심장 질환이나 여성 암 치료, 호르몬 변화와 그에 따르는 치료법에 관한 연구가 부족하고 자금도 부족하다고 주장했다. 그러나 이러한 호소는 아직 별 관심을 받지 못하고 있다. 남성이 자기 아내에게 하는 말, "그저 당신 생각일 뿐이야."의 공공 정책 버전인 셈이다.

힐리 박사가 1991년에 여성으로는 처음으로 국립 보건 연구소를 이끌게 되면서 이 모든 상황이 바뀌었다. 취임 후 몇 개월이 지나기 전에 그녀는 임상실험에서 더는 여성이 배제되어서는 안 된다는 뜻을 분명하게 공표했다. 국립 보건 연구소의 기존 정책에도 그 점은 명시되어 있지만 제대로 시행된 적이 없었다.

"국립 보건 연구소장으로 취임하자마자 분명하게 밝혔습니다. '그러니까 이제부터는 그 규정을 시행할 것입니다.'라고 말이

조."[43]

어느 날 아침, 그녀가 칼럼니스트로 일하는 『U.S. 뉴스 & 월드 리포트U.S. News & World Report』 사무실에서 만났을 때 내게 한 말이다. 그때부터 규정대로 시행되었다고 했다.

그리고 얼마 지나지 않아, 힐리는 '여성 건강 이니셔티브Women's Health Initiative'라는 연구를 시작했다.[44] 50세 이상 여성이 겪는 장애와 사망의 원인을 규명하기 위한 이 연구는 15만 명의 미국 여성을 14년 이상 추적하면서 호르몬 대체 요법이나 비타민 보충제, 식생활의 변화가 심장 질환과 유방암 및 대장암을 예방하고, 폐경 이후의 골 소실을 막는 데 도움이 되는지 밝히고자 진행됐다. 이 연구를 진행하면서 방대한 데이터를 구축하고, 호르몬 대체 요법과 유방암의 연관성 같은 귀중한 정보를 얻었다. 건강 정보에서의 남성과 여성의 격차는 오래전에 해소해야 했다. 힐리의 노력은 늦게나마 그러한 격차를 해소하는 데에 일조할 중요한 첫걸음이었다.

힐리와 의회 내 여성의원들은 여성의 건강 문제에 관심을 기울이지 않는 것은 사회의 위험을 자초하는 일이고, 따라서 용납될 수 없는 일임을 이해했다. 그들이 아니었다면 이런 변화는 일어나지 않았을 것이다. 예를 들어, 심장병은 남성과 여성 모두에게 가장 큰 사망 원인이다. 하지만 최근까지도 이에 관한 모든 연구는 남성을 대상으로 이루어졌다.[45] 그 결과 의사와 환자 모두가 남성과 여성이 똑같이 심장마비가 올 때 심한 가슴 통증을 경험한다고 믿게 되었다. 물론 일부 여성은 가슴 통증을 경험하기도 한다. 그렇지만 다른 증상이 나타날 확률이 훨씬 더 크다고 한다. 숨이 가빠지거나 바이러스성 독감에 걸린 듯 메스꺼워진다. 가슴이 답답하고 식은땀이 흐르기도 하고 가슴이 아닌 어깨나 목, 턱 등에 통증을 느끼기도 한다는 것이다. 하지만 여성에게 이러한 증상이 나타나더라도 그것이 심장마비 증상임을 인지하지 못하면 초기 대응이 늦어질 수 있다. 남성의 건강 문제보다 상대적으로 여성의 건강 문제를 간과하는 풍조 때문에 수천, 수만 명의 여성이 초기에 대응했으면 피할 수 있었을 사망이나 장애를 겪게 되는 것이다.

옳은 일일 뿐 아니라 현명한 일

그렇다면 이중잣대가 없는 세상에서 우리는 무엇을 기대할 수 있을까? 한마디로 평등이다. 하지만 남성과 여성이 똑같다는 의미는 아니다. 여성이 남성처럼 행동하고 생각하며, 남성처럼 보이기 위해 노력해야 한다는 뜻이 아니라는 말이다. 힐리는 이렇게 설명했다.

"그렇게 생각하면 집 밖의 세상에서는 남성이 하는 모든 행동이 규범적 기준이 되는 거예요. 자녀를 양육하는 모성적 행위를 제외하고는 모든 행위의 기준이 남성을 중심으로 세워지는 거죠. 그러한 현상이 교육에도 영향을 미쳐 여성을 비하하는 문화를 만들게된 거예요. 여성은 이런 식의 게임에서 이길 수 없죠. 그건 남성에게 여성처럼 살도록 기대할 수 없는 것과 마찬가지일 거예요. 그러므로 여성 건강 운동에는 여성이 다르다는 인식을 심어주는 일도 포함되었던 거죠."[46]

남성과 여성은 다르지만 동등하다. 이 말은, 모든 남성은 남성대로 하나의 행동 양식을 수행하고 모든 여성은 여성대로 하나의행동 양식만을 실천한다는 뜻이 아니다. 여성의 생각과 의견, 경험이 전통적인 여성상에 부합하든 그렇지 않든, 남성과 똑같이 존중되어야 한다는 뜻이다. 이는 '옳은 일'일 뿐 아니라 '현명한 일'이기도 하다.

전 세계적으로 경제 성장의 동력이 되는 여성이 늘어난다.[47] 1980년 이후, 하나의 일자리에 남성이 고용될 때 두 개의 일자리는 여성으로 채워져 왔다. 그리고 그렇게 유입된 여성 인력은 신기술의 발명보다 세계 경제에 이바지하는 바가 크고, 신흥 산업대국인 인도와 중국이 세계 경제에 끼치는 영향력보다 더 큰 힘을발휘한다. 거기에 가사노동, 육아, 그 외 가족의 소소한 일들까지더하면, 세계가 이루어 놓은 것의 절반 이상은 여성의 성취라고할 수도 있을 것이다. 하지만 여성이 일꾼이기만 한 것은 아니다.

여성은 경영자, 소비자, 발명가, 기업가, 지도자로서 점점 위상을 높여가고 있다.

카탈리스트의 최근 연구에 따르면 『포춘』이 선정한 500개 기업 중에서 경영진에 여성의 비율이 높은 기업이 경제적으로 훨씬 더 좋은 성과를 냈다고 한다.[48] 여성 임원의 수가 가장 적은 기업과 비교하면, 가장 많은 기업은 자본 수익률이 53%, 매출 수익률이 42%, 투자 자본 수익률은 66%나 높았다는 것이다. 그뿐 아니라 이러한 결과가 소비재에서 정보 기술 분야의 기업까지 전 분야에 걸쳐 일관되게 나타났다고 한다.

왜 그럴까? 다른 이유도 있겠지만 '인력 = 백인남성'이라고 떠올리던 고정관념에서 벗어나고자 노력하는 기업은 새로이 성장하는 인재를 많이 확보하고 있기 때문이다. 현재 학사 및 석사 학위 취득자 중 60%가 여성이며, 박사 학위나 법학 및 의학 분야의 학위 취득자 중 여성은 50%에 가깝다.[49] 세상이 변화하면서 체력보다 두뇌를 중시하고 무엇보다 새로운 아이디어가 필요한 분야에서 이바지할 수 있는 여성이 자질을 갖추게 되었다.

구매 결정권자의 다수도 여성이며 그들의 경제력은 점점 더 커지고 있다.[50] 또한 노동 인력의 절반 가까이가 여성이다. 1990년에서 2003년 사이에 남성의 평균 소득이 8.1% 증가한 데 비해 여성의 평균 소득은 25.6% 증가했다. 『비즈니스위크Businessweek』와 갤럽의 조사에 따르면 2010년에는 미국 전체 자산의 절반 이상인 약 1,200만 달러 정도가 여성의 관리하에서 운용될 것이라고 한다.[51]

2003년, 다이아몬드 산업 분야의 대기업인 드비어스는 이러한 변화를 반영하여 새로운 광고 캠페인을 시작했다. "왼손은 요람을 흔들고, 오른손은 세상을 지배한다."라는 카피와 함께 세 번째 손가락에 화려한 반지를 끼고 있는 여성의 오른손 사진을 실은 것이다.[52] 오른손에 반지를 끼는 게 새로운 일은 아니다. 예전부터 오른손에 끼는 반지는 흔히 '칵테일 반지'라고 부르곤 했다. 새로운 풍조라고 한다면, 반지를 비롯한 장신구를 직접 사는 여성이 늘어나는 추세라는 점이다. 드비어스는 이러한 풍조의 원인이라기보다는 그에 부응하는 것이겠지만, 드비어스의 광고가 변화하는 시장을 반영하고 있는 건 틀림없다.

10년 전, 도쿄 골드만삭스Goldman Sachs의 수석 전략가였던 여성은 이러한 풍조를 인식하고, 여성의 수요 변화와 구매력 상승에 따라 수혜를 입을 기업 115개를 선정했다.[53] 거기에는 금융 서비스를 포함해서 온라인 소매, 미용, 의류, 조리 식품 분야의 기업이 포함되었다. 그리고 지난 10년 동안 도쿄 주식 시장의 주가는 13% 상승한 데 비해, 이들 기업군의 주가는 96% 상승했다.

여성은 높은 수익률을 보장하는 '투자의 대상'이기도 하지만, 현명한 투자의 주체이기도 하다.[54] 다수의 연구가 시사하는 바에 의하면 전통 관념과 달리 "남성보다 여성이 일관되게 높은 투자 수익률을 보인다."라고 한다. 여성은 이를 위해 필요한 과제를 성

---

* 칵테일 파티가 열릴 때 여성들이 주로 오른손에 착용하는, 커다랗고 화려한 반지를 일컫는다.

실하게 수행하고, 거래할 때도 정보를 찾아보고 심사숙고한 후에 결정하기 때문이다. 또한 매입하는 주식의 균형을 맞추고자 애쓴다. 반면에 남성은, 충동적으로 구매하고 '인기 종목'이라고 하면 과하게 투자하는 경향을 보인다. 또한 내림세에 있는 주식을 오래 보유하고 있거나 계정을 과도하게 바삐 돌리느라 수익률을 떨어뜨리기도 한다.

여성은 시장을 변화시킬 뿐 아니라 정책도 변화시킨다. 여성이 유권자로서 남편이나 아버지, 남자 형제와 별개로 자신의 주관대로 투표하는 비율이 높아지고 있다. 1980년 이후 모든 대통령 선거를 보면 성별에 따른 격차가 존재해 왔다.[55] 지난 세 번의 선거에서 남성과 여성이 각각 단독으로 대통령을 선출했다면, 아마도 각기 다른 후보가 당선되었을 것이다. 또한 연구에 따르면 여성이 리더 자리에 선출되는 경우, 그녀는 여성을 대표해야 한다는 특별한 책임감을 느낀다고 한다. 정치와 정책의 문제와 관련해서는 일반적으로 성별보다 이념에 중점을 두는 게 사실이지만 모든 여성이 무엇이 중요한지를 똑같이 생각하고 똑같이 느끼는 건 아니다. 다만 여성은 정당과 관계없이 여성과 아동, 가정에 유익한 법안을 도입하고 싶어 하며 그러한 법안을 지지할 가능성이 크다.[56] 또한 전문가의 견해에 따르면 유권자는 여성 후보가 남성 후보보다 "대중의 이야기를 더 잘 듣고, 더 정직하며, 정당을 초월하여 일할 수 있다."라고 믿는다고 한다.[57] 그러므로 당파 간의 극심한 갈등으로 인하여 중요한 안건의 처리가 늦어지고 있는 오늘날, 더 많은 여성이 정치에 참여하면 정치적 정체를 해소하고 시민을 안심시키는 데 도움이 될 수 있을 것이다. 노벨 경제학상 수상자인 아마르티아 센Amartya Sen도 이렇게 말했다.

"정치와 경제가 발전하려면 여성의 정치적·경제적·사회적 참여와 지도력을 합당하게 인정하는 것이 급선무입니다."[58]

그는 여성에게 권한을 부여하면 여성 본인은 물론 자녀의 삶도 풍부해지고 건강해지며, 그 영향력이 주변에 미쳐 광범위한 사회적 변화가 발생한다고 주장한다. 여러 나라의 예를 살펴보아도, 여자아이를 교육하는 것이 남자아이를 교육하는 것보다 수익성 면에서 더 유익하다고 하다. 이는 임신과 영아 사망률을 낮추고 농업 생산성을 증가시키는 데 직접적인 영향을 미치기 때문일 것이다.

여성의 사회 참여와 권한이 증가하면서 긍정적 변화가 대폭 발생했다는 데에는 의심의 여지가 없다. 하지만 이중잣대를 넘어서, 평등이 구호에 머물지 않고 삶의 방식으로 적용되기 위해서는 더욱 많은 노력이 필요하다. 그 첫 단계는 남성과 여성이 다르다는 사실을 인정하는 것이다. 여성은 남성과 다르므로 그들만의 경험과 가치, 견해를 사회에 보탤 수 있다는 사실을 받아들이는 거다. 그러면 수용할 수 있는 것과 가능한 것의 범주가 확장된다. 물론 쉬운 일은 아니다. 쉬운 일이었다면 이미 이루어졌을 것이다. 하지만 좀 더 자유롭고 공정한 세상을 만드는 일은 경제적으로도, 사회적으로도 그리고 정치적으로도 유익하다.

여성에게 권한이 부여되고 여성의 권한 행사가 허용되는 세상, 모든 이가 실적과 잠재력으로 평가받는 세상, 이중잣대는 먼 옛날의 이야기인 세상이 필요하다.

3장

생물학, 관념, 차이

"남자아이와 여자아이가 똑같다고 생각하는 사람을 뭐라고 할까요? 자식 없는 사람."

—스티븐 핑커(Steven Pinker), 캐나다의 인지과학자·심리학자

내게는 두 아이가 있다. 딸 하나, 아들 하나. 이 둘은 감탄을 금치 못할 정도로 닮았으면서, 또 놀라운 정도로 다르다. 딸은 나와 달리 무척 '여성적'이다. 아주 어릴 적부터 그 아이는 동물 인형을 돌보거나 침대에 눕혀 재우며 놀았다. 수년 동안 그 아이가 있었던 곳에는 늘 아기 담요나 수건, 휴지조각 밑에 눕혀진 작은 장난감이 발견되곤 했다. 딸보다 세 살 반 아래인 아들은 '여자아이'의 장난감이 가득한 집에 태어났음에도 불구하고 전혀 다른 방식으로 놀았다. 아들은 동물 인형을 침대에 눕혀 재워준다는 생각은 단한 번도 한 적이 없는 것 같았다. 그것들을 대상으로 사냥놀이 하느라 바빴으니까.

최근에 두 아이가 몇 살 아래인 사촌과 놀아준 적이 있었다. 사촌은 여자아이였고 다들 '소꿉놀이' 같은 것에 열중하고 있었다. 나는 옆에서 나대로 다른 일을 하면서 이따금 그쪽으로 귀를 기울이곤 했던 것 같다. 그런데 갑자기 언쟁이 시작됐다.

"이건 집에 누가 쳐들어오고 그러는 놀이가 아니거든!"

여자아이가 너무 속상하다는 투로 말했다.

"쳐들어오는 사람이 없으면 나는 누구를 쏘냐고!"

아들이 답답하다는 듯이 말했다. 여자아이 둘의 입장도 확고했다. 상상 속의 놀이지만 고요하고 평화로운 가정에 폭력적인 침입자를 들이고 싶지 않았던 거다. 하지만 아들 입장에서는 자기에게 주어진 임무, 그러니까 나쁜 놈을 죽인다거나 가족을 보호하는 일 따위를 할 기회가 없다면 그 놀이를 할 이유가 없었다. 결국 아들은 놀이에서 빠졌다. 그 후로도 매일 나는 아이들이 서로 관계를 맺는 방식이나 놀이하는 방식, 그리고 세상을 보는 시선과 세상에 반응하는 방식에서 관심사와 태도, 목적의 차이를 관찰할 수 있었다. 마치 일상이 과학 실험 같다고 느꼈다. 그리고 지금까지 수집한 증거들은 단연 하나의 결론으로 수렴된다. 남자아이와 여자아이는 태어날 때부터 다르다.

나도 안다. 내가 '수백 가지'나 늘어놓을 수도 있는 이런 부류의 이야기는, 『화성에서 온 남자 금성에서 온 여자』의 놀이터 버전처럼 진부하게 들릴 수 있다. 하지만 어린아이를 키우는 다른 부모들의 기록이나 이야기를 들어보면 결국은 모두 다른 버전의 같은 이야기임을 알 수 있다. 딸은 일찍 말문이 트이고 협동적인 놀이를 좋아하며 세 살 무렵부터 '공주'를 향한 신비한 사랑을 싹틔운다(공주라는 존재를 어떻게 알게 되는 건지 모르겠다). 반면에 남자아이는 무엇이든 눈에 띄는 건 무기가 된다. 이를 두고 어떤 부모도 "그건 우리가 그렇게 키워서 그런 거예요."라고 말하지 않는다.

내가 기억할 수 있는 한 오래전부터, 나는 남자아이와 여자아이가 다르다는 걸 확실하게 알았다. 겉으로 보기에도 다르고, 옷을 입는 성향도 다르다. 그리고 세상이 그들을 대하는 방식도 다르다. 나는 고등학교 시절 배구를 했는데, 남자 농구팀과 연습 시간이 겹치면 탄성 좋은 나무로 바닥을 깐 큰 체육관은 '항상' 남자 농구팀이 차지했다. 우리는 타일로 바닥을 깐 허름한 '여학생 체육관'에서 정강이에 부목을 대가며 연습해야 했다.

어렸을 때는 남학생은 왜 다른지 깊이 생각하지 않았다. 그러다가 1979년 가을, 대학에 진학한 이후에는 그러한 차이는 타고 나는 부분보다는 양육 방식에 더 큰 영향을 받는다고 확신했다. 편향된 기대, 차별적인 대우, 누가 무엇을 성취해야 하며 성취할 수 있는지에 관련된 고정관념이 성 역할을 결정하는 데에 유전자보다 더 큰 역할을 한다고 생각했다. 이러한 견해는 강의실뿐 아니라 기숙사, 식당, 학생 자치 위원회 회의 그리고 늦은 밤 학교 신문사 사무실까지 두루 용인되는 통념이었다.

그 후로 수년이 지나면서, 과학적 발견과 개인적인 경험을 통해 다른 생각을 갖게 되었다. 문화가 개인의 행동에 깊이 작용한다는 건 분명하다. 하지만 이제는 성 역할이 치맛단이나 헤어스타일처럼 쉽게 바꿀 수 있는 거라고는 생각하지 않는다. 새로운 과학 도구들이 개발되면서 과학자들은 남성과 여성의 두뇌에서 화학적·유전적 차이, 호르몬 차이 그리고 구조적·기능적 차이를 발견했다. 이러한 차이는 남성과 여성이 언어를 처리하고 문제를 해결하며 감정에 연결된 사건을 기억하는 방식에 영향을 미친다. 또한 스트레스나 사랑, 유머 등에 반응하는 방식을 결정한다. 그러면서 오랫동안 화두였던 의문에 대한 대답은 "타고난다."도, "길러지는 것이다."도 아니라 "둘 다"이다.

"성차는 타고난다."라는 견해를, 일부는 성차별적이고 반여성주의적이라고 여긴다. 그렇지만 나는 여전히 스스로 페미니스트라고 생각한다. 전국을 돌며 강연할 때도, 종종 청중에게 스스로 페미니스트라고 생각하는 사람은 손을 들어 보라고 한다. 그러면 나이 고하를 막론하고 대다수가 페미니스트라는 단어가 주는 느낌에 거부반응을 보이며 대답을 망설이는 상황을 자주 볼 수 있다. 차라리 속옷 차림의 사진을 인터넷에 올리는 게 낫다는 정도로 말이다. 그렇다고 해서 그들이 모두 여성의 영향력이 자기 집 진입로를 벗어나지 못하던, 〈오지 앤 해리엇의 모험The Adventures of

Ozzie and Harriet〉˙시대의 사고방식을 가졌기 때문은 아니다. 이들도 역시 남성과 여성은 법에 근거하여 동등한 기회를 부여받고, 동등한 대우를 받으며, 같은 일을 하면 같은 임금을 받는 것이 마땅하다고 믿는다.

그리고 그러한 믿음은 종종 관념을 초월한다. 보수성향의 작가이자 사회 비평가(결코 페미니스트는 아니다!)인 다니엘 크리텐든 **Danielle Crittenden**은 대다수 여성이 원하는 바가 거의 같을 것이라고 말한다.

"대다수 여성은 남편과 자녀가 있는 가정을 꾸리기를 원하며 동시에 각자가 원하는 바를 추구하고 싶어 합니다. 그 대상은 각자의 야망과 재능에 따라 다르겠지요. 어떤 여성은 가정을 돌보면서 틈틈이 할 수 있는 일들에 만족할 것이고, 어떤 여성은 시간제든 정규직이든 직장에서 일하고 싶어 할 것입니다. 아니면 외과 의사나 기업의 임원, 변호사나 예술가가 되고 싶어 할 수도 있지요."[59]

크리텐든은 직장 일을 하면서 가정을 돌보는 건 어려운 일이라고 말하면서도, 이를 선택할 수 있는 여성의 권리에는 의문을 제기하지 않는다. 어디선가 자축과 환호의 축배를 위해 잔을 부딪치는 소리가 들리는 것 같다.

˙ 1952~1966년 사이에 방영된 미국의 텔레비전 시트콤

그런데 왜 그럴까? 페미니즘 운동의 핵심 정신이 시대의 주류가 되었고, 페미니스트라는 말 자체를 입에 담지 않으려는 여성도 그 혜택은 당연하게 취하고자 한다. 최근 프로 여자 격투기 선수는 여자 종합격투기를 황금시간대에 편성할 준비는 아직 안 되었다며 비웃었다. 이를 두고 리사 킹Lisa King은 『타임』에 이렇게 말했다.

"말도 안 되는 일이죠. 나는 여성 해방 운동을 부르짖는 사람은 아니에요. 하지만 다른 것들은 다 되면서 그건 왜 안된다는 거죠?"[60]

그런 게 '여성 해방 운동'이 아니라면 뭐가 여성 해방 운동인 걸까? 여성 해방 운동이라는 말만 들으면 칠판에 박힌 잘 다듬어진 못 같은 느낌을 받는 이유가 뭘까? 내가 생각하기에 가장 큰 이유는 '평등'이라는 말의 의미를 '똑같다'로 받아들이기 때문인 것 같다. 극단적인 페미니스트들은 성 역할이라는 건 인위적일 뿐 아니라 여성을 억압하기 위해 만들어졌다고 생각한다. 그러므로 성 역할이라는 개념을 깨지 않는 한 여성은 가부장제의 희생양이 되어 자기 가정에서 가상의 노예로 살 수밖에 없다고 주장한다. 하지만 스스로 페미니스트라고 자칭하는 여성을 포함해서 대다수 여성은 남성과 '같아지기'를 원하지 않는다. 또한 평등해지기 위해 같아져야 한다고 생각하지도 않는다. 하지만 다수 여성의 이런 발상이 평등의 의미가 무엇인지, 그리고 어떻게 평등을 달성한 것인지를 명쾌하게 설명하진 않는다. 이는 아직도 요원한 문제다. 하지만 사람을 획일화된 잣대로 평가하는 세상은 수많은 여성의 기대와 희망을 짓밟는다.

'선천성'이라는 함정

다르다고 말하는 건 어렵지 않다. 하지만 그 '차이'가 적성에서부터 관심사까지 모든 것에 영향을 미칠 수 있다고 말하는 건 지뢰밭에서 춤을 추는 것과 같다. 한 발만 잘못 디뎌도 엄청난 대가를 치르게 될 수 있다. 래리 서머스**Lawrence Henry Summers**에게 한 번 물어보라.

2005년 1월, 하버드 대학 총장이었던 서머스는 '왜 미국 명문 대학의 과학 및 공학 계열 종신교수 중에는 왜 여성이 20%밖에 되지 않는가?'라는 주제로 강연했다. 그는 처음부터 도발적인 강의를 하겠다고 말하고 시작했으니, 그런 의미에서 강의는 성공적이었다. 하지만 그의 강의가 문제의 핵심을 짚어주었는지, 그저 흥분만 초래했는지는 명확하지 않다.

서머스는 자신만의 스타일로, 관련 문제를 다룬 일련의 최신 이론을 거론하면서 자신 있게 강연을 펼쳤다. 그런 다음 자기 의견을 제시했다.

"가정과 일터가 충돌하는 경우가 많다는 게 가장 큰 원인입니다. 이공계라는 특수한 분야에서는 개인에게 내재된 적성의 문제, 그중에도 특히 적성의 개인차가 차별의 요인이 될 수 있습니다. 그리고 이러한 요인이 사회화 또는 지속적인 차별 같은 부차적인 요인으로 인해 강화됩니다."

글쎄, 그의 주장이 전부 타당한 건 아니다. 직장 업무와 가사노동 사이에 균형을 잡는 일이 어렵고, 사회화 과정과 계속되는 성차별이 여성에게 걸림돌이 된다는 데는 폭넓은 공감 여론이 형성되었다. 하지만 '어려운 과학'이나 '공학'이 여성의 적성에 잘 맞지 않는다는 견해에는 논란의 여지가 있다. 서머스는 강연 중에 자신의 결론이 "모두 틀릴 수도 있다."라는 사실을 전제로 하고, 그와 다른 견해를 가진 사람은 반박해도 좋다고 했지만 결과는 참담했다. 그의 연설은 청중의 신경을 정면으로 가르고 들어가 좀처럼 가라앉을 거 같지 않은 격분과 비난의 소용돌이를 일으켰다. 미국 최초의 여성 우주비행사인 샐리 라이드Sally Ride가 래리 서머스의 일화를 향해 이렇게 말했다.

"하버드 총장은 자신의 태도가 내 인생에 미치는 영향을 전혀 이해하지 못하고 있다! 이건 사적인 영역의 일이기도 하다. 그래서 이렇게 거센 반발이 이는 거다."[61]

서머스의 연설을 듣고 처음에는 당황스러웠다. 도대체 무슨 생각을 한 걸까? 나는 클린턴 행정부에서 근무하던 시절부터 서머스를 알아 왔으며, 항상 그를 좋아했고 존경했다. 대통령에게는 일관되게 훌륭한 조언을 했던 사람이, 자기가 하는 말에는 그렇게 둔감할 수도 있다는 걸 알았다. 이번 일이 그 좋은 예가 될 것 같다. 그런데 과연 그가 무슨 죄를 지은 걸까? 언론은 '타고난 적성'이라는 그의 말과 그것이 초래한 격한 반감에만 집중했다. 나는 그래도 뭔가 더 있을 거라는 생각이 들어 그의 연설문을 읽고, 또 읽어보았다. 그런데 도저히 빠져나올 구멍이 없어 보였다. 실제로 서머스는 그렇게 말했다. "남성은 천성적으로 어려운 과학이나 공학 분야에서 여성보다 앞설 수밖에 없다."라고. 과학적으로 '입증된' 사실이 아님에도 불구하고, 좀 더 검증이 필요한 여러 가설 중 하나로 소개한 게 아니라 하나의 결론으로 제시한 것이다. 그뿐 아니라 서머스는 지속적인 차별이 여성에게 미치는 영향을 '부차적 요인'으로 축소했다. 그러자 그 '부차적 요인'으로 피해를 본 많은 여성이 격분했다. 탐문과 침해의 경계는 때로 모호할 수 있는데, 서머스는 그 경계를 넘은 것이다.

당시 서머스는 캠퍼스 내의 많은 여성과 이미 껄끄러운 상태였다. 그 시절 하버드에서 일했던 내 친구가 말하기를, 여성들이 서머스가 무례하고 자기들을 무시하는 태도를 보인다고 자주 불평했다는 것이다. 게다가 그가 총장으로 있는 동안 매해 인문 및 과학 계열에 종신직으로 임용되는 여성의 수가 줄어든다는 사실에도 분개했다고 한다. 그의 경영방식에 항의하는 교수진의 저항과 연설을 둘러싼 반발 여론이 더해지자, 결국 사죄의 뜻을 전하기 위한 떠들썩한 캠페인으로도 무마할 수 없는 지경에 이른 것이다.

어느 정도는 그가 과시하고자 했다고 생각한다. 그가 똑똑한 사람이라는 점에는 의심의 여지가 없고, 그는 학생들이 지켜보는 자리에서 그의 우수한 두뇌를 과시할 기회를 마다할 사람도 아니다. 그렇지만 정도를 지나쳤다. 만약 서머스가 그의 가설을 지지하거나 반박하는 최신 연구들을 수집해서 증거에 충실한 주장을 했더라면 그는 하버드 총장직을 그런 식으로 내려놓지는 않았을 것이다.

훗날 훌륭한 과학자이면서 프린스턴의 첫 여성 총장으로 높은 인지도를 얻었던 셜리 틸먼Shirley Tilghman이 내게 이렇게 말했다.

"래리는 자신이 충분히 알지 못하는 영역에 의견을 제시하려다가 하버드 총장직을 내려놓았습니다. 자기 의견을 낼 정도로 그 주제에 잘 알지 못했기 때문이지요. 말하자면 제3레일Third Rail*같은 것이었죠. 잘 알지 못하는 제3의 문제를 이야기하려면 우선 데이터를 파악하고 상황이 어떤가를 봐야 하는데 말이에요."[62]

---

* 지하철이나 전차에 쓰는 전력을 공급하는 레일을 말한다. 전기가 흘러서 닿으면 감전된다. 흔히 '손댈 수 없는 곤란한 문제'를 제3레일에 비유한다.

그렇게 래리 서머스는 자신의 경솔한 행동에 혹독한 대가를 치렀다. 성별 간에는 다양하고 복잡한 차이가 존재한다. 나는 그 차이들이 궁금해지기 시작했다. 그러한 차이가 정말로 여성이 특정 직업을 갖는 데에 영향을 미치는가? 실제로 여성이 남성보다 타인의 감정을 더 예리하게 파악한다면 남성이 양자역학에 더 뛰어나다는 것도 사실일 수 있지 않을까? 나는 이 의문에 답을 찾아보기로 했다.

우선 일반적인 지능에는 남녀 간에 차이가 없다는 연구를 찾아냈다.[63] 그리고 성별에 따른 차이가 있는 영역에서는 남성이 잘하는 영역이 있고, 여성이 잘하는 영역이 있는 것으로 나타났다. '수학적 문제'는 남성이 더 잘 해결하고, '수학적 계산'은 여성이 더 잘한다. 머릿속에서 도형을 회전시키는 데에는 남성이 더 뛰어나고, 시각 정보를 기억하는 데에는 여성이 더 뛰어나다. 이러한 사실이 공학도는 남성이 더 많고, 회계사는 여성이 더 많은 이유를 설명하는 데 도움이 될 수도 있겠다. 또 다른 경우를 살펴보면, 같은 결과를 얻기 위해서 남성과 여성은 다른 과정을 거친다. 길 찾기 문제를 해결할 때, 여성은 주요 지형지물을 활용한다. 가령 "세 블록쯤 가면 왼쪽에 엑손 주유소가 보일 거야. 그러면 공원을 지나 오른쪽으로 돌아." 같은 식이다. 반면 남성은 지리 정보를 활용한다. "북쪽으로 약 400m 정도 가면 원형 교차로가 나올 거야. 거기서 270도 돌아서 서쪽 도로로 들어서."라고 말이다. 그러고 보면, 지도를 읽다가 거꾸로 빙 돌려서 읽는 여성을 이해할 수 있을 것이다. 남성은 이해하지 못하는 습관 중 하나다.

내가 알아낸 또 하나의 사실은, 남성과 여성은 '편차'에서도 큰 차이를 보인다는 것이다.[64] 이게 무슨 뜻일까? 남성과 여성의 다양한 자질, 예를 들면 키나 몸무게, 지능, 범죄자가 될 가능성, 과학이나 수학 영역의 적성 같은 것들을 측정하면 남성이 여성보다 동성 간의 차이가 크다. 그러니까 1,000명의 남성을 대상으로 신장을 측정해서 그래프로 그리면 종 모양의 곡선이 나타난다. 약 177.8cm 정도에 제일 많이 모여 있고, 그 점을 중심으로 2.5~5cm 정도 차이가 나는 영역에 대부분이 분포한다. 그리고 양쪽으로 멀어질수록 곡선에 찍히는 점이 적어지는 걸 볼 수 있다. 다시 말해 신장이 2m인 남성보다는 172cm인 남성이 훨씬 많기 때문에 곡선은 양 끝으로 갈수록 완만한 곡선을 그린다. 여성을 대상으로 같은 실험을 했다면 어땠을까? 평균 신장이 남성보다 작다는 사실을 알게 되었을 것이다. 하지만 여기서 말하고자 하는 건 그게 아니다. 주목해야 할 점은 신장의 분포가 남성과 비교해서 훨씬 좁은 영역에 모여 있다는 사실이다. 편차가 그리 크지 않다. 따라서 곡선의 양 끝이 가파르게 떨어진다.

마찬가지로 일정 수의 남성과 여성의 지능지수를 측정해서 그래프로 나타내 보면, 남성과 여성의 평균 지능이 같다는 사실을 알게 된다. 그래프의 중간에 대부분이 모여 있다. 하지만 여기서도 남성이 편차가 크기 때문에 그래프의 양 끝에 좀 더 많은 점이 나타난다. 바보도 천재도 남성 중에 더 많다.

그렇다면 남성과 여성을 비교하면 어떤 결과가 나올까? 두 개의 곡선을 하나의 그래프에 모아 본다면? 키를 측정한 그래프에서는 모든 남성이 여성보다 크지는 않다는 걸 알게 될 것이다. 어떤 여성은 180cm일 것이고, 어떤 남성은 162cm일 테니까. 하지만 양 끝으로 갈수록 남성의 수가 여성의 수보다 비례적으로 많아진다. 약 178cm 범주에서는 여성 1명당 남성 30명이지만 약 188cm 범주에서는 여성 1명당 남성의 수는 2,000명으로 증가한다.

지능을 나타내는 그래프도 차이는 덜 극단적이지만 패턴은 같다. 스펙트럼을 따라 평균에서 멀어질수록 여성과 비교하면 남성이 비례적으로 많아진다. 곡선의 한쪽 끝에서는 학습장애, 지능 저하, 자폐의 진단을 받은 경우가 여자아이보다 남자아이에게서 나타날 확률이 훨씬 높다. 반대편 끝에서는 여성보다 많은 수의 남성이 고도의 지능지수를 가지며, 수학 적성 검사에서 800점 만점을 받은 경우도 남학생이 많다.

여기서 또다시 의문을 던져 보자. 왜 그럴까? 1970년대에는 대학수학능력시험SAT에서 700점 이상을 받은 남학생의 수는 여학생의 13배였다. 그로부터 25년이 지난 지금, 그 수는 현저하게 줄어들었다. 이러한 비율이 변했다는 건 시험 문제가 출제되는 방식, 그리고 학교에서 여학생들이 수학과 과학을 잘할 수 있도록 얼마나 장려하는지와 같은 요인에 영향을 받은 것으로 보인다. 타고난 적성이나 지능의 차이와는 무관하다. 그리고 거의 확실하게 그 숫자는 계속 변할 것이다.

1%의 차이

유전적으로 말하자면 남성과 여성은 놀라울 정도로 유사하며, 유전 물질의 99%가 동일하다.[65] "흠, 단 1%가 다르다면 그건 그리 대단한 게 아니잖아." 처음엔 이렇게 생각했다. 하지만 침팬지가 인간과 1.5%밖에 다르지 않다는 사실을 알고 나니 그 미세한 차이가 엄청나게 커 보였다. MIT의 생물학자로 Y염색체, 즉 남성 염색체의 구조를 해독한 데이비드 페이지David Page는 이 처럼 설명했다.

> "우리는 모두 '인간은 99% 동일하다.'라는 사실을 주문처럼 외우며 그것을 정치적 위안으로 삼는다. 하지만 남성과 여성의 유전적 차이가 인간 유전자의 다른 모든 차이를 압도한다."

성별이 뇌에서 시작된다는 사실이 점점 더 많은 과학자에 의해 증명되고 있다. 아인슈타인의 뇌 연구로 유명한 신경과학자 산드라 위텔슨Sandra Witelson의 견해에 따르면 "뇌는 성기이다."[66] 또한 양전자방출단층촬영PET 스캔이나 자기공명영상MRI 같은 새로 개발된 도구들은 과학자들이 뇌의 작동 원리를 이해하는 데 도움을 준다.

루안 브리젠딘Louann Brizendine 박사는 그녀의 흥미로운 저서 『여자의 뇌』(웅진지식하우스, 2019)에서 임신 후 몇 주 동안은 남아와 여아의 뇌가 구별되지 않는다고 설명한다.[67] 그러다가 약 8주가 지나면 남아의 몸에서는 테스토스테론이 분비된다. 이 호르몬은 말 그대로 뇌의 의사소통, 관찰, 감정 처리 중추의 세포를 죽이고 성性 중추와 공격성 중추의 세포를 성장시키는데, 이는 탄성과 탄식을 동시에 외치게 되는 현상이라는 것이다.

일반적으로 남성이 더 크다는 사실을 참작하더라도 남성의 뇌는 여성의 뇌보다 약 9% 더 크다. 뇌가 크면 더 똑똑한 것으로 여겨지던 과거에는 이러한 차이가 여성은 남성만큼 똑똑하지 못하다는 통념을 뒷받침하는 '증거'였다. 하지만 여성과 남성의 신경 세포 수는 같으며 단지 더 작은 공간에 밀집되어 있을 뿐이라는 사실이 발견됐다. 심지어 언어와 청각을 관장하는 뇌 영역을 보면 여성이 남성보다 평균 11% 더 많은 뉴런을 가지고 있다.[68]

게다가 여성의 뇌는 오른쪽과 왼쪽 반구 사이의 연결 부분이 더 크고, 각 반구가 특성화되어 있는 정도도 남성보다 덜하다. 그러므로 왼쪽 뇌에 뇌졸중이 발생하는 경우, 남성은 말하는 기능이 거의 작동하지 못하게 되지만, 여성은 양쪽 뇌에서 언어를 관장하기 때문에 장애 정도가 훨씬 가벼울 수 있다.[69] '여성의 뇌'는 더 탄탄하게 연결되어 있고, 더 통합적이다. 관련 연구는 아직 진행 중이지만 일부에서는 이러한 뇌의 특성 때문에 여성이 여러 출처의 정보를 동시에 처리할 수 있을 것으로 추측한다. 나아가 여성의 예리한 직감과 다중작업 능력(멀티태스킹)도 이러한 특성에 근거하여 설명할 수 있다. 문화 인류학자이자 애머스트Amherst 대학의 전 학장이었던 메리 캐서린 베이트슨Mary Catherine Bateson의 말에 따르면 여성은 사방을 포괄적으로 감지할 수 있는 '주변 시력'[70]을 가져서 여러 가지 아이디어 구상, 작업, 자녀 돌보기를 동시에 소화할 수 있다고 한다.

이러한 차이는 우리의 삶 전반에 걸쳐 다양한 방식으로 나타난다.[71] 어린 시절부터 남자아이는 거칠게 뒹굴며 노는 걸 좋아한다. 내 아들과 그 애의 친구들을 봐도 그렇듯이 늘 누군가를 쫓아가거나 밀고, 장난을 걸거나 서로의 머리에 놀이용 찰흙을 묻힌다. 아니면 어떤 장난감이든 무기로 둔갑시켜 서로를 쏘거나 찌르거나 없애버린다. 남자아이들이 더 활동적이라는 뜻은 아니다. 여자아이들도 줄넘기나 뜀틀 같은 놀이 기구를 가지고 놀 때는 똑같이 활동적이다. 하지만 남자아이들은 훨씬 더 '경쟁적'이다. 한 연구에 따르면, 서열의 상위에 오르려는 경쟁심은, 놀랍게도 무려 50배나 더 강하다고 한다. 반면에 여자아이는 협조적이고, 주로 보살피는 일이 놀이의 중심이 된다. 또한 서로의 의견이 합일에 이를 때 기뻐하고, 경쟁보다는 공정함을 중요하게 여긴다. 다수의 연구에 따르면, 여자아이들은 놀이 중에도 남자아이들보다 20배나 더 자주 차례를 교체한다고 한다. 놀이의 목표가 '관계 맺기'이기 때문이다.

영국 케임브리지 대학교의 심리학 및 정신의학과 교수인 사이먼 배런-코헨Simon Baron-Cohen은 남성과 여성의 뇌를 광범위하게 연구했는데, 위와 같은 현상을 조금 다르게 설명한다. 그의 말에 따르면 여성의 뇌는 공감하도록 연결되어 있지만 남성의 뇌는 시스템을 이해하고 구축하도록 설계되어 있다는 것이다.[72] 이에 관한 연구를 하면서 그는 사회화의 영향을 배제하기 위해(또는 최대한 제한하기 위해) 생후 24시간이 갓 지난 유아를 대상으로 실험했는데, 아기들에게 기계 모빌과 사람 얼굴을 보여주자 남자아이들은 모빌을 더 오래 바라보았고 여자아이들은 얼굴을 더 선호했다고 한다. 나는 아이를 둘 낳았다. 갓 태어난 아이들의 속눈썹 하나하나에 끝없이 매료되면서도 그 아이들이 무엇을 보고 있는지 제대로 파악해 본 적은 없었는데, 다행히도 과학은 거기서 멈추지 않았나 보다.

또 다른 연구에 의하면 생후 1년 된 사내아이는 자동차 동영상에 호감을 보이며 반응하고, 같은 나이의 여자아이는 말하는 머리를 선호한다고 한다. 심지어 말하는 머리의 음성 장치가 꺼져 있었는데도 불구하고. 이 연구 결과는 나의 경험과도 상통한다. 내 딸이 한 살쯤 되었을 때, 제인 이모가 '아기 얼굴 모음'이라는 동영상을 보내주었다. 음악에 맞춰 다양한 표정을 짓는 아기들의 얼굴 모습이 담겨 있었다. 딸아이는 그 동영상을 너무 좋아했고, 이후에도 그 영상만큼은 유일하게 5분 이상 집중해서 시청했다. 하지만 몇 년 뒤 아들이 태어났을 때 보여주었더니, 그 아이는 전혀 관심이 없었다. 공정하게 말하자면 그 아이에게 자동차 영상을 보여준 적이 없음을 고백해야 하는데, 보여주어야 했는지도 모르겠다.

배런-코헨은 출산 전 검사에서 양수에 함유된 테스토스테론의 양을 측정하고, 그 아이들이 자라면서 사회성 발달에 차이를 보이는지 평가해 보았다. 각각 12개월, 24개월, 4세의 세 단계에 걸쳐 확인해 본 결과 태아기에 양수의 테스토스테론 수치가 낮을수록 눈도 더 많이 마주치고, 어휘력도 풍부한 것으로 나타났다. 그런 아이들은 커가면서 점점 사회성과 언어 및 소통 능력이 월등해졌고 관심 영역도 넓어졌다.

그렇다면 여자아이와 여성이 감정 인식 능력을 측정하는 테스트에서 더 높은 점수를 받는 것이 놀라운 일은 아니다.[73] 한 실험에서는 참가자들에게 사람 얼굴에서 눈과 그 주변 부위만 확대해서 보여주었다. 그리고 '화나다'나 '슬프다'와 같은 네 단어를 제시한 다음 사진 속 사람의 생각이나 느낌에 가장 잘 부합하는 단어를 고르게 했다. 물론 여성 참가자의 점수가 높았고 나는 이것이 당연한 결과라고 생각한다. 다수의 여성과 남성 한두 명이 섞여 있는 회의나 친교 모임에 참석해 보면, 남성 참석자 한 명쯤은 항상 화자를 향해 "너 언제부터 스와힐리어Swahili로 말하기 시작한 거니?"라고 말하는 듯한 눈빛으로 앉아 있는 걸 보게 되니까. 대화는 감정적 하위 문맥을 탐색하는, 정교하게 연마된 능력이 필요한 행위이다. 그런데 남성은 그 실마리를 잃어버리는 것이다. 솔직히 말해서 나도 때때로 대화의 실마리를 놓칠 때가 있다. 오히려 다른 남성 참석자는 정확하게 흐름을 따라가고 있는데 말이다. 하지만 대부분은 그렇지 않다는 거다. 반면에 남성은 머릿속으로 삼차원 물체를 회전시키는 능력이 여성보다 뛰어나다. 예를 들자면 자동차를 공중에 매달아 놓고 270도 회전하면 어떤 모습일지 상상하는 게 남성은 가능하다는 뜻이다. 이는 분명 중요한 능력이다. 하지만 상대가 피곤한 건지 화가 난 건지를 구분하는 데는 전혀 도움이 되지 않는다.

(어린아이를 포함해서) 여성은 다른 사람의 감정을 읽는 데에 더 뛰어날 뿐 아니라, 다른 사람의 마음을 다치지 않으려는 배려도 더 많이 한다. 과거 ABC 뉴스 특파원 존 스토셀John Stossel이 캘리포니아 대학 소속인 한 연구원의 도움을 받아 실험을 진행했다.[74] 스토셀의 제작진은 설탕 대신 소금을 잔뜩 넣은 레모네이드를 만들어서 학생들에게 나눠주며 그들의 반응을 카메라에 담았다.

아론과 제이콥이라는 이름을 가진 두 남학생이 기겁하며 "으악!"이라고 소리쳤다. 그들은 "설탕을 넣어야 할 거 같네요. 끔찍하게 짜요."라고 조언했다. 하지만 여학생들의 반응은 사뭇 달랐다. 모건이라는 여학생은 "맛있어요."라고 말했다. 제작진이 집요하게 캐묻고 나서야 여학생들은 진실을 말했다. 아샤라는 여학생은 "레모네이드가 너무 시기는 했지만 누군가의 마음을 상하게 하고 싶지는 않았어요."라고 대답했다.[75]

남성의 뇌에서 행동과 공격성을 통제하는 영역은 예측하다시피 여성보다 크다. 그리고 놀랄 준비를 하시라, 성욕을 관장하는 뇌 영역은 여성의 2.5배나 된다! 그러니까 여성은 하루에 한두 번 섹스를 떠올리지만 남성은 1분에 한 번씩 성인 영화관에 방문하는 셈이다. 그렇다면 사랑에 빠지면 뇌에서는 어떤 일이 일어날까? 이 역시 성별에 따라 다르다. 자기공명영상 스캔을 하면, 사랑의 감정을 느낄 때 뇌에서는 에너지와 희열에 관련된 영역이 활발하게 작동한다고 한다.[76] 그런데 여성의 뇌는 보상, 감정, 주의력과 관련된 영역이 좀 더 활발하게 작동하는 반면 남성의 뇌는 성적 흥분과 관련된 영역을 포함하여 시각 처리 영역이 좀 더 활발하게 작동한다. 그러니 상상 속에서 성인 영화관에 방문하는 빈도수가 더 잦아질 수 있다는 뜻이다.

유머는 어떨까? 대학을 졸업하고 몇 년 후, 나는 친구 '수'와 함께 제이 레노Jay Leno가 하는 스탠드업 코미디를 보러 동네 극장에 갔다. 그의 쇼에는 성적인 농담이 줄을 잇는다. "여기서 들은 건 모두 잊으세요." 그는 청중을 향해 이렇게 말한다. 그러면서 남성과 여성의 근본적인 차이로, 남자는 〈바보 삼총사(세 얼간이The Three Stooges)〉*를 좋아하고 여자는 싫어하는 것이라고 했다. 나는 그가 나에게 말하는 줄 알았다! 나도 〈바보 삼총사〉라는 작품을 싫어한다. 그 후로 지금까지 20여 년이 지나는 동안 가끔은 〈바보 삼총사〉의 등장인물인 컬리와 래리, 모가 서로의 머리를 때리는 모습을 보며 재미를 느끼는 여성을 만난 적이 있기는 했다. 하지만 내가 아는 여성 대부분이 그 프로를 도저히 못 보겠다는 편이다. 그런데 알고 보니 거기에는 생물학적인 이유가 있었다.

----

* 20세기 중반 미국에서 인기를 끌었던 코미디 프로그램, 그리고 그 프로그램을 이끌었던 코미디 그룹을 일컫는다. 주로 과격한 신체 희화화 코미디를 선보였다.

최근의 한 연구에서 연구진은 남성과 여성 참가자 그룹에 일련의 만화영화를 보여주고는 얼마나 재미있었는지 평가하게 했다. 연구진은 MRI를 통해서 여성 참가자들을 관찰했는데, 웃거나 미소를 지을 때 언어를 관장하고 복잡한 생각들을 정리하며 보상을 관장하는 뇌 영역의 활동이 폭발적으로 증가한다는 사실을 발견했다. 한편 남성 참가자의 뇌는 만화영화가 재미있는지를 판단하는 데에 좀 더 단순하고 무딘 절차를 거치는 것으로 나타났다. 수석 연구원인 앨런 라이스Allan Reiss는 이러한 결과가 남성이 우스꽝스러운 농담이나 익살에 웃는 이유를 설명해 준다고 한다.[77]

"누군가가 눈을 찔리는 장면을 보고 웃긴다고 생각하는 데 많은 분석적 장치가 필요하지는 않으니까요."

대인관계를 경험하는 방식도 남성과 여성이 다르다. 여성은 일생에 걸쳐 친밀감과 이해가 전제되는 우정을 추구한다. 하지만 남성에게 우정은 흥밋거리와 관심사를 공유하는 것이다. 뭔가를 함께 하는 걸 좋아한다. 이는 분명 남성과 여성의 각기 다른 의사소통 방식을 설명하는 데에도 도움이 될 것이다.

데보라 태넌Deborah Tannen은 자신의 저서에 다음과 같이 썼다.

"여성은 어린아이일 때부터 '대화'라는 실을 가지고, 친밀감을 기본 구조로 한 '관계'라는 직물을 짠다."[78]

여자아이들이 비밀을 교환하면서 관계를 맺고 유지하듯이 여성에게 대화는 '우정의 주춧돌'이다. 이야기의 주제는 그다지 중요하지 않다. 대화를 나눈다는 사실 자체가 중요하다. 최근에 하워드라는 이름을 가진 남성이 BBC와의 인터뷰에서 "만약 당신이 어느 여성에게 방금 달나라 여행에서 돌아오는 길이라고 말한다면, 그녀는 관심을 표하며 누구와 함께 갔는지를 물을 거예요."라고 말한 것처럼.[79]

남자아이도 여자아이 못지않게 돈독한 연대를 이룰 수 있다. 하지만 당신이 언어학 교수나 특별한 전문가가 아니어도, 그 연대가 생각과 감정의 공유를 위한 것이 아니라 행동을 함께하기 위한 것임을 쉽게 짐작할 수 있을 것이다. 남자들은 '친한 친구들'과 4시간 동안 골프 코스를 돌고도 대화로 나눈 것이 없는 채 귀가한다. 설사 그들이 대화를 나눈다고 해도, 그건 여성들 간의 대화와는 다르다. 태넌은 남녀 어른과 어린이가 동성의 친한 친구와 대화하는 일련의 영상을 연구한 결과, 나이의 고하를 막론하여 여성은 서로를 마주 보고 상대의 얼굴을 쳐다보며 이야기를 나눈다는 사실을 발견했다. 반면에 남성은 '서로를 향해 비스듬히 앉고'는 마치 '자동차를 함께 타고 가면서 창밖을 내다보는 듯한 자세'로 이야기를 나누었다고 한다.[80] 그러면서 방안을 둘러보기도 하고, 이따금 서로를 힐끔 쳐다보았다는 것이다. 상대의 이야기를 듣기는 했던 것이다. 여성이 듣는 방식과는 다르지만 말이다.

연구에 따르면 남성의 자존감은 독자적으로 삶을 유지하는 능력에 근거하는 반면 여성의 자존감은, 비록 전적으로 그렇다고 할 수는 없지만, 친밀한 관계를 지속하는 능력에 근거한다.[81] 이것 역시 남자들이 왜 길을 찾을 때 물어보지 않는지를 설명해 준다. 남의 도움을 받지 않고 목적지를 찾아갔을 때의 만족감이 길에서 헤매느라 시간을 허비하면서 느끼는 좌절감보다 크기 때문일 것이다.

남편은 종류에 상관없이 가게를 방문하기를 좋아한다. 아주 편리한 취미다. 그중에도 남편이 가장 즐기는 부분은 도움을 받지 않고 물건을 찾는 일이다. 낯선 철물점의 진열대를 샅샅이 뒤지는 한이 있어도, 붉은 조끼를 입은 직원에게는 절대로 도움을 청하지 않는다. 그럴 때면 나는 답답해서 돌아버릴 것만 같다. 하지만 이제는 어느 정도 그의 관점을 이해하기 때문에, 매번 그를 변화시키고 싶은 충동을 자제하느라 애쓰지는 않는다. 그는 나의 도움 없이(또는 남편이 늘 말하듯이 A 제품과 B 제품 사이의 장단점을 지나치게 파고드는 나의 잔소리 없이) 필요한 물건을 구입하고, 그것으로 우리는 둘 다 행복할 수 있으니까.

히스테리와 히스토리

남성과 여성이 선천적으로 다르다는 많은 증거가 있음에도 불구하고 일부 사람, 특히 일부 여성이 그 다름을 수용하는 데에 거부감을 느끼는 이유를 나는 이해한다. 우선은 그 다름의 증거가 혼란을 줄 수 있다. 새로운 발견은 해답을 주는 만큼 또다른 의문을 불러오는 법이니까. 게다가 지난 수천 년 동안 '과학'이 여성의 생물학적 특성을, 여성의 역량과 자율성 그리고 권위를 부정하는 방향으로 악용되었기 때문이다. 그 결과 많은 여성은 최신 이론이 사람들의 생각이나 견해를 제한할까 불안해하는 것이다. 첫 번째 미국 여성 대법관이었던 샌드라 데이 오코너Sandra Day O'Connor도 이렇게 말했다.

"한 세기가 거의 다 지나도록 여성은 법조계에 발을 들여놓을 수 없었는데, 이는 여성은 너무 친절하고 온순해서 좋은 법조인이 될 수 없다는 편견 때문이었습니다. 변호사가 되려면 강인한 정신과 다소 거친 성품이 있어야 하는데, 여성은 그런 일에 적합하지 않다고 생각한 거죠."[82]

고대 그리스로 거슬러 올라가면, '히스테리(정신 신경증의 한 유형)'는 여성에게 특정된 의학적 증상으로 간주됐다.[83] 플라톤은 자궁을 "동물의 몸속에 들어 있는 동물"로 묘사하면서, 몸을 통해 돌아다니며 큰 혼란을 초래한다고 했다. 의학의 아버지라 불리는 히포크라테스는 자궁에서 뇌로 피가 불규칙하게 흘러 들어갈 때 여성은 정신 이상을 일으킨다고 했다. 빅토리아 시대에는 히스테리 진단을 받는 여성이 많았고, 그 증상도 다양했다. 실신, 불안, 불면, 체액 저류, 복부 팽만감, 신경과민, 식욕이나 성욕 저하, '갈등을 일으키는 성향' 등이 알려져 있었다. 널리 통용되던 치료법으로는 '골반 마사지' 또는 의사가 여성의 성기를 손으로 자극하여 '히스테리성 발작' 즉 오르가슴으로 더 잘 알려진 상태까지 이르게 하는 방법이 있었다. 모순적이었던 건 그 시대의 이상적인 여성상은 '열정 없는' 여성이어서, 아기를 낳기 위한 목적 외에는 성관계에 관심이 없어야 했다. 하지만 히스테리의 원인도 치료법도 모두 성관계로 귀결되어 있었다.

히스테리 증세로 고통받는 여성의 수는 많은데 치료의 빈도수는 어느 정도 지켜줘야 하는 상황에서, 환자로 오는 여성 대부분이 그다지 낭만적인 감정을 느낄 수 있는 처지가 아니었다. 그러다 보니 원하는 결과를 얻기까지 몇 시간이 걸리는 경우도 종종 있었다고 한다. 그러니 의사들도 무척 지쳤을 것이다. 하지만 곧 그들을 도울 방법이 나타났다. 1800년대에 들어서면서 유럽과 미국의 유명한 해수욕장에 '물 치료' 장치가 등장하고, 이어서 '기계식 진동기'가 나오면서, 몇 시간씩 걸리던 치료 시간이 단 몇 분으로 줄었다. 세기가 바뀌고 가정에 전기 공급이 좀 더 원활해지면서, 전기 진동기는 진공청소기나 전기다리미보다 10년이나 앞서 인기 있는 가전제품으로 자리 잡았다. 1918년도 시어스 카탈로그에는 '유용하고 만족스러운 홈 서비스 제품'이라는 홍보 문구가 달린 휴대용 전기 진동기 모델이 실려 있었다.

결과적으로 히스테리 진단은 점점 줄어들었고, 이제는 병으로 분류되지 않는다. 하지만 여성의 능력이 전적으로 신체 리듬의 영향을 받는다는 인식은 좀처럼 사라지지 않았다.

여성 자동차 경주 선수인 다니카 패트릭Danica Patrick이 인디 리그에서 나스카NASCAR*로 전향할 것을 고려할 때, 동료 선수인 에드 카펜터Ed Carpenter는 자기가 느낀 바를 이렇게 말했다.

"다니카는 한 달 중에도 특히 날짜가 맞아떨어지는 때면, 무척 공격적으로 차를 몬다."[84]

반면에 이와 전혀 반대되는 견해를 가진 사람들도 있다. 내 친구 중 한 명은 심리학자인데, 행동 양식의 차이는 대부분 양육의 결과라고 믿는다. 그녀의 말에 따르면, 다수의 연구 결과에서 어머니들이 아들과 대화할 때보다 딸과 대화할 때 훨씬 더 많은 어휘를 사용하는 것으로 나타났다. 그리고 이러한 태도가 여자아이가 대화에 더 능숙한 이유가 된다고 했다. 그 말을 듣고 나 자신에게 되물었다. 나도 아이들이 여러 발달 과정을 거치는 동안 아들보다 딸에게 더 많은 어휘로 말했던가? 그러자 놀랍게도, 그럴 것이라는 결론에 도달했다. 하지만 그럴만한 이유가 있었다. 딸은 아기였을 때에도 기저귀를 갈기 위해 테이블에 눕히면 내 눈을 바

---

* 나스카(NASCAR)는 전미 자동차 경주 협회의 약어 혹은 협회에서 주최하는 자동차 경주 대회를 일컫는다.

라보았다. 말문이 트이기 전에도, 기저귀를 갈거나 옷을 입히거나 목욕을 시키는 동안 계속 나를 보고 옹알이하며 까르르거리면서 그 일에 완전히 동참했다. 반면에 아들은 한시도 가만히 있지 않고 사방을 휘저었다. 항상 로션병이나 더러운 기저귀를 잡으려고 손을 뻗었다. 바닥에 놓여 있는 장난감이나 창밖에 날아가는 새를 보기 위해 끊임없이 몸을 뒤집으려고 했다. 그 순간마다 아들은 내가 무얼 하는지에 별 관심이 없었다. 그러다 보니 내가 가장 주의를 기울여야 하는 일은 '엄마'라는 말을 가르치는 것이 아니었다. 응급실로 달려가야 하는 사고가 일어나지 않도록 아이를 돌보는 일이었다.

인정하고 싶지는 않지만 여성이 통치하는 진정한 모계사회가 있었다는 증거는 거의 없는 것 같다. 그뿐 아니라 성 역할은 시간과 문화를 초월하여, 놀라우리만치 일관성 있게 이어졌다. 어느 문명, 어느 시대를 막론하고 지구상의 모든 마을에서 여성은 아이를 기르고 남성은 모험을 위해 밖으로 나갔다. 이게 우연일까? 그런 거 같지는 않다. 대다수의 포유류 동물에서도 비슷한 양상을 볼 수 있다. 수컷이 더 공격적이고 거칠게 뒹굴며 노는 걸 좋아한다. 반면에 암컷은 새끼와 많은 시간을 보내고, 놀이도 양육의 연장선에 있다. 실제로 새끼 원숭이에게 어린이 장난감을 주고 고르게 하면 수컷은 트럭을, 암컷은 인형을 선호한다.[85]

전통적인 성 역할을 없애려고 시도했던 사회도 있었다.[86] 가장 유명한 사례는 이스라엘의 키부츠kibbutz*일 것이다. 모든 이가 동등하게 대우받아야 한다는 사회주의적 열망으로 여성과 같은 수의 남성이 아이를 돌보는 일에 배정되었고, 남성과 같은 수의 여성이 트랙터 수리 업무에 배정됐다. 그렇지만 한 세대도 지나기 전에 남성과 여성 모두 전통적인 성 역할로 회귀했다.

많은 성별 차이가 유아기 때부터 나타나는 걸 보면 그것이 전적으로 사회화의 결과라고 할 수는 없다. 생물학적으로 남자인 아이가 여자아이로 길러진다고 해도 결국 그 아이는 스스로 남자아이로 느낀다는 것이다.[87] 한 유명한 일화를 예로 들어 보겠다. 한 남자아이가 포경수술이 잘못되어 성기를 잃었다(그의 쌍둥이 형은 다행히 불행을 면했다). 아이의 부모는 '전문가'의 조언에 따라 아이를 거세하고 호르몬을 투여하며 여자아이로 기르기로 했다. 아이는 아무것도 모르는 채 자라났다. 하지만 열네 살이 되자 우울해지면서 불행을 느끼기 시작했다. 결국 아이의 아버지는 그에게 진실을 말해주었다. 더 많은 수술을 거친 후, 그는 다시 남자아이가 되었고 성인이 되어 좋아하는 여자와 결혼하고 두 아이를 입양했다.

선천적인 차이를 인정하는 건 한쪽 편을 드는 게 아니다. 오히려 공정한 사회를 이루는 일이다. 남성과 여성이 다르다면, 그들의 두뇌가 때때로 다르게 작동하여 세상을 다른 방식으로 경험하

---

* 이스라엘의 집단 농업 공동체이다. 키부츠 구성원은 사유재산이 없다. 토지를 공유하고, 생산 및 생활용품은 공동으로 소유하며, 구성원의 전체수입은 키부츠에 귀속한다.

게 한다면, 여성에게 남성처럼 행동하기를 강요하는 건 실질적이고 영구적인 불이익을 가하는 것이다. 브리젠딘 박사는 저서 『여자의 뇌』에서 이렇게 묻는다.

"일부 사람들이 다른 사람보다 더 큰 의사소통의 중추를 가지고 있다면 어떻게 될까? 어떤 사람의 감정적 기억 중추가 다른 사람보다 더 크면 어떻게 될까? 타인이 보내는 신호를 읽어내는 능력이 다른 사람보다 더 많이 발달하면 어떻게 될까? 그렇다면 그는 의사소통, 관계 맺기, 정서적 민감성, 외부 자극 민감성을 가장 중요한 가치로 여기는 사람일 것이다. 이러한 자질을 무엇보다 소중하게 여기며, 그 중요성을 인지하지 못하는 사람을 보면 당황할 것이다. 한마디로 그는 '여성의 뇌'를 가진 것이다."[88]

특정 부류가 성차를 인정하지 않는 이유는 알기 쉽다. 수세대를 거쳐 내려오면서 이러한 차이가 여성을 덜 유능하고 지적 능력도 남성보다 낮은, 그래서 덜 가치 있는 사람으로 규정하는 데에 악용됐기 때문이다. 그 고통스러운 경험 때문에 이와 관련된 연구뿐 아니라 솔직한 대화까지도 꺼려왔다.

이러한 갈등에 접근하는 방법에는 두 가지가 있는 듯하다. 우선 차이를 부정하는 방법이 있다. 남녀의 차이는 존재하지 않는다고 주장하거나 단지 문화의 산물이라고 주장한다면, 성별과 상관없이 똑같이 생각하고 똑같이 행동하고 하나의 잣대로 평가받는 세상을 만드는 게 합당하다. 하지만 이러한 해결책은 생물학적 현실을 무시하는 것이다. '남녀 공통의 뇌'라든가 '남녀 공통의 표준'이란 존재할 수 없기 때문이다. 오직 남성의 표준만이 존재한다. 그리고 그 표준은 여성의 뇌가 발휘할 수 있는, 여성 특유의 강점과 재능을 평가절하한다.

그다음에는 차이를 수용하는 방법이 있다. 브리젠딘에 따르면 "여성은 우수한 언어적 민첩성, 깊은 우정을 쌓는 능력, 표정이나 음성에서 감정과 마음 상태를 읽어낼 수 있는 초자연적 능력, 갈등을 진정시키는 능력이 있다. 이러한 능력은 여성의 뇌에 내장되어 있다." 결국 더 많은 여성이 물리학이나 공학 분야를 추구하지 않는 이유는 선천적인 적성이 부족해서가 아니다. 여성이 마주해야 하는 차별적인 현실 때문에 다른 선택을 할 수밖에 없어서였는지도 모른다. 이제는 여성도 남성 못지않게 관심과 재능이 있으며, 한 인간으로서 중요하고 가치 있는 존재임을 인정해야 할 때다. 이를 두고 브리젠딘은 이렇게 말했다.

"여성에게는 '여성에게 관심을 기울이는 새로운 사회규약'을 제정할 생물학적 의무가 있습니다. 우리의 미래와 우리 자녀들의 미래가 거기에 달려 있어요."

여자가 왜
세상을 지배해야 하는가

WHY
WOMEN
SHOULD
RULE THE
WORLD

4장

동방박사 세 사람이 여성이었다면

"제가 두 번째로 좋아하는 집안일은 다림질입니다.
첫 번째로 좋아하는 일은 이층 침대 위 칸에 기절할 때까지 머리를
찧는 일입니다."

— 에르마 봄벡(Erma Bombeck), 칼럼니스트

나의 아버지는 여러모로 두 개의 평행 우주에서 살았다. 집에서는 늘 여자들에게 둘러싸여 있었다. 남자 형제 없이 네 명의 여자 형제와 유년 시절을 보냈으며, 할아버지는 아버지가 열한 살 되던 해에 돌아가셨다. 그 후 대학을 졸업하고 나의 어머니와 결혼했는데, 곧바로 딸 셋을 낳았다. 집에서 기르는 개도 암컷이었다. 한편 그의 직업 세계는 가상의 남성 클럽 같았다. 고등학교 시절에는 집안에서 운영하는 주유소에서 일했고, 대학에 들어가서는 여름 방학마다 인디애나 유료 고속도로를 포장하는 도로 공사팀 일원으로 일했다. 그 후 12년은 미 해군에서 수송기 조종사로 일하며 보내고, 그다음에는 방위산업체인 록히드 마틴Lockheed Martin에서

시험 비행, 건축, 항공기 영업 등의 일을 했다. 낮에는 남자들과 밤에는 여자들과 지냈지만 그 두 세계가 만나는 일은 없었다. 아버지가 '현실' 세계에서 여성과 접촉할 일이 거의 없었다는 사실을 고려한다면 여자들에게는 '정상적인' 행동이 왜 항상 아버지를 당황하게 했는지 이해할 수 있다.

"세 시간 동안 할 이야기가 뭐가 있니?"

지금도 아버지의 삶에 동참하고 있는 여자 중 누군가가 특별히 긴 점심 모임을 했다고 하면, 아버지는 이렇게 묻는다. 여자들의 수다 모임을 말리지는 않지만 그 가치를 이해하지 못하는 것이다. 아버지는 어느 정도 대화를 했으면 나머지 시간은 자동차를 닦는 데 쓰는 게 낫다고 생각할 뿐이다.

예전에는 아버지가 고집스럽다고 생각했다. 하지만 지금은 아버지는 그렇게 타고난 사람임을 이해한다. 나쁜 일이 있든 좋은 일이 있든, 아버지는 전화기를 들거나 난로에 찻물을 올리는 일이 없다. 누군가와 차를 마시며 대화를 나눠야 할 필요를 느끼지 않기 때문이다.

몇 년 전, 캘리포니아 대학교 로스앤젤레스UCLA의 여자 과학자 두 명이, 남자 동료들이 고된 업무를 처리하는 방식이 자기들과 다르다는 이야기를 나누고 있었다. 그들 중 로라 쿠시노 클라인 Laura Cousino Klein 박사가 말했다.

"그러니까 이런 농담도 있잖아. 실험실에서 일하는 여자가 스트레스를 받으면 실험실에 들어오자마자 청소하고 커피 마시며 친목을 도모한다고. 하지만 남자는 스트레스를 받으면 어딘가 혼자 가서 숨어 버린다는 거지."[89]

클라인 박사와 그녀의 동료인 셸리 테일러Shelley Taylor 박사는 좀 더 자세히 밝혀진 바가 있는지 알아보기 위해 데이터를 살펴보았다. 그리고 그 시점까지 스트레스에 관한 광범위한 연구가 모두 남성을 대상으로 이루어졌다는 사실을 알게 되었다. 그리고 그 결과를 가지고 농담 삼아 여성에게 대입하기 시작했다. 클라인은 "우리는 뭔가 대단한 걸 잡았다는 느낌이 들었죠."라고 말했다.

클라인이 말한 '무언가'란 바로 남성과 여성은 각기 다른 방법으로 스트레스를 관리한다는 사실을 보여주는 획기적인 연구였다. 남자는 스트레스를 받으면 누군가에게 정면으로 대들거나 자기만의 동굴로 들어가 버린다. 여성도 스트레스를 받으면 투쟁 도피 반응을 경험한다. 하지만 테일러와 클라인이 수백 가지 연구를 검토하고 다양한 분야의 과학자와 이야기를 나누며 얻은 결과에 따르면, 여성은 각자의 방식으로 스트레스에 대응하는 것으로 밝혀졌다. 자녀들과 시간을 보낸다거나 친구 가족과 그 일에 관해 이야기를 나눈다는 것이다. 테일러와 클라인은 이러한 행동을 '보살피고 다가가기'로 부른다.

왜 그럴까? 어느 정도는 생물학적인 이유일 것이다. 남성과 여성 모두 스트레스를 받으면, 이른바 '포옹 호르몬'으로 불리는 '옥시토신' 호르몬이 몸에서 분비된다. 이 호르몬은 일부 동물에서 유대감을 높이고 혈압과 불안을 낮춘다. 그런데 여성에게서 훨씬 더 많이 분비되는 에스트로겐은 옥시토신의 효과를 높이는 것과 달리 남성 호르몬인 테스토스테론은 이를 억제한다. 그러므로 여성은 스트레스를 받으면 뇌에서 옥시토신이 분비되어 친구와 가족을 찾게 되고, 그걸 통해 안정을 찾아 더 많은 옥시토신을 생성한다. 그러면 우리가 알다시피 실험실을 청소하고 커피를 마시며 노트를 펼쳐 과학적 성과를 이루면서 돌파구를 찾는 것이다.

남성과 여성이 세상을 종종 다르게 경험한다는 사실이 중요하다. 이유가 무엇이든 그로 인해 나타나는 현상은 실재한다. 우리가 구매하는 것, 읽은 것, 보는 것에 영향을 미친다. 심지어 누구에게 투표하는지, 시간을 어떻게 보내는지에도 영향을 미친다. 그리고 우리 삶의 우선순위와 가치를 결정한다. 우리 각자를 자기답게 만드는 것이다. 이렇게 다양한 관점을 포용하고 존중할 때, 그것들을 형성한 삶이 분홍색 담요에 쌓여 왔든 파란색 담요에 쌓여 왔든 대화의 폭을 넓히고 탐구의 범주를 확장하며 사고방식을 바꿀 수 있다. 비즈니스의 효율성을 높이고 정부의 호응도를 높이며 더 나은 예술과 과학, 더 나은 학교를 만들 수 있다. 한마디로 모두가 이기는 게임을 하는 거다. 이를 위해 먼저 다름을 받아들여야 한다.

하버드 법대의 최초의 여성 학장인 엘레나 케이건Elena Kagan이 몇 년 전에 우연히 깨닫게 되었듯이 때로는 다름이 세심한 배려 속에서 엿보이기도 한다. 한 학회에 참석했던 그녀는 여성용 화장실에 들렀다가 무료 탐폰이 깔끔하게 담겨 있는 바구니를 보았다.[90]

"그건 아주 작은 정성이지만 여성을 배려하는 곳이라는 걸 느낄 수 있었어요."

그녀가 말했다. 그리고 한두 달 후, 하버드 법대의 여성용 화장실에는 탐폰을 비치하게 되었다.

여성은 문화를 바꾼다

지난 20년 동안 할리우드에서 여성의 입지는 놀라우리만치 향상되었다. 여성은 이제 작가, 프로듀서, 감독, 투자 및 제작 담당, 스튜디오 책임자 등으로 거의 모든 분야에서 두각을 나타내고 있다. 이런 성공이 가능했던 원인은 여러 가지가 있을 것이다. 그중 하나로, 할리우드에 좀 더 개방적인 문화와 사람이 유입됐다는 배경이 있다. 이들은 할리우드에 다른 관점을 들여왔으며, 다른 주제로 다른 관객에게 흥미를 줄 수 있는 영화를 만들어 새로운 수입원을 창출하였다. 파라마운트사Paramount의 전 책임자였던 셰리 랜싱Sherry Lansing은 이렇게 말했다.

"〈조강지처 클럽The First Wives Club〉 같은 영화를 사람들이 보러 갈 거라고 아무도 생각하지 못했지요."[91]

〈조강지처 클럽〉은 골디 혼, 다이앤 키튼, 베트 미들러가 주연한 1996년작 코미디 영화로, 이혼한 세 여성이 젊은 여자와 결혼한 전 남편에게 복수하는 이야기를 그린다.

"우리가 제작하는 모든 영화는 파트너가 있었어요. 그게 파라마운트사의 철학이었죠. 그런데 유일하게 파트너를 구하지 못한 작품이 바로 그 영화였지요. 아무도 파트너가 되기를 원치 않았어요. 그런데 히트작이 된 거예요. 사람들은 충격을 받았죠. 그래서 내가 말했어요. '왜 충격을 받지? 나도 영화 보러 극장에 가는데. 왜 충격을 받았다는 거야?'라고 말이죠."

이렇게 해서 '여권 신장'이라는 주제를 내세운 여성 영화가 만들어지기 시작했고, 엄청난 성공을 거두었다. 랜싱의 설명에 따르면, 영화 제작자는 '자신의 감정과 생각을 반영하는' 주제를 선택한다.

"버지니아의 명문 여학교 교장 진 해리스Jean Harris가 질투심에 사로잡힌 탓에 정부였던 식이요법 전문의 허먼 타노워Herman Tarnow-er를 살해한 기사를 읽은 적이 있어요. 그 기사를 읽은 후 〈위험한 정사Fatal Attraction〉를 만들고 싶었죠."

발신자 번호라는 게 존재하지 않았던 시절, 한 번쯤 누군가에게 전화를 걸었다가 황급히 끊어버린 기억이 없는 사람이 있을까? 랜싱은 자신의 경험과 버지니아주 진 해리스가 애인 허먼 타노워를 살해한 사건을 떠올리며 영화 〈위험한 정사〉를 구상했다고 한다.

"예전에 애인이 저를 떠났을 때 침대에서 일어날 수가 없었어요. '나는 대학 학위도 있어. 내가 왜 이렇게까지 하는 거지?' 하는 생각이 들었어요. 그에게 전화를 걸다가 얼른 끊기도 했고, 자동차를 몰고 그의 집 앞을 지나가면서 내가 미쳐가고 있다고 생각했어요. 그래서 그 이야기에 매료되었던 것 같아요. 나는 글렌 클로즈Glenn Close가 연기한 캐릭터를 이해합니다."

영화 〈위험한 정사〉에서 배우 글렌 클로즈가 악역을 맡았다. 혼자 살면서 직장에 다니던 그녀는 배우 마이클 더글러스Michael Douglas가 연기한 유부남과 짧게 만난다. 이후 그 유부남이 자기 전화에 응답하지 않자 몹시 분개한다. 이와 대조적으로 전업주부이자 아이 엄마인 아내 역할(배우 앤 아처Anne Archer)이 도덕적인 정당성을 얻는다. 일부 페미니스트는 영화의 설정이 야망 있는 여성의 부정적인 면들을 부각하는 내용이라 간주하고 거세게 반발했다. 예상하지 못했던 일이었다. 랜싱은 이러한 반응에 "몹시 당황했다."라고 말한다.

"우리는 그 영화가 페미니즘을 지지하는 작품이라 생각했거든요. 이제는 남자들이 여자와 잠자리를 같이 하고 나서 그녀의 전화를 받지 않는 일은 없을 테니까요. 그것처럼 견디기 힘든 일은 없다고 생각하거든요."

영화관을 찾는 사람들의 대략 반 정도가 여성이라고 하니, 영화를 만드는 사람들도 반 정도는 여성인 게 합당할 것이다. 아직 그 단계에 이르지는 못했지만, 추세의 흐름은 긍정적이다. 하지만 다른 비즈니스는 어떨까?

디스커버리 커뮤니케이션즈의 최고경영자였던 주디스 맥헤일은 기업 구성원이 당사의 서비스를 받는 커뮤니티의 모습을 반영해야 한다고 믿는다.

"시청자의 50%가 여성이라고 할 때, 그들의 목소리를 달리 어떻게 들을 수 있겠어요?"[92]

미국뿐 아니라 전 세계적으로 구매 결정권자는 대부분이 여성이다. 그런데 경영진의 구성이 소비자의 구성을 반영하는 기업이 많을까? 한마디로, 그렇지 않다. 이건 한눈에 보기에도 말이 안 되는 상황이다. 기저귀나 식기 세척제, 컴퓨터, 남성복, 자동차처럼 여성이 구매하는 제품을 어떻게 만들고 판매할 것인지를 논의하는 자리에 왜 여성을 포함하지 않는가? 컴퓨터나 남성복, 자동차 같은 물건도 남성보다 여성이 더 많이 구매한다. 고위 경영진에 여성의 수가 많은 기업이 더 높은 수익을 올린다는 연구 결과를 생각하면 위의 상황은 더 말이 안 된다(이는 2장 '옳은 일일 뿐 아니라 현명한 일'을 참고할 것). 이건 명분의 문제가 아니다. 실질적으로 효과가 있는 방법을 선택하자는 말이다.

자사의 모든 제품을 여성에게 판매하는 기업인 레블론Revlon을 보라.[93] 여기서 퀴즈, 남성을 위한 레블론 제품을 하나만 꼽는다면? 최근에 확인해 본 결과, 우리 동네 약국에는 메트로섹슈얼 Metrosexual* 고객을 위한 아이새도나 입술 라이너는 없었다. 하지만 2007년 말까지도 고위 경영진과 이사회 구성원은 세 명을 제외한 전원이 남성이었다. 자사 제품의 85%를 여성에게 판매하는 소비재 제조업체의 거목, 프록터 앤드 갬블The Procter & Gamble Company도 마찬가지다. 2007년에도 47명의 임원 중 단 9명만이 여성이었는데, 이는 시장을 반영하는 데는 미치지 못했지만, 몇 년 전

---

* 패션이나 헤어스타일을 가꾸는 일에 관심을 두고, 내면의 여성성을 긍정적으로 즐기는 남성을 지칭한다.

보다는 그래도 늘어난 수치였다.

제발, 오해하지 말자! 여성이 더 똑똑하다는 말이 아니다. 물론 가끔 그런 경우도 있지만 여성이 아직도 개척되지 못한 채 방치된, 무한한 재능의 원천이 될 수 있다는 뜻이다. 또한 남성과 다른 관점에서 문제를 바라보기 때문에 새로운 기회를 창출할 수 있다는 뜻이다.

1980년대에 메가 베스트셀러 『초우량 기업의 조건』(더난출판사, 2005)으로 비즈니스계를 흔든 경영의 대가 톰 피터스Tom Peters는 전 세계 비즈니스의 성장과 성공에 여성이 결정적으로 중요하다고 믿는다. 자신의 주장을 뒷받침하기 위해 그는 몇 년 전에 한 보석 관련 회의에서 했던 연설의 요지를 내게 들려주었다.

"보석상 대부분이 남성입니다. 결국 보석을 받는 사람은 여성인데 말이죠. 보석상들은 이렇게 말하죠. '여성을 위해 보석을 사는 사람이 남성이니까.'라고요."

그러면서 소비재를 구매하는 주체는 대부분 여성인데, 왜 보석을 구매하는 여성은 많지 않은지 이해할 수 없다고 했다. 톰은 이 질문의 해답을 비즈니스 분야에서 가장 영향력 있는 여성에게서 들을 수 있었다.

"그녀가 말하더군요. '여성에게 줄 보석을 대부분 남성이 사는 이유는 보석상에 내놓을 보석을 남성이 사기 때문이에요. 남성이 여성에게 사주고 싶어 할 만한 보석을 남성이 사 오는 거죠.' 그러고 또 이렇게 덧붙였습니다. '나는 보석 전람회에 가서 여성이 자기를 위해 사고 싶어 할 만한 보석을 삽니다.'라고요. 나는 그 말을 듣고, '오, 얼마나 기가 막힌 발상인가!'라고 생각했죠."[94]

남성과 다른 여성의 관점은 최종 결과에만 영향을 미치는 게 아니다. 문화를 움직인다. 블랙 엔터테인먼트 네트워크BET의 최고경영자 데브라 리Debra Lee는 개인적인 삶의 경험이 회사를 경영하는 데에 큰 영향을 미쳤다고 했다.[95] BET의 설립자이자 최고경영자인 밥 존슨이 리를 사장이자 최고운영책임자COO의 자리에 임명하고 얼마 지나지 않았을 때, 리는 인사부 책임자의 전화를 받았다. '딸 데리고 출근하는 날' 행사에 당사도 참여할 것인지를 묻는 내용이었다. 그때까지 한 번도 해 본 적이 없는 행사였다. 이를 리가 웃으면서 회고했다.

"처음에는 '아니'라고 대답하려고 했어요. '할 일도 많은데, 복도에 아이들을 뛰어다니게 할 수는 없잖아.'라고 생각했죠. 그리고 그날 밤 다시 곱씹었어요. 그러자 내가 밥이 취할 법한 행동을 따르고 있다는 사실을 깨달을 수 있었어요. '이제는 내가 COO야. 내가 이 회사를 운영해야 해. 그리고 회사는 이윤을 내야 하고…. 그러니 모든 걸 제대로 파악하고 이끌어야 해.'라고 결심했죠. 그러자 또 이런 생각이 들었어요. '전임자의 방식을 그대로 따를 거면 내가 왜 이 자리에 있어야 해? 나의 차별점을 스스로 깨닫지 못하고, 나의 방식과 생각, 내가 가져올 수 있는 것들을 소중히 여길 수 없다면, 나는 이 자리에 있어선 안 돼.' 다음 날 아침 출근하자마자 인사부 책임자에게 전화해서 말했죠. '우리 회사도 참여할 겁니다. 그렇지만 아이들은 오후 2시까지만 있는 걸로 하지요.'라고요. 저도 그 정도 자격 요건은 갖추고 있었어요."

10년 후, '딸 데리고 출근하기'는 BET의 중요한 전통으로 자리 잡았다.

"우리 회사에서는 아주 큰 연례행사랍니다. 매년 80명에서 90명 정도의 남녀 어린이가 회사에 방문합니다. 회사에서는 아이들을 위해 그날의 활동 프로그램을 준비해요. 방송하는 모습도 보여줍니다. 아이들을 뉴스데스크에 앉아 보게 하고, 그 모습을 영상으로 담아요. 그런 다음 영상을 보면서 아이들과 이야기를 나누지요. 이제 아주 유명한 행사가 되었습니다. 아이들도 무척 좋아하고 부모들도 좋아해요. 이건 내가 '남자 경영자가 하듯이 운영해야 한다.'라는 압박에서 벗어나려고 노력했던 한 예입니다. 제게는 아주 중요한 일입니다. 여자아이들을 위한 일이니까요. 행사를 성공적으로 진행하면서도 회사의 목표를 달성할 수 있습니다. 그건 여성이 해야 할 일이라고 생각해요."

여성의 관점, 여성의 우선순위

정계에서 여성의 역할이 점점 중요해지자 남성과 다른 관점이 반영되었다. 더 넓은 범주의 문제에 주의를 기울이게 되면서 여성 연대가 이루어졌다는 데에는 의문의 여지가 없다. 그렇다고 해서 선출직 여성들이 여성 관련 안건에만 초점을 맞춘다는 말은 아니다. 조사에 따르면 공화당과 민주당의 여성의원 모두 남성의원보다 더 적극적으로 사회 정의, 환경 보호, 가정 관련 안건들을 제의하고 그것을 위해 싸우는 모습을 보였으며, 비폭력적으로 갈등을 해소하는 방법을 추구한다.[96] 또한 남성의원처럼 교통이나 농업, 군축 협정에도 관심을 기울이는 것으로 나타났다. 하지만 제럴딘 페라로Geraldine Ferraro가 언젠가 말했듯이 "여성은 다른 사람들이 간과하는 문제를 안건으로 제기하고, 다른 사람들이 반대하는 의안을 통과시키며, 다른 사람들이 주저하는 프로젝트에 투자하고, 다른 사람들이 외면하는 학대를 종결시킨다."

케이 베일리 허치슨은 1972년에 텍사스주 하원에 당선된 최초의 여성의원으로 공화당 소속이다.[97]

"네 명의 민주당 소속 여성과 나, 이렇게 다섯 사람이 그해에 선출되었어요. 우리는 여성으로 살아온 경험에 비추어 몇 가지 일을 하기로 뜻을 모았죠. 성폭력 피해 여성에 관한 텍사스주법을 바꾸었습니다. 그 덕분에 텍사스는 미국에서 가장 먼저 성폭력 피해 여성을 법의 이름으로 공정하게 대우하는 주가 되었습니다. 연대를 이루어 그 일을 해낸 거예요. 또한 여성 신용 동등권도 제정했습니다. 역사 보존을 위해 노력하고 교통 문제도 해결했고요. 여성으로서의 경험에 기반을 둔 건 아니지만 민주당 소속 여성의원들과는 확실히 협조했습니다. 우리는 아주 멋진 연대를 이루었어요. 공화당 의원들은 제가 참여하는 일이면 믿을 수 있다고 생각했고, 민주당 의원들 역시 여성의원들을 신임하고 있었기 때문이지요. 그렇게 우리는 힘을 합해서 밀고 나갔습니다."

허치슨은 대의 정치의 목표가 가능한 다양한 배경과 관점, 경험을 아울러 '더 나은 결과를 얻는 것'이라 밝혔다.[98] 그녀는 이렇게 덧붙였다. "그런데 역사적으로 여성의 경험은 포함하지 않았던 것이죠." 그녀의 주 상원의원 사무실에서 인터뷰할 때 그녀가 내게 말했다.

"하지만 이제는 변하고 있어요. 전업주부를 위한 개인 은퇴연금 문제를 해결하는 게 저의 급선무였어요. 제가 직장생활을 할 때 독신 여성으로서 개인 은퇴연금을 마련하는 게 힘들었던 경험이 있었기 때문이죠."

그녀가 자기 경험을 들려주었다. 결혼 후 휴스턴에서 댈러스로 옮겨가느라 잠시 직장을 그만두었더니, 더는 은퇴연금 적립금을 넣을 수 없게 되었다고 했다.

"가장 먼저 '이게 뭐지?'라는 생각이 들더군요. 그런 경험을 하고 나니 자연히 그 문제에 관심을 두게 되더라고요. 그래서 집에서 살림하는 여성도 직장에서 일하는 여성과 똑같은 은퇴연금 계정을 보유할 수 있도록 법안을 수정했습니다."

캔자스주의 민주당 소속 주지사 캐슬린 시벨리어스는 선출직에 진출하는 여성이 많아질수록 더 나은 결의안이 나올 수 있다고 말했다.[99]

"사람은 삶의 경험을 바탕으로 생각하고 판단합니다. 여성의 경험은 남성의 경험과 다르죠. 더 낫거나 못하다는 게 아니라 다른 거예요. 인구의 51~52%가 여성이고요. 그러니까 엄마, 딸, 아내, 여성 직장인으로서의 경험과 관점으로 문제를 바라볼 수 있는 사람들을 의결 과정에 포함한다면 더 나은 정책을 만들고 더 나은 분위기를 조성할 수 있을 거라 기대해요."

여성은 때때로 좀처럼 다뤄지지 않았던 문제에 관해 의문을 제기한다. 린디 보그스Lindy Boggs는 루이지애나 하원의원이었던 남편이 비행기 추락 사고로 사망한 후에 남편에 이어 하원의원으로 선출됐다. 아이들이 다 자란 후, 보그스는 살던 집을 팔고 의사당 근처에 콘도미니엄을 사기로 결심하여 대출을 받고자 은행에 갔다. 그런데 의원 월급으로 대출금을 충분히 감당할 수 있음을 증명하는 재무제표를 가져갔음에도, 대출 담당자는 연방법을 들먹이며 상세한 재무제표와 보험 증서를 제시할 것을 요구했다. 보그스는 자신의 자서전 『보라색 베일을 통해 본 워싱턴 Washington Through a Purple Veil』에서 "그때까지 나는 남편 없는 여자들이 은행 대출을 받을 때 종종 마주한다는 그런 상황을 직접 경험해본 적이 없었다."라고 밝혔다. 하지만 거기서 멈출 보그스가 아니었다.

"이거 보세요, 나는 여성과 노인에게 이런 걸 요구하는 것을 금지한 법을 만든 사람이에요. 당신은 지금 연방 규정을 준수하는 게 아니라 위반하고 있는 거죠."

그것으로 게임이 끝났다. 몇 년 후, 그녀의 딸이자 ABC 뉴스와 NPR의 특파원으로 활동하고 있는 코키 로버츠Cokie Roberts가 어머니에게서 매입한 집을 재융자받기 위해 은행에 갔다. 보그스의 말에 따르면 은행 직원은 코키에게 이렇게 말했다고 한다.

"아, 이 서류는 아무것도 아니에요. 그저 고객님을 성별이나 인종 등의 이유로 차별하지 않았음을 증명하는 거죠."

그러자 코키가 그의 말을 가로막고 말했다고 한다.

"아무것도 아니라니요? 아무것도 아닌 게 아니죠! 우리 엄마가 그 법을 만들었다고요!"[100]

내가 백악관을 떠난 지 얼마 되지 않았을 때였다. 성교육 논란으로 공중위생국장Surgeon General이 사임하자, 클린턴 대통령은 테네시주에서 산부인과 의사로 명성을 얻고 있는 헨리 포스터Henry Foster 박사를 후임으로 지목했다. 백악관 신원조회 팀이 포스터 박사의 기록을 조사하고 상세한 질의 과정을 거친 뒤 그는 신원조회를 당당히 통과했다. 그러나 대통령이 그를 지명했다는 사실이 발표되자 며칠 후 보좌관이 질의 과정에서 필요한 질문을 제대로 하지 않았거나 관련 정보를 모두 보고하지 않았다는 사실이 명백하게 드러났다. 포스터 박사가 30년 넘는 그의 의료 경력을 통틀어 임신 중절 수술을 몇 차례 시행했다는 것이다. 대중을 위한 그의 빛나는 경력에 비하면 아주 작은 일이었지만 결국은 논란으로 번져 그의 후보 지명이 무산되었다. 상원에서 후보 지명을 인준하지 않았기 때문이다. 어떻게 백악관이 그처럼 무방비 상태로 논란에 오를 수 있었을까? 물론 1973년 대법원이 낙태를 합법화한 이래 낙태 문제가 깊은 갈등을 유발하는 주제가 되기는 했다. 다만 포스터 박사가 낙마한 이유 중 하나로, 심의가 진행되고 답변을 숙고하는 과정 그리고 대응책을 모색하는 과정에서 여성의 의견이 포함되지 않았다는 사실을 간과해서는 안 된다. 2~3명 또는 10명의 여성이 상황을 바꾸지는 못했을지 모른다. 하지만 산부인과 의사와 관련하여 겪을 수 있는 여성만의 경험이 보태졌더라면, 뭔가 다른 결과가 나오지 않았을까?

미국뿐 아니라 전 세계적으로 '여성이어서 겪게 되는 특유의 경험'은 그들의 관점을 형성할 뿐 아니라 행위도 규정짓는다. 2004년 왕가리 마타이는 지속 가능한 개발에 이바지한 공을 인정받아 아프리카 여성으로서는 처음으로 노벨평화상을 받았다. 그녀는 30년 전에 시작한 그린벨트 운동을 통해 아프리카 전역에 3,000만 그루의 나무를 심었다. 그리하여 땔감은 물론 깨끗한 식수, 균형 잡힌 식사, 보금자리를 제공하고 농가에 수입 창출의 길을 마련했다.

마타이는 대학원생일 때 케냐 여성 전국위원회에 참석했다. 그녀는 당시 상황을 이렇게 설명했다.

"시골 출신 여성 리더들의 말을 들으면, 가장 큰 문제는 동력으로 쓸 자원이 없다는 것이었습니다. 땔감으로 쓸 나무를 구할 수 없다는 거죠. 깨끗한 식수와 적절한 식량이 부족했습니다. 수입도 없고요. 그녀들과 제가 같은 고향 출신이라 더 마음이 끌렸는지도 모르겠어요. 불과 10년 전에만 해도 저는 어린아이였고, 바로 그 마을에서 뛰어다니며 놀았습니다. 그 시절에는 땔감이 얼마든지 있었고, 깨끗한 식수와 식량도 충분했습니다. 소파 같은 가구도 없고, 살 수 있는 돈도 없었지만, 가난하다고 생각하지 않았습니다. 그때부터 시골에 무슨 일이 일어나고 있는지에 관심을 두게되었어요."101

그녀도 한때는 땔감을 줍고, 물을 길어오며, 곡식을 기르면서 살았다. 그래서 생존에 필요한 기본적인 것들이 공급되지 않으면 삶이 얼마나 척박해지는지 잘 알고 있었다. 그린벨트 운동은 그렇게 시작되었다. 처음에 참여한 사람들은 전부 여성이었다.

"그린벨트 운동이 시작되고 한참 동안 남성은 참여하지 않았어요. 그렇지만 아내가 참여하는 건 막지 않았죠. 오랜 시간이 지나고 나서야 남성도 반응을 보이며 합류하기 시작했어요. 수익을 얻기 시작했으니까요. 여자들이 나무를 심고 그 나무들이 잘 자라자, 그녀들에게 약간의 보수를 보상 차원으로 지급했어요. 그러자 경제적으로 득이 된다는 걸 알게 된 거죠. 하지만 엄청난 노동에 비해 아주 적은 액수였기 때문에 남자들은 별로 실감하지 못했던 것 같아요. 지금은 우리 모두 익숙해져서 당연하게 받아들이죠."

여성이 서서히 권위를 얻자 그들의 가치와 우선순위에 따라 논의의 주제가 달라진다. 다수의 연구에 따르면 여성이 가계를 운영하는 가정에서는 건강과 영양, 교육에 지출되는 액수가 많은 대신 알코올이나 담배에 지출되는 액수는 적다고 한다.[102] 그리고 이러한 효과는 가정에서 그치지 않는다. 인도의 지방 의회인 '판차야트Panchayat'에서 실시한 한 연구에서, 연구자들은 여성이 책임자로 있는 조직에서는 남성과 다른 선택을 한다는 사실을 증명했다.[103] 예를 들면 깨끗한 식수나 더 나은 도로 등 직접적으로 필요한 곳에 투자한다는 것이다.

여성의 우선순위가 남성의 경우보다 낮다는 말이 아니다. 여성에게 권한이 주어지고 삶의 경험에 근거해서 여성이 자기 의견을 제시할 수 있다면, 그동안 간과했던 문제들을 다른 관점에서 재조명할 기회가 생긴다는 뜻이다. 그러한 시도는 가정은 물론 사회 전체에 유익하다.

엄마의 뇌

모든 여성은 아니더라도, 대다수 여성은 자녀를 갖는 일이 삶 전체를 바꿀 만큼 엄청난 경험이라는 깨달음을 공유한다. 물론 남성도 자녀를 갖는다. 부모가 된다는 건 남성에게도 삶을 바꿔놓을 만큼 엄청난 경험이다. 하지만 엄마가 되기 위해 여성이 겪어야 하는 생물학적 현실은 남성이 살아가는 현실과는 차원이 다르다. 우선 수개월 동안 다양한 적응 단계를 거쳐야 한다. 입덧, 속 쓰림, 다리 경련, 매력이라고는 일절 없는 여러 벌의 임부

복, 계속되는 속 쓰림, 뱃속에 수박을 넣고 자는 듯한 불편함, 그리고 기쁨, 경이로움, 불안, 태아의 딸꾹질, 먼지 알갱이 하나하나가 탈레반 반군이라도 되는 듯 없애버리려 드는 광적인 청소 욕구…. 하지만 이 모든 적응 과정은 아이가 태어나기 전의 일이다. 일단 아이가 태어나면 그야말로 생활에 큰 변화가 일어난다. 새벽 3시에 일어나 수유하기는 기본이고, 3파운드짜리 『베니티 페어Vanity Fair』잡지를 아이가 변기에 집어넣고 물을 내리지 못하도록 변기 뚜껑에 잠금장치를 달아야 한다. 아이를 키우는 단계마다 그 나름의 기쁨과 절망, 두려움, 갈등이 있다. 여성 개개인의 경험이 모두 다르고 그 정도도 다르겠지만, 자녀가 있는 거의 모든 여성의 삶은 아이를 중심으로 구성된다. 그렇다고 해서 대다수 여성이 어느 시점에서든 정규직이나 시간제 근무로 복귀하지 않는 것도 아니다. 단지 매일 아침 문을 나서기 전에 아이를 돌봐줄 사람이 있는지 확인하는 일이 더해졌을 뿐이다. 거의 모든 결정을 내리기 전에 먼저 검토해야 하는 항목이 있다. "아이에게 어떤 영향이 미치는가?" 이는 간단한 문제 같지만 사실은 모든 걸 아우르는 질문이다.

남자들도 정도의 차이는 있지만 자녀 양육을 돕고, 가정마다 그들에게 맞는 분업 방식이 있다. 그렇지만 대다수 여성이 자녀 양육을 주로 책임지는 게 현실이다. 연구 결과도 그걸 입증하고, 내 경험에 비추어 봐도 그렇다.

나는 아이를 갖기 전까지 아이에 별로 관심이 없었다. 아이를 갖고 싶기는 했고, 무슨 이유인지는 모르겠지만 두 명 정도를 원했다. 하지만 서두를 생각은 없었다. 실제로 서른여덟 살에 이르러서야 첫 아이를 출산했다. 이제 나는 두 아이의 엄마고, 그 경험은 나를 완전히 바꾸어 놓았다. 일상생활만 달라진 게 아니라(기분에 따라 뭘 한다는 건 포기!) '나'라는 사람 자체가 변했다. 여성의 뇌에 관한 새로운 연구 결과에 따르면 아이를 기르는 동안 여성의 뇌는 구조적·기능적 변화 외에 여러 가지 복귀 불가능한 방식으로 변화가 일어난다.[104] 캐서린 엘리슨Katherine Ellison이 자신의 저서 『엄마의 뇌』(나무수, 2010)에서 말하기를, 자녀를 양육하는 동안에는 신체적, 정서적 활동이 끊이지 않으며 그에 따라 호르몬의 분비도 왕성해진다. 후각, 미각, 촉각 같은 감각도 한층 더 예민해지고 사회성이나 효율성, 탄력성도 향상되며 의욕이 왕성해진다고 주장한다.[105]

내 경험에 비추더라도 이는 분명한 사실이다. 남편은 나보다 훨씬 더 예민한 후각의 소유자다. 후각 환각이 있다고 내가 종종 핀잔을 줄 만큼, 현관에 들어서면서 냉장고 안에 있는 잘 숙성된 치즈 냄새를 맡을 수 있는 정도니까. 그런데 아이들이 뭘 하는지 소리로 듣고 알아내는 데에는 남편이 나를 따라오지 못한다. 한밤중에 아이 중 하나가 침대에서 내려와 한 발만 디뎌도, 나는 그걸 알아챈다. 아이들이 태어나기 전에도 나는 사회성이 그리 뒤떨어지는 편은 아니었지만, 사람들과 소통하고 (비)언어적 신호를 알아채고 그들의 감정 상태를 파악하는 능력은 독신으로 자유분방하게 살 때나 아이가 태어나기 전에 비해 놀라우리만치 좋아졌다. 그러려는 욕구 또한 무척 커졌다. 인내심 또한 훨씬 커졌으며 무지막지할 만큼 많은 일을 동시에 해낸다. 계단을 오르내릴 때마다 빨랫감, 우편물, 장난감, 식료품, 쓰레기봉투 등을 한 아름 안고 들지 않는 적이 거의 없다.

아들 스티븐이 두 살도 되기 전, 나는 그 아이 덕분에 전혀 다른 차원의 위기관리 능력을 시험받았다. 뒷마당에 있는 수영장 물의 화학성분을 시험하고 있을 때였다. 아이가 주변에 있을 때는 되도록 그런 일을 하지 않는데, 그날은 스티븐이 내 주위에서 놀고 있었다. 물에 염소를 넣어야 해서 플라스틱 용기의 마개를 열고, 농도를 다시 한번 확인하느라 잠시 용기를 옆에 내려놓았다. 그리고 1~2초 후 돌아보았더니 스티븐이 2파운드짜리 용기를 마치 물컵처럼 들고 염소 가루를 입안에 들이붓고 있었다. 염소 가루가 목구멍에 닿자마자 눈이 부어올랐고, 한순간에 모든 게 느린 동작으로 펼쳐졌다. 나는 공포에 휩싸였고, 스티븐이 울기 시작했다. 나는 아이를 안은 채 비명을 지르며 집안으로 뛰어 들어갔다. 마침 남편이 집에 있었고, 나는 2층으로 뛰어 올라가며 그에게 도움을 청했다. 주방 수납장 안쪽에 붙어 있는 독극물 관리 센터 전화번호를 남편에게 주고, 스티븐을 주방 개수대에 앉힌 다음 화학물질이 눈에 들어가지 않도록 주의하면서 입안에 물을 끼얹어 씻어주었다. 스티븐은 구토를 시작했고 나는 계속 씻어주었다. 나는 앞부분이 큼지막한 표백제 얼룩이 묻은 오렌지색 셔츠를 벗었다. 셔

츠의 색을 그렇게 표백시킬 정도면 아이의 조그만 몸 안에서는 어떤 일이 벌어지고 있단 말인가? 겁이 덜컥 났지만, 더는 생각하고 싶지 않았다. 나는 쉬지 않고 아이의 입안을 씻어냈다. 독극물 센터에 전화 연결이 되자 해박한 담당자가 차분한 음성으로 우리에게 다음 단계를 지시했다.

"아이가 뭔가를 먹거나 마실 수 있는지 확인하래."

남편이 듣고 내게 전해주었다. 어쩐 일인지 스티븐이 울음을 그치고 구토도 멈추었길래 물을 한 잔 따라주었다. 수건으로 젖은 몸을 닦아주는 동안 스티븐이 물을 마셨다. 물을 삼킬 때 아파하지 않는 것 같아서 과일 맛 아이스바를 쥐여주었다. 몇 번 핥아먹었는데 아파하는 거 같지 않았다. "그럼 됐습니다." 전화기 너머에서 담당 직원이 차분한 음성으로 말했다. 식도에 화상을 입은 것 같지 않으니 안심해도 된다는 뜻인 것 같았다. 이번에는 크래커를 주어보았다. 크래커를 먹으면서도 아파하지 않았다.

위급 상황은 지나갔고 스티븐은 무사했다. 예정대로 동물원에도 갔다. 우리 모두 정말 운이 좋았다. 하지만 내가 옆에 있는 동안 아이가 염소 가루를 삼킬 수 있었다는 사실을 생각하면 지금도 아찔해진다. 그리고 위급 상황이 닥쳤을 때 내가 스스로 생각했던 것만큼 침착하지 못하다는 사실도 알게 되었다. 무엇보다도 부모는, 특히 아이의 엄마는 생사를 가르는 결정을 순간적으로 내려야 할 때도 있다는 중요한 사실을 깨달았다. 안전장치도 없고, 두 번째 기회라는 건 주어지지 않는다. 그런 경험은 여성이 자신을 바라보는 시각을 영구적으로 바꾸어 놓는다.

여성은 수많은 관계 속에서 다른 사람에게 주도권을 양보해야 미덕이라는 것을 자연스럽게 습득한다. 부모에게, 남편에게, 상사에게, 이웃에게, 그리고 동네 마트의 계산원에게. 하지만 아이와 관련된 문제에서는 그들이 대장이고, 해결사며, (조지 W. 부시가 말했듯이) '결정권자'다. 어머니 연구를 전문으로 하는 심리학자 다니엘 스턴Daniel Stern의 저서 『좋은 엄마는 만들어진다』(미래사, 2010)에 보면 다음과 같은 말이 쓰여 있다.

"우리는 '모든 책임은 내가 진다.'라는 표현의 의미를 다시 새겨봐야 한다. 처음 당하는 일이어서 어찌해야 할 바를 모르는 상황에서도 한순간에 판단을 내려야 할 때가 있다. 그건 마치 최고경영자가 되거나 경찰 임무를 수행하거나 당직 의사가 된 것과 같다. 모두의 눈이 그를 향하고, 그가 어떻게 해야 할지 알고 있기를 기대한다."[106]

여성에게 1인치만 여유를 주라

물론 모든 여성이 어머니는 아니다. 그리고 모든 어머

니가 자녀를 따뜻하게 포용하고 자녀를 양육하며 깨달음을 얻는 것도 아니다. 현실은 월튼 가족보다는 심슨 가족*에 가깝다. 문제는, 너무나 오랫동안 많은 여성이, 사회생활을 잘하기 위해 엄마 노릇을 최소화하거나 숨기며 살았다는 점이다. 사람들은 "자녀 얘기는 하지 말라."라고 충고했다. "남자가 아니라는 걸 상기시키는 행동은 하지 말아라." 그런데 당신은 알고 있는가? 엄마가 되어 삶이 달라졌다는 사실을 부정하더라도 현실 자체를 바꿀 수는 없다. 그렇다고 여성이 남성이 될 수는 없지 않은가? 하지만 오늘날의 여성은, 자녀 양육의 시간을 로스쿨이나 비즈니스 스쿨처럼 지도자가 되기 위해 중요한 기술을 배우고 준비하는, 성장과 배움의 과정이라고 당당히 주장한다.

자녀를 키우는 모든 여성이 다른 여성이나 다른 엄마들의 처지에 더 공감하는 건 아니다. 참을성 또는 연민이라고는 찾아볼 수 없는 냉정한 여자 상사의 이야기를 누구나 한 번쯤은 들어 보았을 테니까. 그러나 자기가 육아를 경험해 보니 다른 여성, 특히 아이를 키우는 엄마들이 겪는 어려움을 더 잘 이해하게 되었다는 이야기가 훨씬 더 많이 들린다.

셜리 틸먼은 두 아이를 혼자 키우면서 교수이자 과학자로 고된

---

* 〈월튼네 사람들(The Waltons)〉은 1970년대 인기를 끌었던 TV 프로그램이다. 인자한 부모와 착한 자식, 인정 많은 이웃이 등장한 드라마였다. 이와 달리 〈심슨 가족〉은 폭스 채널에서 제작한 애니메이션 시트콤으로, 미국 중산층의 삶을 풍자하고 미국 사회와 문화를 다양한 관점에서 묘사한 작품이다.

경력을 쌓았다. 그러한 경험을 바탕으로 그녀는 프린스턴의 학장이 되었을 때, 대학을 좀 더 가족 친화적인 곳으로 만들기로 결심했다.[107] 대다수의 젊은 여성 교강사는 집에서 어린 자녀를 돌본다. 그런데 5년 안에 종신교수로 임용되기 위해서는 실험실과 강의실에 많은 시간을 할애해야 했다. 셜리 틸먼은 이 문제를 최우선적으로 해결하기로 했다. 종신교수 임용 심사 기간을 1년 연장할 수 있게 조치한 것이다. 그러나 곧 많은 여성이 연장 신청을 꺼린다는 사실을 알게 되었다. 연장 신청을 할 경우, 직장에 충실하지 못하거나 가볍게 여기는 듯한 인상을 남길까 두려워했다는 것이다. 그래서 틸먼은 6년이라는 기간을 기본으로 정하고, 원하면 1년 일찍 심사받을 수 있도록 조치했다. 틸먼은 이를 두고 "그건 하나의 상징적인 시도였어요."라고 말했다. 동시에 그녀는 실질적인 변화를 만들고자 여러 가지 조치를 시행했다.

"요즘엔 '백업 케어Back-Up Care'라는 프로그램을 운영하고 있습니다. 아침 7시 반쯤 전화로 서비스 요청을 할 수 있어요. '8시 반에 누구 한 사람 보내주실 수 있나요? 저희 아이가 열이 좀 나는데, 제가 9시에 강의가 있어서요.'라고 부탁할 수 있죠. 시간당 4달러만 내면 됩니다. 우리가 보조금을 지원하고 있어요. 놀라울 만큼 긍정적인 반응을 얻고 있습니다."

이 프로그램은 단지 자녀와 관련된 문제만을 도와주는 건 아니다.

"또 다른 예로 냉장고 수리공 문제가 있습니다. 보통 수리 요청을 하면 오전 9시에서 12시 사이에 오겠다고 말하죠. 그런데 교수라면 학교에 가야 하니 그 시간에 집에 있을 수 없죠. 그럴 때 '백업 서비스'를 요청하는 겁니다. 그러면 팀원이 요청자의 집에 가서 냉장고 수리공을 기다려 줍니다. 그 서비스도 시간당 4달러에요."

몇 년 전에 콜린이라는 친구가 손수건 한 장을 선물해 주었는데, 손수건에 이렇게 적혀 있었다.

"세 사람의 동방박사가 여성이었다면 길을 물어서 제시간에 도착했을 것이고, 분만을 도와주며, 구유를 깨끗이 닦았을 것이다. 그런 다음 캐서롤Casserole*을 만들고, 실용적인 선물을 가져왔을 것이며, 이 땅에는 평화가 찾아왔을 것이다."

당연한 소리다! 하지만 그들은 여성이 아니었고, 늦게 도착했으며, 황금과 유향과 몰약을 가져왔다. 조금 전에 마취제도 없이 건초 더미 위에서 아기를 낳은 마리아가 어떤 생각을 했겠는가?

---

* 가금류 등의 딱딱한 고기를 야채와 양념과 함께 불로 삶는 요리

즉 여성은 남성보다 실용적이다. 이는 진실이다. 제럴딘 페라로가 말했듯이 "여성에게 1인치만 여유를 줘보라, 그녀는 거기에 자동차를 주차할 수도 있다."[108] 어쩌면 그건 생물학적인 특성인지도 모른다. 여성은 말하기와 문제 풀이 같은 한 가지 작업을 수행하는 과정에서 뇌의 여러 부분을 사용한다. 남성은 같은 작업을 하기 위해 뇌의 한 부분을 집중적으로 사용한다. 이러한 사실은 남성이 DVD플레이어를 재설정하느라 바쁜 나머지 집에 불이 나도 모르는 상황을 이해하는 데에 도움이 된다. 반면에 여성은 전화로 업무 회의를 진행하면서 아이에게 밥을 먹이고, 식기 세척기에서 그릇을 꺼내 정리하며, 등심 스테이크를 재우면서 투자 관련 파일까지 정리한다.

다이앤 파인스타인 상원의원은 여성의 이러한 실용적 특성을 또 다른 방식으로 설명한다.

"여자는 남자가 어질러놓은 것을 치워주는 데 익숙해요. 그래서 어떤 의미에서는 여성이 시장이나 주지사의 임무를 잘 수행할 수 있는 것 같기도 합니다. 여성은 관리 지향적이니까요. 모든 건 관리가 필요하며 정해진 궤도를 따라가야 한다는 걸 잘 알고 있죠. 잘 살펴보면 여성은 본인이 매일 그런 일을 하고 있었다는 걸 알 수 있어요. 확인 목록을 만들고 그대로 해나가는 거죠. 집안 살림을 돌보는 일에서부터 그러한 방식에 익숙해 있어요."[109]

겪는 삶이 다르다 보니 여성은 사회생활 중에도 종종 남성과는 다른 강점을 발휘하고, 설정하는 우선순위도 다르다. 추구하는 가치도 남성과는 다르다. 캐슬린 시벨리어스는 이를 두고 이렇게 말했다.

"주의회에서 파트타임으로 일하는 사람들을 살피면 이러한 차이가 두드러지게 보입니다. 여성이 입법부를 오가면서 병행하는 삶과 남성이 병행하는 삶이 다르기 때문이지요."

물론 특정 형태의 삶을 '여성의 삶'이라고 일괄적으로 묶을 순 없다. 대다수의 여성 직장인은 여성 전업주부보다 직장 복도 끝자락에 있는 남성 경영자와의 공통점이 더 많을 것이다. 그렇다고 해서 남성과 여성의 차이가 없는 게 아니다. 차이는 존재할 것이다.

오랜 세월에 걸쳐 모든 여성의 경험 또는 대다수 여성의 경험은 남성이 함께 경험하지 않는 한 평가절하되고 존중받지 못했다. 이제는 여성이 무엇을 원하고, 무엇을 구매할 것인지를 남성이 결정하는 세상에서 벗어나야 할 때다. 정책을 세우면서 그의 가장 큰 수혜자 또는 그 혜택에서 소외된 사람들의 의견을 듣지 않는 세상을 바꿔야 할 때. 리더십 훈련장이 모성의 삶이 아니라 풋볼 경기장이라고 생각하는 세상에서 벗어나야 한다. 어떤 경험이든지 자기 경험의 가치를 온전히 인정받는 여성이 많아질수록 여성들은 자신의 방식과 자신의 기준으로 성공할 가능성을 높일 수 있을 것이다.

5장

평화는 여성의 얼굴을 닮았다

> "여성의 마음이 굴복하지 않으면 그 부족은 정복당한 것이 아니다.
> 여성의 마음이 굴복하면 아무리 전사들이 용감하고 아무리 무기가
> 강력해도, 그 부족은 끝난 것이다."
>
> ─ 샤이엔 부족(Cheyenne)의 속담

어두운 극장에 앉아 있는데 두려움이 밀려왔다. "나만 그런가?"라
는 생각이 들었다. 남편과 〈호텔 르완다〉라는 영화를 관람하는 중
이었다. 1994년 중앙아프리카에서 일어난 집단학살을 다룬 충격
적인 영화였다.* 미국 정부의 뉴스 브리핑이 라디오 방송에서 생

---

* 중앙아프리카의 르완다에서 대통령 쥐베날 하브자리마나(Juvénal Habyarimana)의 정부군과
  반정부군 르완다 애국전선(Rwandan Patriotic Front) 사이에 내전이 발발했다. 르완다 애국전
  선은 1987년 우간다로 도망갔던 투치족 난민이 설립한 반정부 세력이다. 두 세력은 1990년
  10월 1일 처음으로 충돌했다. 1993년 8월 4일, 과도 정부를 세운다는 내용의 평화협정에 양
  측이 서명하며 표면적으로는 종전되었다. 그러나 1994년 4월 쥐베날 하브자리마나의 암살
  을 계기로 르완다 집단학살이 발생했고, 이로 인해 약 80만 명이 사망했다. 2024년 기준으로
  르완다 대통령인 폴 카가메(Paul Kagame)가 르완다 애국전선을 이끌고 있다.

생하게 전해지는 장면도 있었다. 영화에서 여성 언론 담당관이 "현장 조사를 통해 수집된 증거로 미루어 르완다에서 집단학살 행위가 일어났던 것으로 보입니다."라고 말했다. 이를 듣던 한 기자는 "'집단학살 행위'와 '집단학살'의 차이가 있나요?"라고 물었다. 이에 여성 담당관은 이렇게 응답했다.

"음, 그건… 아시겠지만, 용어의 법적 정의가… 르완다에서 발생한 살해 행위를 모두 집단학살로 볼 수는 없다는 뜻입니다. 두 단어를 구별하여 사용한 이유는, 현재로서는 지금까지 우리가 본 것을 최대한 정확하게 보고하기 위해서입니다. 다시 한번 말씀드리지만, 모든 증거에 근거해 볼 때, 집단학살 행위가 있었다고 믿을 만한 충분한 이유가 있습니다."

이를 들은 기자는 언짢은 기색이 역력한 어조로 "대체 집단학살 행위가 몇 번이나 일어나야 집단학살이 되는 겁니까?"라고 응대했다.

질문이 너무 날카롭기는 했으나 대답 역시 억지스럽고 소름 끼치게 익숙했다. 내 목소리는 아니다. 그렇지만 내가 늘 하던 말들 아니었는가? 방금 그 대화가 내가 백악관 대변인으로 있을 때의 회견을 토대로 만들어진 걸까? 영화에 집중하려고 애썼으나 머릿속 생각은 그 부분에 맴돌고 있었다. 내가 아니기를, 내가 아니기를.

집에 오자마자 남편이 인터넷으로 검색해서 그 부분의 녹음이 백악관이 아닌 국무부 브리핑에서 따온 것임을 확인했다. 나는 안도의 숨을 내쉬었다. 하지만 나 역시 영화 속 담당관과 똑같은 말을 한 적이 있었다.

1994년 4월 6일 저녁에 그 모든 일이 시작되었다. 후투족Hutu 극단주의자들이 르완다 대통령을 포함한 후투인을 실은 여객기를 격추해 탑승객 전원이 사망했다. 대통령이 내전을 끝내기 위해 체결하려는 평화협정에 반대 의사를 표명한 셈이었다. 그날 밤, 르완다 군대와 연대한 후투족의 일부 민병대가 도로를 차단한 후 대통령의 평화협정을 지지하는 투치족Tutsi과 후투족 온건파를 살해했다. 첫날 하루에만 수천 명이 목숨을 잃었다.

그 후로 몇 주 동안 학살이 자행되자 미국과 유엔은 연이어 '폭력'을 비난하긴 했어도 군대를 파견하지는 않았다. 사망자 수는 수만 명에서 수십만 명으로 치솟았는데, 대부분은 투치족이었다. 단지 서로 다른 부족에서 태어난 죄로 죽임을 당한 거였다. 그렇지만 여전히 그 상황은 백악관 브리핑룸에서 주요 안건으로 다루어지지 않았다. 보스니아에서 계속되는 폭력 사태, 범죄 및 의료 관련 법안, 대법관 공석 등이 중요한 안건으로 다루어졌기 때문이다. 따라서 백악관 대변인인 나는 르완다 사건에 관해 많은 질문을 받지 않았다.

그러나 간혹 르완다 관련 질문을 받으면 여간 곤욕스러운 게 아니었다. 논란의 중심은 언제나 '집단학살'이라는 용어의 정의가 무엇인지였다. 하지만 용어의 의미론적 정의만으로 논쟁을 벌인 건 아니었다. 만약 르완다에서 행해진 일이 집단학살이라면, 유엔과 미국은 도의적인 의무로 중재에 나서는 것이 마땅했다. 그렇지만 미국 정부와 대변인은 영화 속의 그 여성 보좌관처럼, '집단학살 행위'가 저질러지긴 했어도 아직 집단학살이라고 단정할 수 없다는 태도를 고수했다. 단상에 올라야 하는 담당자로서는, 법적인 시시비비를 따지는 일이 죽을 만큼 괴로웠다.

마침내 7월 중순 무렵, 투치족이 이끄는 르완다 애국전선은 수도 키갈리Kigali를 장악하고, 후투족이 이끄는 르완다 정부는 자이르로 망명했다. 그리고 그 뒤를 피난 행렬이 이어졌다. 피난민 캠프에서도 질병과 살상으로 목숨을 잃는 사람이 있었지만, 대량 학살은 끝이 났다. 불과 100일 만에 80만 명 이상이 목숨을 잃었다.

오늘날 르완다의 수도 키갈리의 국회의사당은 10여 년 전에 끝난 전투의 상처가 그대로 남아 있는, 몇 안 되는 건물 중 하나다. 건물 외벽에 남아 있는 탄흔은 전 세계를 충격에 빠뜨린 학살의 흔적을 고스란히 간직했다. 하지만 건물 내부엔 변화와 치유의 징표도 가득하다. 하원 의석의 절반 가까이 여성이 차지하고 있는 것도 전쟁 전에는 상상할 수 없는 일이었다. 실제로 하원의원 80명 가운데 49%인 39명이 여성의원으로, 이는 전 세계 어느 나라보다도 많은 수치다.[110] 상원에서도 60석 중 20석을 여성이 차지하고 있다. 이를 합하면 여성의원은 전체의 42%가 된다. 여성의원의 비율이 이보다 높은 나라는 전 세계에서 스웨덴과 노르웨이뿐이다. 미국은 이와 대조적으로 의회의 여성의원 비율이 16%에 불과하며, 세계에서 81번째라는 저조한 순위를 차지한다.

르완다가 회복되는 과정은 여권이 신장되는 과정과 밀접하다. 내전을 겪은 이후 평화로운 미래를 구축하기 위해 새로운 사회가 필요하다는 사실을 깨달았기 때문이다. 실제로 남은 인구의 대다수가 여성이기도 하였다. 전쟁 미망인 단체의 코디네이터인 아우레아 카이간와**Aurea Kayiganwa**는 이렇게 말했다.

"집단학살이 있기 전까지, 여성은 남편이 언제나 보살펴 줄 것이라 믿고 살면 됐어요. 하지만 집단학살이 모든 걸 바꿔놓았죠. 여성은 적극적으로 나서서 스스로 돌봐야 했어요. 너무나 많은 남자가 목숨을 잃었으니까요."[111]

수많은 여성이 자기가 해야 할 일을 했다. 시신을 묻고, 상처를 치유하며, 시민 사회를 재건하기 시작했다. 르완다 내각의 여성부장관직, 국가통일화해위원회 위원장직을 역임했던 알로이시아 이뉴바**Aloisea Inyumba**는 이렇게 말했다.

"우리는 대부분 남편을 잃었거나 자식을 잃었어요. 내전 이후 모든 문제를 우리가 감당해야 했죠."[112]

르완다 국민이 당면했던 가장 심각한 문제는 유혈 사태로 고아가 된 수십만 명의 어린이였다. 그들에게 가정을 찾아주는 일에 앞장섰던 이늄바는 부족을 가리지 않고 어느 가정에서든 아이를 데려갈 수 있도록 주선했다. 평화운동가이자 자선가이며, 전 오스트리아 주재 미국 대사였던 스와니 헌트Swanee Hunt는 훗날 "그건 마치 홀로코스트가 끝난 후 유대인에게 독일인을 집에 초대하라고 부탁하는 것과 같은 상황이었죠."라고 평했다.[113] 르완다 국민은 이늄바의 요청을 받아들였다. 그렇지만 여성의 분열을 초래한 깊고도 아픈 문제가 해결된 건 아니었다. 여성위원회와 의회에서 활동한 에스페란스 므위자Esperance Mwiza는 당시의 상황을 이렇게 말했다.

"집단학살로 남편을 잃은 여성들과 남편이 가해자로 감옥에 갇힌 여성들이 어떻게든 어울려 살아야 했어요. 그런가 하면 나처럼 추방되었다가 돌아온 사람도 있었어요. 낯설어진 고국이지만 마침내 돌아왔다는 사실에 들떠서 두 팔 걷어붙이고 재건에 나서는 거죠. 역사가 갈라놓은 현실을 아우른다는 건 쉽지 않았어요."[114]

하지만 이들은 화해했고, 그러는 과정에서 여성의 건실함이 부각됐다.[115] 폭력이 난무하는 가운데 이들 여성이라고 비난받을 일을 전혀 하지 않은 건 아니었다. 일부는 사람을 죽이기도 했다. 고문, 정보 누설, 협력 또는 그 외의 방법으로 요령껏 폭력에 가담한 여성도 있었다. 하지만 대개 여성은 기획자나 주동자는 아니었다.

일에 가담한 죄목으로 투옥된 10만 명 중에 단 2.3%만이 여성이었다. 학살에 가담한 여성이 상대적으로 적었던 만큼 재건 과정에서 여성이 중추적인 역할을 담당할 수 있었다. 르완다 여성에 관한 저서 『평화를 쟁취하는 여성들Women Waging Peace』을 쓴 엘리자베스 파올리Elizabeth Powley는 이렇게 말했다.

"르완다 국민 사이에서는 여성이 화해와 용서에 더 능숙하다는 인식이 널리 퍼져 있습니다."[116]

사회 구조가 변하기 시작하면서 법률도 수정되었다. 여성의 재산 소유와 상속을 금하던 낡은 법령이 개정되어 여성도 자신만의 재산을 가질 수 있다. 법안의 초안이 작성되던 시기에 여성부 장관을 맡고 있던 이늄바는 "전통 사회에서 여성은 가장이 아니었지만, 이제는 가장이 되어야 해요."라고 말했다.[117]

2003년, 여성의 권리를 대폭 확장하는 새 헌법을 만들기 위해 르완다의 여성들이 힘을 모았다. 그중에도 특기할 만한 점은 상하 의원석의 30%가 여성에게 할당된 점이다.[118] 미국에서는 불가능한 일이었다. 여성이나 소수자의 권익을 높이기 위한 공공 기관의 정책은 정치적 위험부담을 감수해야 할 뿐만 아니라 법적으로도 의심받을 수 있기 때문이다. 그러나 2003년 10월, 집단학살 이후 처음으로 투표장에 간 르완다의 유권자들은 법이 정한 숫자보다 더 많은 여성을 선출하여 남성 정치인들을 놀라게 했다. 남성과 여성의 의석수가 비슷해진 것이다. 유엔여성개발기금의 르완다 대표인 도나 카마샤지Donnah Kamashazi는 이렇게 말했다.

"일부 남성의원은 여성이 '남성의 자리'를 차지했다며 불만을 토로하기도 했습니다."[119]

여권의 확장은 의석수에 국한되지 않았다. 대법원과 대통령 내각, 경찰 고위직, 그리고 영향력 있는 국가 통합 및 화해위원회에서도 여성이 활약한다. 물론 이들의 활약은 남성 동료에 비할 바가 못 된다. 르완다는 여전히 가부장적 국가이기 때문이다. 발전을 저해하는 수많은 문제가 해결된 것도 아니다. 아직도 갈 길이 멀다. 하지만 여성이 진보를 위해 노력하고 있으며, 그 과정에서 국가의 상흔을 치유하고 있다. 폴 카가메 르완다 대통령은 "집단학살 이후 르완다 여성은 소매를 걷어붙이고 사회 복구를 위해 나섰습니다."라고 말했다.[120]

다리를 놓는 일

르완다뿐 아니라 전 세계적으로 여성은 평화의 주역으로 부상한다. 전 유엔 사무총장 코피 아난Kofi Annan은 "여러 세대에 걸쳐 여성은 가정과 사회에서 평화를 가르치는 역할을 담당

했습니다. 벽을 쌓기보다는 다리를 놓는 일에 훨씬 더 유능하지요."라고 말했다.[121]

다양한 연구에 따르면 여성은 일반적으로 남성보다 덜 폭력적이기 때문에 갈등을 겪은 후 평화를 회복하고 유지하는 데에 더 많이 기여할 수 있다고 한다. 최근에 카메론, 볼리비아, 말레이시아를 대상으로 한 세계경제포럼의 연구 결과를 보아도, 여성이 국가 예산 통제권을 많이 가진 나라일수록 군사비용으로 지출되는 예산이 적은 것을 알 수 있다. 또한 하버드 대학의 심리학자 로즈 맥더멋Rose McDermott이 진행한 일련의 연구에 따르면, 국방 예산이 많을수록 전쟁을 일으킬 확률이 높은 것으로 나타났다. 이건 기하학의 기본이기도 하다. A가 B와 같고 B가 C와 같으면, A와 C는 같다. 다시 말해서, 여성이 많아질수록 전쟁은 줄어든다. 어쩌면 이렇게 간단한 문제는 아닐지 모르지만 그럴 수도 있지 않은가?

세계를 둘러보면 몇 가지 분명한 사실이 있다. 첫째, 여성은 전쟁과 평화의 문제를 남성과는 다른 관점으로 바라본다. 그리고 여성의 관점은 폭력을 줄이고 화해의 기회를 만들며, 재건 과정을 시작하는 데 결정적인 요소로 작용할 수 있다. 이와 관련해 스와니 헌트는 이런 일화를 소개했다.

"보스니아 전쟁이 끝나고, 내가 하리스 실라이지치Haris Silajdžić 총리에게 물었어요. '처음에 협상 테이블에 앉았던 인원 중 절반이 여성이었더라면, 전쟁이 일어났을까요?'라고 말이죠. 그러자 그가 대답했어요. '아닐 겁니다. 여성은 다른 사람의 자식을 죽이러 자기 자식을 내보낼 때, 오랫동안 깊이 숙고하니까요.'라고 말이죠."[122]

최근에 샐리 필드Sally Field도 본질적으로 같은 메시지를 전하고자 했다. 텔레비전 시리즈 〈브라더스 & 시스터스〉로 에미상Emmy Awards을 수상하는 자리에서 그녀는 다음과 같이 말했다.

"인정하자고요. 어머니들이 세상을 지배했다면, 전쟁 같은 건 처음부터 일어나지 않았을 거예요."[123]

집에서 텔레비전을 보고 있던 수백만 시청자는 그녀의 말을 끝까지 들을 수 없었다. 프로그램을 생중계하던 폭스사는 필드가 비속어를 사용했기 때문에 오디오와 비디오 송출을 중단할 수밖에 없었다고 주장했다. 연방통신위원회는 불쾌감을 주는 언어를 단속하고 있으며 금지어가 방송으로 나갈 경우, 방송사는 무거운 벌금형을 받게 된다는 것이다. 하지만 많은 사람은 폭스사가 여성 배우의 반전 메시지를 차단했다고 믿는다.

정치적 주장이나 비속어는 제쳐두더라도, 샐리 필드의 말은 일리가 있다. 자식이 전쟁에 나가면 어머니들은 너무나 많은 걸 잃는다. 세상 모든 어머니가 평화주의자라는 말은 아니다. 고대 그리스의 펠로폰네소스 전쟁에서 오늘날 이슬람 근본주의자의 '지하드Jihad'에 이르기까지, 많은 어머니가 아들(때로는 딸)을 전쟁과 분쟁에 내보냈고 대의를 위해 기꺼이 자식을 잃을 각오를 했다. 해군 조종사였던 나의 아버지도 두 차례나 베트남에 장기 파견되었고, 여러 해를 위험 지역에서 보냈다. 만약 아버지가 전투 중에 목숨을 잃었다면, 그의 어머니는 물론 아내와 딸들은 크게 슬퍼했을 것이며 동시에 자랑스러워했을 것이다. 만약 내 아들이 자기 우상이기도 한 할아버지의 뒤를 이어 나라 지키는 일에 목숨을 바치겠다고 하면 나는 어떤 기분일까 궁금해지기도 한다. 그렇기는 하지만 어머니들은 전쟁으로 인해 감수해야 하는 상실과 평화를 얻기 위해 치러야 하는 대가를 남성과는 다른 잣대로 평가한다.

유엔 여성개발기금의 보고서인 「평화의 수호Securing the Peace」에서는 평화를 도모하고 수립하는 과정의 모든 단계, 즉 회담부터 실행, 감독에 이르기까지 여성이 '반드시' 개입해야 한다고 명시했다.[124] 또한 보고서에는 다음과 같이 언급한다. "종전이라는 어려운 문제에 접근할 때, 여성이라는 자원을 간과하기에는 그 대가가 너무 크다." 갈등의 폐해를 복구하는 나라들을 대상으로 한 간단한 설문조사가 이러한 결론을 뒷받침하고 있다.

몇 년 전, 보스니아 헤르체고비나에 있는 도시 모스타르에서 온 여성 몇 명을 만났다. 모스타르는 종족 분열로 고통을 겪어왔는데, 그녀들은 최근에 전후 도시 재건을 위해 '여성 시민 이니셔티브'를 결성하고, 미국 민주당 국제문제연구소로부터 매들린 올브라이트Madeleine Albright 기금을 받기 위해 워싱턴을 방문 중이었다. 이들이 결성되었을 때, 크로아티아계와 보스니아계 무슬림은 극도로 분열되어 있어서 고등학교에서도 교과과정이 구별됐고, 다른 층에서 수업하며, 출입문도 각각 따로 사용할 정도였다. 그들 중 리더인 아미라 스파고Amira Spago는 전쟁 중에 남편을 잃고 딸 둘을 혼자 키우고 있었다. 나는 그녀에게 어떤 이유로 종족 분열을 넘어설 생각을 하게 되었는지 물었다. 그녀가 이렇게 대답했다.

"여성은 남성보다 현실적이거든요. 우리는 변화할 준비가 되어 있어요."[125]

남성이 협동할 줄 모른다는 얘기가 아니다. 그녀도 그런 점에 동의했다.

"남자들도 함께 비즈니스를 도모해요. 동업자 관계를 맺기도 하고요. 전쟁 중에는 서로에게 무기를 팔기도 했죠. 자기 이익을 위해서는 무슨 일이든 한답니다."[126]

북아일랜드의 여성단체들은 개신교와 가톨릭 간의 신뢰를 쌓기 위해 10년 동안 노력한 끝에 평화 협상 과정에 참여할 기회를 얻었다. 그런데 협상이 어느 단계에 이르렀을 때 남성 협상자들은 회담장에서 나가고, 북아일랜드 의원 모니카 맥윌리엄스Monica

McWilliams와 그 외 몇 명의 북아일랜드 여성 연대 일원만 남아버렸다. 하지만 이들은 계속 대화를 이어갔고, 벨파스트 협정Belfast Agreement*을 체결했다. 이에 수십 년 동안 이어지며 수천 명의 목숨을 앗아간 분쟁이 종식되었다. 이를 두고 맥윌리엄스는 이렇게 말했다.

"남자들은 고집을 부리지요. 여성은 타협점을 찾으려 노력하고요. 여성은 그걸 약점이 아닌 강점으로 보거든요."

남아프리카 공화국의 아파르트헤이트**가 철폐된 이후 전환기를 지나는 동안 흑인과 백인 여성은 '진실과 화해 위원회'를 성공적으로 기획·개발·실행하는 데 중요한 역할을 했다.[127] 위원회의 임무는 아파르트헤이트 시대를 '진실하게' 기록하여 모든 사람이 자신의 이야기를 토로하고 과거의 적을 용서하며 서로에게 용서받을 기회를 제공하는 것이었다. 이 일을 주도하는 여성들은, 이전의 진실 위원회의 한계를 극복하기 위해서는 포괄성, 투명성, 여성의 참여를 강화해야 한다고 주장했다. 그러한 노력의 결과, 위원회의 40%, 직원의 4분의 3이 여성이었으며, 증언의 56% 이상을 여성이 진술했다. 여성 증인들은 아들이나 남편, 이웃, 친구

---

* 1998년 4월 10일 영국과 아일랜드의 평화협정으로, 협정체결일이 부활절 이틀 전인 '성(聖)금요일'이었던 까닭에 성금요일 협정(Good Friday Agreement)이라고도 불린다.
** 남아프리카 공화국 백인 정권이 펼쳤던 유색인종 차별 정책

의 고통을 이야기하는 경우가 많았고 '나'보다는 '우리'를 이야기
하여 공동의 목적의식을 형성하는 데 도움이 되었다. 또한 위원회
는 여성만을 위한 별개의 조직을 구성해 여성 범죄와 성폭력 문제
를 증언하기 쉽도록 분위기를 조성했고, 기록이 남겨지도록 했다.
남아공의 진실과 화해 위원회는 유사한 전환기를 맞이한 다른 여
러 사회가 참고할 만큼 좋은 선례가 되었다.

다른 목소리, 다른 관점

갈등을 해결하고 평화를 유지하는 데 여성의 역할이
점점 중요해지기는 하지만 여성의 목소리는 너무 자주 도외시된
다. 이러한 현상이 어디서나 예측 가능하다는 사실 때문에 절망하
곤 한다.

〈투데이쇼〉의 첫 여성 특파원 중 한 명이었던 팻 미첼Pat Mitchell
은 누구보다 경험이 풍부한 저널리스트라는 이유로 채용되었다.
그리고 또 하나의 이유는 그녀가 방송에 새로운 관점을 도입하리
라는 기대 때문이었다. 적어도 그녀 본인은 그렇게 생각했다. 하
지만 1980년대 후반, 미첼이 믿고 있었던 열린 사고라는 이상의
한계에 부딪히고 말았다.

"당시 나는 토머스 프리드먼Thomas Friedman(당시 〈투데이쇼〉의 총

괄 프로듀서)에게 여성 지도자가 남성 지도자와 무엇이 다른지를 다뤄보고 싶다고 했어요. 특히 분쟁 지역에서라면, 여성이 남성과 다른 판단을 하는 걸 관찰할 수 있을 것이고, 그 차이에 주목하면 우리가 좀 더 평화에 가까이 다가갈 수 있을 거라 예상했어요. 그는 좋은 생각이라고 하면서 물었어요. '어디를 먼저 가고 싶은데요?' 내가 대답했죠. '이스라엘에 가고 싶어요. 아랍과 이스라엘 여성들을 살펴보려고요.' 그렇게 해서 이스라엘에 도착했는데, NBC 뉴스의 사장이 전화한 거예요. '그건 중요한 뉴스거리가 아니요, 돌아오도록 하세요.'라고 하더군요. 그래서 내가 물었죠. '왜 아니라는 거죠?' 그러자 그가 말했어요. '그 여성들은 선출된 사람들이 아니라 그저 평범한 시민이지 않소?' 결국 나는 회사에 사표를 내고, 독자적으로 그 일을 진행했어요. 그렇게 나만의 제작사를 운영하게 되었습니다.[128]

미첼은 이스라엘과 아랍의 여성들과 이야기를 나누면서 그녀들이 다루기 힘든 분쟁 문제에 어떻게 접근했는지 알아가기 시작했다. 그녀의 말에 따르면, 그 여성들은 어느 편에 속해 있든 상관없이 모두가 차마 견디기 힘든 고난을 목격한 사람들이라고 했다.

"그리고 마침내 그들은 어머니, 아내 그리고 공동체의 리더로서 뭔가 다른 시도를 해야 한다고 다짐했던 겁니다."

오슬로 협정 체결 이전만 하더라도 이스라엘 사람이 자국의 영토 안에서 팔레스타인 해방기구**PLO** 대표를 만나는 건 불법이었다.[*] 그래서 법을 어기는 대신, 이스라엘과 PLO의 여성들은 만남이 법적으로 허용되는 장소를 택했다. 그것이 바로 브뤼셀에 있는 유럽연합이었다. 그곳에서 '평화에 기회를 주세요. 여성이 외칩니다.'라는 제목으로 콘퍼런스를 기획하고, 이스라엘과 팔레스타인 지역, 유럽, 터키, 요르단, 이집트를 비롯한 주변국의 여성들을 초대했다. 당시 행사에 1,000명의 여성이 참석했다.

"첫날 밤에 크네세트(Knesset, 이스라엘의 단원제 입법부) 의원인 슐라미트 알로니**Shulamit Aloni**가 일어나 의견을 제시했습니다. '자, 우리에겐 단 3일이 주어졌고, 그 안에 평화 협약을 체결해야 합니다. 그러니 규칙을 몇 가지 정하면 좋을 것 같습니다. 한 사람이 너무 길게 말하지 않기, 혼자 일어나서 구구절절 자기 한탄 늘어놓지 않기, 누가 누굴 죽이고, 누가 내 가족을 해쳤고… 이런 이야기는 하지 맙시다.' 그녀의 제안 덕분에 우리는 정치적으로 민감한 논의를 배제한 채 회의를 진행할 수 있었어요. 가장 큰 문제는 모두의 공용어를 찾는 일이었죠. 3일째 되는 날 7항목으로 된 성

---

[*] 이스라엘과 팔레스타인 해방기구는 빌 클린턴 대통령의 중재하에 '오슬로 협정(Oslo Accords)'을 맺는다. 이스라엘과 팔레스타인 해방기구 관계자는 노르웨이 오슬로에서 비밀리에 협정의 원칙에 관해 협상했고, 1993년 말에 백악관에서 PLO 의장 야세르 아라파트(Yasser Arafat)와 이스라엘의 이츠하크 라빈(Yitzhak Rabin)은 협정안에 서명했다. 협정의 주요 내용으로는 팔레스타인 자치의 원칙적인 허용, 이스라엘과 PLO의 상호 인준 등이 있었다.

명서 초안이 작성되었어요. 그것이 바로 중동의 영토 분쟁을 종식하기 위한 '브뤼셀 성명The Brussels Declaration'이었어요."[129]

하지만 그들이 자국으로 돌아가자, 크네세트와 팔레스타인 당국을 비롯한 권력자들은 그녀들이 가져온 해결안에 관심을 기울이지 않았으며 20년 가까이 지난 후에도 거의 변한 게 없다. 그렇지만 브뤼셀 회담은 시간이 지날수록 굳건해지는 연대의 근간이 되었다. 그리고 이 지역의 여성들은 자기들이 평화 추진의 주역임을 그 어느 때보다 확신하고 있다. 이스라엘 메레츠당Meretz 전 의장이자 이츠하크 라빈 전 총리 밑에서 교육 문화부 장관을 지낸 슐라미트 알로니가 말했다.

"평화 문제에서는 여성의 목소리가 훨씬 더 명확하고 희망적입니다. 남자들은 자신의 남성성을 구가하며 훈장을 받고 승리의 나팔을 불어요. 하지만 전쟁이 끝나면 여성은 미망인, 고아들과 함께 잿더미에 남습니다. 그리고 아무도 훈장을 주지 않지만, 가족과 가정, 공동체를 다시 일구죠."[130]

다른 무엇보다도 브뤼셀 회담의 가장 큰 성과는 '예루살렘 링크*'를 만든 일이다. '예루살렘 링크'는 평화와 사회 정의 구현을

---

* 1994년에 조직된 이스라엘-팔레스타인 여성주의 조직으로, 현재 예루살렘 여성 센터(The

위해 팔레스타인과 이스라엘 여성이 적극적으로 참여하여 협력하는 조직으로 1993년에 구축되었다. 이스라엘 평화운동가이자 예루살렘 링크의 초기 지도자였던 테리 그린블랫Terry Greenblatt은 이렇게 말했다.

"팔레스타인 여성들과 회의하면서 남성과 여성의 소통 방식이 확연히 다르다는 걸 느꼈습니다. 남자들은 세상을 흑과 백, 전쟁과 평화로 양분해서 보려는 경향이 있어요. 제가 보기에는 그사이에는 7,000가지 다른 선택지가 있는데 말이에요. 남자에게 협상은 카드 게임이나 마찬가지예요. 한 방에 모여 긴 테이블에 마주 앉아서, 가능한 자기 카드를 안 보여주면서 게임을 하려는 거죠. 앞에 앉은 사람을 파트너가 아닌 적으로 보는 거예요. 반대로 여성은 테이블의 같은 쪽에 모여 앉는 걸 좋아해요. 갈등과 고통을 앞에다 꺼내 놓고 용감하게 들여다봅니다. 그러고 나서 서로에게 득이 되는 해결 방안을 모색하는 거죠. 나와 대화를 나누었던 팔레스타인 여성이 결국 나의 이웃이 되는 거예요. 그러니 그녀와 유치한 게임을 할 생각이 없는 거죠. 저에게는 그녀가 좋은 마음으로 회담장을 떠났는지가 가장 중요하니까요."[131]

팔레스타인 측에서 그린블랫과 같은 일을 담당하는 암네 바드

Jerusalem Center for Women)로 개칭했다.

란**Amneh Badran**은 이전의 성명이 실패한 이유로, 해결안에 모호하게 적힌 부분을 각자 달리 해석한 탓이라고 확신했다.

"평소에도 여성은 세세한 일들까지 신경쓰기로 평판이 나 있지요. 뭐든 반쯤만 익은 상태를 싫어합니다. 그런데 안타깝게도 오슬로에서는 그러한 자세로 회담에 임할 사람이 없었던 거예요. 그 중요한 평화 논의를 여성에게 맡겼더라면, 훨씬 더 명확한 해결안을 제시하는 성명을 완성했을 겁니다."[132]

그린블랫과 바드란 두 여성은 가끔 적과 협동한다는 비판을 받을 때도 있다고 한다. 바드란은 이렇게 말했다.

"팔레스타인 사람들이 저에게 물어요. '저쪽에 평화를 존중하는 사람들이 남아 있다고 생각하니? 이 혼란한 세상을 여자 몇 명이 바꿀 수 있다고 생각해?'라고 말이죠. 물론 남자가 제 일을 맡아서 했더라면, 그는 '비전 있는 사람'으로 널리 칭송받았겠지만요."

왜 여성이 경제권을 확보해야 하는가

전 세계의 여성이 평화 운동을 온전히 이끌기 위해서는 그녀 본인이 소속된 공동체에서 여성의 경제권, 정치권, 사회권이 좀 더 강화되어야 한다. 그렇게 해야 그 사회는 다양한 범주에서 부가 혜택을 누릴 수 있다.

인도의 경제학자이자 노벨상 수상자인 아마르티아 센의 의견에 따르면 요즘에는 페미니즘 운동의 초점이 '삶의 질을 높이는 웰빙'에 맞춰져 있다. 하지만 그는 점차 여성에게 구체적인 도구를 부여하는 교육이나 경제력, 재산 소유권 같은 '개인의 역량 강화'에 초점을 맞춰야 한다고 주장한다. 그렇게 해야 여성의 삶이 지속적으로 향상될 뿐 아니라 좀 더 넓은 의미의 사회 변화가 일어날 수 있다는 것이다. 센은 그의 저서 『자유로서의 발전』(갈라파고스, 2013)에서 다음과 같이 말한다.

"여성이 가정 밖에서 일하고 독자적인 수입원을 확보하면 가정과 사회에서의 입지에 분명한 영향을 미친다. 가정의 번영에 이바지한 그녀의 역할이 좀 더 가시적으로 드러나고, 다른 가족 구성원에 의존하는 정도가 낮아지면, 여성도 자기 의견을 좀 더 자유롭게 피력할 수 있다."[133]

여성을 교육하면 실질적으로 측정 가능한 혜택이 돌아온다. 우선 아동 사망률, 특히 여아의 사망률이 눈에 띄게 낮아진다.[134] 이는 남성을 교육하거나 빈곤을 완화하여 얻는 효과와는 다르다. 이와 더불어, 교육받은 여성은 아이를 적게 낳는 경향이 있다. 동시에 가족의 건강관리와 영양 섭취, 교육의 기회 등을 좀 더 효과적으로 제공한다. 또한 교육을 적게 받거나 전혀 받지 못한 여성과 비교할 때 수입도 훨씬 높다. 래리 서머스는 세계은행에서 수석 이코노미스트로 일하던 시절, "여성을 교육하는 것이 개발도상국에 대한 다른 어떤 투자보다도 더 나은 수익을 창출한다."라고 주장했다.

외교협회 선임 연구원인 이소벨 콜먼Isobel Coleman의 말에 따르면, "가정의 수입이 증가한다고 가정할 때, 아버지보다 어머니가 현금 유통을 통제하는 가족이 더 큰 혜택을 누린다."[135] 방글라데시나 브라질, 캐나다, 에티오피아와 같은 다양한 나라에서 진행된 연구 결과도 여성은 가계를 관리할 때 교육, 건강, 영양에 더 많은 예산을 책정하고, 알코올이나 담배 예산은 줄이는 것으로 나타났다. 실제로 여성의 수입이 증가하면 남성의 수입이 같은 정도로 증가할 때와 비교해서 아동의 생존율이 20배나 향상된다고 한다. 그렇다, 놀랍게도 20배나 된다는 것이다! 또한 아동의 체중 측정 결과도 8배나 개선된다고 한다. 마찬가지로 여성이 돈을 빌리는 경우는 자녀의 학교 등록금이나 영양가 있는 음식을 먹기 위해서 또는 건강관리를 위해서인 경우가 남성에 비해 많다.

30년 전, 방글라데시의 무하마드 유누스Muhammad Yunus는 '마을 은행'이라는 뜻의 그라민 은행Grameen Bank을 설립했다. 시골에 거주하는 빈곤층을 위한 은행이었다. 유누스는 기존 은행에서 대출 받을 수 없는 사람들에게 소액 대출을 제공하면 지역 개발이 활성화되고 빈곤을 퇴치할 수 있을 거라 믿었다. 그의 믿음은 옳았다.

그가 시작해서 널리 알려지게 된 이 '소액 금융' 운동은 수백만 명의 삶을 개선하는 발판이 되었다. 유누스는 처음부터 여성을 주요 고객으로 삼았다. 여성 대부분은 가난하고 신용을 쌓기 어려운 상황에 놓였다. 그러나 남성보다는 융자금을 잘 상환할 수 있을 거라 예측됐다. 전 세계적으로 현재 7,000만 명이 소액 대출을 받고 있는데, 그중 80%가 여성이다. 연구에 따르면 소액이라도 자본을 가지고 있는 여성은 그렇지 않은 여성에 비해 가족의 의사결정에 더 적극적으로 참여하고, 법률과 정치에 관한 의식도 높으며, 공동체 활동에도 더 많이 참여한다. 또한 가정 폭력의 피해도 덜 받는다.

여성에게 권한을 부여하면 정책과 자원 분배에 관한 더욱 폭넓은 결정을 내릴 수 있다. 여성은 우선순위를 재조정하고, 민주주의를 육성하는 데 이바지한다. 캘리포니아 대학의 정치학 교수인 스티븐 피시Steven Fish는 남녀 문맹률의 격차가 크고 남성 인구가 여성 인구보다 훨씬 많은 나라에서 민주주의가 발전하는 사례는 극히 드물다고 한다.[136] 후자의 경우는 남아가 여아보다 귀히 여겨지고 영양이나 건강관리 면에서도 더 나은 대우를 받는 사회임을 뜻한다. 아마르티아 센의 말처럼, 남성이 많을수록 범죄와 폭력이 그만큼 더 빈번하다.

정글에서 얻은 교훈

르완다 집단학살이 있고 나서, 한 우간다의 농부가 호수에서 시신을 건져내는 일에 고용되었다. 수습한 시체를 비닐에 싸서 더미에 쌓아 놓은 일을 한동안 계속하다 보니 공포에 무감각해졌는데, 그런 그에게 유일하게 남은 기억이 있다고 했다.

"한 번은 여성의 시체를 찾았어요. 다섯 명의 어린아이가 그녀의 몸에 묶여 있더군요. 양팔에 한 명씩, 양다리에 한 명씩. 그리고 등에 하나. 상처는 없었습니다. 그렇게 잔인한 짓을 누가 상상이나 할 수 있었겠어요?"[137]

그 여성을 그렇게 만든 건 남성일지도 모른다. 그러나 여성도 때로는 잔혹한 짓을 할 수 있다. 다섯 명의 어린 자녀를 욕조에 빠뜨려 살해한 휴스턴의 안드레아 예이츠Andrea Yates를 어떻게 잊겠는가? 남자친구가 될지도 모르는 남자와의 관계를 지키려고 두 아들을 자동차 좌석에 묶고 자동차를 호수로 밀어 넣은 사우스캐롤라이나의 수전 스미스Susan Smith를 어떻게 잊을 수 있겠는가?* 이 두 사건에 온 세상이 떠들썩했던 이유는 사건 자체가 충격적이

---

* 안드레아 예이츠는 2001년에 자신의 다섯 자녀를 욕조에 익사시킨 여성 범죄자고, 수전 스미스는 1994년 자신의 두 아들을 호수에 익사시킨 여성 범죄자다.

기도 했지만 '모성 신화'를 잔인하게 배신했기 때문이었다. 여성, 특히 어머니는 그런 짓을 저지를 수 없다는 믿음을 배신했기 때문이다. 물론 예외적인 경우도 있기는 하지만.

그렇다고 해도 여전히 살인, 신체 상해 등의 파괴 행위는 주로 남성이 저지른다.[138] 이러한 양상은 시간과 문화를 초월해 놀라울 정도로 일관적이다. FBI 통계에 따르면 미국의 경우 남성이 살인을 저지를 확률은 여성에 비해 9배나 높고, 강간을 저지를 확률은 78배, 무장 강도 범죄를 저지를 확률은 10배, 가중 폭행을 저지를 확률은 6.5배에 달한다고 한다. 또한 남성은 사기, 자동차 절도, 기물 파손, 방화를 저지르거나 마약 관련해서 체포될 확률도 훨씬 더 높다. 실제로 미국 여성이 남성을 앞지르는 범죄 유형은 두 가지뿐이다. 사춘기 청소년이 가출했다가 체포될 확률, 그리고 성인이 불법 성매매 혐의로 체포될 확률은 여성이 남성의 2배나 된다.

범죄, 그중에도 특히 강력 범죄의 경우, 성인뿐 아니라 15~30세의 젊은이 중에서도 남성이 압도적으로 큰 비중을 차지한다. 언젠가 그 연령대를 지나게 될 아들을 둔 어머니들에게 이는 결코 좋은 소식이 아니다.

그렇다면 남성이 더 강하기 때문에 더 많은 범죄를 저지르는 것일까? 폭력은 기질이 아닌 체격에 근거해서 발현되는가? 이 질문에 답을 얻기 위해 연구자들은 여성이 여성을 살해하거나 남성이 남성을 살해한 동성 살인 사건을 조사했다. 단, 범인이 피해자보다 압도적으로 강한 사례는 대상에서 제외했다. 여러 차례에 걸쳐 수십 개 국가와 지역에서 자료를 수집한 결과, 동성 살인의 경우 남성 간의 살인일 확률이 92~100%인 걸로 확인됐다.

물론 이러한 차이가 선천적인 기질의 문제인지는 여전히 논란의 쟁점이다. 이러한 차이는 타고난 것일까? 남성이 여성보다 '선천적으로' 더 폭력적인가? 폭력은 학습된 결과인가? 문화에 의해 만들어지고, 전수되고, 강화되는가? 양육 방식이 하나의 요소로 작용하는 건 분명하지만, 본성이 더 큰 역할을 하는 것으로 보인다. 다시 말하지만 이러한 양상은 놀라울 정도로 일관성이 있다. 그리고 동물 연구, 특히 인간의 가장 가까운 사촌인 침팬지 연구에서도 그들과 인간의 행동 사이에 흥미로운 유사점이 발견되었다.

1960년, 저명한 영장류학자이자 환경 운동가였던 제인 구달은 야생의 침팬지를 가까이서 관찰하기 위해 탄자니아의 곰베 국립 공원Gombe National Park으로 들어갔다. 이는 그때까지 누구도 시도해보지 않았던 일이었다. 그곳에서 그녀가 본 것이 세상을 뒤흔들었다. 그때까지 인간만의 행위로 간주된 특정 행동을 침팬지도 한다는 사실을 발견한 것이다. 한 침팬지가 막대기를 이용해 흰개미를 반복적으로 퍼내는 것을 보고, 구달 박사는 그 막대기가 바로 침팬지의 '도구'라는 사실을 깨달았다. 그녀는 동물도 이성적 사고와 추상화, 일반화, 상징적 표현을 할 수 있고, 자아 개념을 구축한다는 사실도 발견했다.[139]

하지만 그녀가 발견한 사실 중에는 그다지 낭만적이지 않은 것도 있다. 구달이 처음 도착했을 때, 그녀가 연구 대상으로 삼았던 약 30마리의 침팬지는 한 무리로 모여 살았다. 하지만 여러 해가 지나면서 무리는 두 개의 파벌로 나뉘었고 한 파벌은 북쪽 지역을, 다른 파벌은 남쪽 지역을 차지했다. 점차 두 파벌의 관계는 우호적인 관계에서 냉랭한 관계로, 이후에는 살인적인 적대 관계로 변해갔다.[140] 단순히 영토나 부족, 자원을 지키기 위해서만 폭력을 사용하는 것이 아니었다. 이들은 4~5마리씩 무리를 지어 상대방의 영역에 몰래 들어가 싸움을 걸기도 했다. 그리고 혼자 있거나 방어 능력이 없는 상대(가끔은 암컷 침팬지)를 발견하면 물거나 때리고, 발로 차며, 할퀴는 등의 공격을 하거나 끌고 가서 죽이기도 했다. 구달 박사는 "그런 식의 폭력에 적극적으로 가담한 암컷은 한 마리뿐이었는데, 그녀는 아기를 낳은 적이 없는 침팬지였다." 라고 말했다.[141] 그러한 폭력적 기습은 북쪽의 무리가 남쪽의 무리를 전멸시킬 때까지 계속되었고, 남쪽 무리의 수컷 전원과 다수의 암컷, 그리고 새끼 여럿이 죽었다. 그리고 남은 암컷은 그때까지 적이었던 무리에 합류할 수밖에 없었다. 구달 박사가 당시를 회상하며 이렇게 말했다.

"그야말로 지극히 원시적인 전쟁이었어요. 그들의 싸움을 관찰해보니, 인류 전쟁의 본질이 무엇인지 알아볼 수 있었습니다. 인류가 진화의 과정을 거치면서도 버리지 못한, 현대 전쟁의 원인이 되는 동물적 본능을 확인했습니다."[142]

침팬지와 인간은 지극히 사회적인 동물이다. 둘 다 지위를 중시하는 위계질서 속에 산다. 둘 다 더 높은 지위를 차지하기 위해 경쟁한다. 그리고 둘 다 원하는 것을 얻기 위해 연대를 결성한다. 하지만 예상할 수 있듯이 암컷과 수컷, 남성과 여성이 그러한 관계에 접근하는 방식은 다르다. 『악마 같은 남성』(사이언스북스, 1998)의 공동 저자인 리처드 랭햄Richard Wrangham과 데일 피터슨Dale Peterson에 따르면 전성기를 맞은 수컷 침팬지는 그의 삶 전체가 순위를 차지하기 위한 행위를 중심으로 구성된다. 알파의 자리를 차지하고 유지하기 위한 시도는 교활하고도 집요하며 열정적이다. 수컷 침팬지는 그 목표를 위해 많은 시간을 투자한다. 이는 누구와 함께 다니고 누구의 털을 정리해 주며, 누구에게 눈길을 주고 얼마나 자주 몸을 긁적이는지에도 영향을 미친다. 암컷 침팬지도 연대를 구축한다. 하지만 암컷은 자기가 정서적으로 애착을 느끼는 다른 암컷과 연대를 맺는다. 다시 말해서 수컷은 목적을 위한 수단으로 연대를 맺고 암컷은 친구를 사귀고자 연대를 맺는다.[143] 익숙한 이야기처럼 들릴 것이다.

인간과 침팬지는 또 다른 공통점을 공유한다. 4,000여 종의 포유류와 1,000만 종의 동물 중 둘만이 '수컷 중심의 가부장적 공동체'를 형성한다.[144] 대부분 수컷으로 이루어진 무리가 이웃 무리의 영역을 습격해서 약한 동족을 공격하고 죽인다. 대부분의 동물은 동족을 죽이지 않는다. 만약 죽이는 경우가 있다면, 그것은 이미 다른 수컷과 짝짓기해서 새끼를 낳은 암컷과 짝짓기하기 위해 그 암컷의 새끼를 죽이는 경우다(이러한 교활한 행위는 종종 그 목적을 달성한다). 구달 박사는 이렇게 말한다.

"수컷 침팬지는 매우 공격적입니다. 암컷 침팬지도 공격적이지요. 하지만 수컷과 같은 방식으로 드러내지는 않지요. 첫째, 암컷은 수컷만큼 강하지 않아요. 둘째, 생애 대부분을 새끼를 보호하며 살죠. 따라서 이리저리 뛰어다니며 나뭇가지를 휘두르거나 힘을 과시하지 않아요. 새끼를 위험에 빠뜨릴 수 있으니까요. 진화론적인 의미에서 본다면 암컷 침팬지의 공격성은 비적응적 특성이라고 볼 수도 있어요."[145]

또 다른 법칙

정치 · 경제학자이자 철학자인 프랜시스 후쿠야마Francis Fukuyama가 말했듯이 "서열화된 계급 사회에서 지배권을 차지하기 위한 공격성, 폭력, 전쟁, 과도한 경쟁은 남성의 기질에서 기인한다는 페미니스트들의 주장에는 일리가 있다." 그는 여성이 지배하는 세상은 다른 법칙으로 운영될 것이라고 말하면서, "산업화 이후의 세계는 그러한 방향으로 나아간다. 여성이 권한을 가지면 공격성, 과도한 경쟁과 폭력은 완화될 것이다."라고 주장했다.[146]

그러나 여기서 잠깐, 그의 말을 좀 더 들어볼 필요가 있다. 후쿠야마는 그러한 생각에 오류가 잠재되어 있다는 언급도 덧붙였다. 남성의 폭력성이나 권력, 지위를 지향하는 성향이 생물적 특성에 근거한 것이라면, 개인적으로나 사회적으로 변화를 기대하기 어렵다. "뼛속에 배어 있는 것은 문화나 사상에 의해 바뀔 수 있는 게 아니니까요." 맞는 말이다. 그런데 특정 성향이 "뼛속 깊이 배어 있다."라는 표현은 쌍방에 사용할 수 있다. 남성을 덜 폭력적으로 만드는 일이 쉽지 않다면, 여성을 더 폭력적으로 만드는 일도 쉽지 않다는 뜻일 거다. 그렇다면 여성이 권력을 잡으면 남성처럼 행동한다는 '마거릿 대처 가설'은 무효화 되지 않을까? 어떤 경우든, 남성(특히 15~30세의 남성)의 공격성이 바뀔 수 없는 거라면, 그 성향은 통제돼야 한다. 대개는 그러한 성향을 '외부로 향하게' 이끌어 통제했다. 나라 안의 안정을 도모하기 위해 군사 원정을 떠나게 하는 건 오랫동안 사용된 방법이다. 하지만 현대 사회는 좀 더 평화적인 방법을 고안했다. 우선 자유민주주의의 필수 요소인 규범, 법률, 협정, 계약 등이 치솟는 테스토스테론을 일부 억제하는 데에 도움이 될 수 있다. 그다음으로는 늘 그래왔듯이 계층 구조의 확산이 공격성을 생산적인 활동으로 유도하는 데 유용하다. 현대 사회에서는 전쟁터에서 능력을 입증하는 것이 사회적 지위를 향상하는 유일한 방법이 아니다. 경쟁심이 끓어 넘치는 남자는 인터넷 기업을 창업하거나, 테니스 경기 또는 선거에서 이기거나, 영화 대본 쓰는 일에 몰두하거나 아프리카 시골 마을에 생명을 구할 의약품을 보내줄 새로운 방법을 고안하는 일에 그 에너지를 쓰면 된다.

한편 여성은 유권자, 지역 사회 활동가, 입법자, 경영자, 외교관, 총리, 대통령 등의 역할을 꾸준히 수행하면서 정치 무대로 진출해야 한다. 이미 세계 방방곡곡에서 그러한 일이 많이 일어난다. 여성은 외교정책과 안보정책을 새로운 관점에서 바라본다. 미국 여성은 전쟁을 미국 남성만큼은 지지하지 않는다. 무력을 분쟁 해결의 합당한 도구로 보지 않는다. 후쿠야마는 인과관계를 콕 집어서 규명하지는 않았지만 "여성의 정치 참여가 증가하면 미국을 비롯한 자유민주주의 국가들이 예전처럼 전 세계에서 마음대로 힘을 휘두르는 경향은 줄어들지 모른다."라고 말했다.

선진 민주주의 국가의 여성이 권위주의 국가의 여성보다 훨씬 더 많은 권한을 가진다. 국제 의회 연맹에서 국가마다 입법부의 여성의원수를 조사해 발표하는 연간 순위를 훑어봐도 이를 확인할 수 있다. 르완다를 선두로 스웨덴, 핀란드, 코스타리카, 노르웨이 순으로 나열된다. 최하위권에 밀집된 나라들은 어디일까? 이른바 자유와 계몽의 수호자라고 자부하는 사우디아라비아, 카타르, 키르기스스탄, 예멘, 이집트와 같은 국가들이다.[147]

학계에서는 인과관계에 대한 논쟁이 계속되고 있다. 민주주의가 여성을 위한 더 많은 기회를 창출할 것인지 아니면 여성에게 권한을 부여하면 민주주의가 더욱 강성해질 것인지. 어떻든지 민주주의 국가는 전쟁을 피하려는 경향이 강하다. 미국이 오랫동안 민주주의 국가(또는 민주주의를 지향하는 국가) 지원을 외교정책의 신조로 삼은 것도 바로 그러한 이유 때문이다. 하지만 민주화가 더딘 나라들은 어떨까? 사담 후세인과 마무드 아마디네자드(Mahmoud Ahmadinejad, 2009년 당시 이란 대통령)가 여전히 통치권을 쥐고 국민 위에 군림하면서, 대량 살상 무기를 획득하여 이웃 나라를 지배하려는 곳에서는? 여성이 이러한 폭군들을 상대할 수 있을까? 이를 두고 후쿠야마는 "지도자가 남성적이어야 할 필요는 없지만 남성적인 정책은 필요할 것이다."라고 말한다.

그럴지도 모른다. 세계에서 가장 영향력 있는 여성들의 예를 보더라도 '남성적인' 정책을 내세운 경우가 종종 있었다. 마거릿 대처는 포클랜드 전쟁에 참전했고, 인디라 간디Indira Gandija는 핵무기 개발을 감독했으며, 엘리자베스 1세는 그녀의 경쟁자였던 스코틀랜드의 메리 여왕을 처형했다.

미국 역사상 가장 성공적인 대통령 후보였던 힐러리 클린턴은 어떤가? 그녀는 정책뿐 아니라 접근 방식까지 '남성적인 경향'을 과시한다. 어쩌면 그 때문에 유권자들의 마음이 그녀에게 기울지 않았던 것인지도 모른다. 한마디로 말해서, 힐러리는 여성에게 차별적인 기대를 하는 세상에서 부드러움보다는 강철 같은 면을 내세웠으며 스스로 그 대가를 치르고 있다. 아무도 그녀의 강인함에 관해서는 의문을 제기하지 않는다. 그런데 이 위험하고 불확실한 세상에서 강인함이야말로 대통령이 되려는 사람에게 없어서는 안 될 자질이 아닐까?

여전히 남성 중심적이지만 덜 군사화된 문화권에서는 또 다른 특성을 가진 여성 지도자가 성공하기도 했다. 아일랜드를 예로 들자. 제일 먼저 메리 로빈슨에 이어 메리 매컬리스**Mary McAleese**가 대통령으로 선출되었다. 북아일랜드 출신으로 가톨릭 신자였던 매컬리스는 처음에는 분열을 초래할 소지가 있다고 간주됐다. 그녀를 반대하는 한 저널리스트는 그녀를 가리켜 '종족의 시한폭탄'이라고 표현한 적도 있다. 하지만 그녀는 오랜 기간 갈등을 겪어온 가톨릭과 개신교 양쪽에 손을 내밀었고, 양쪽 모두 그녀를 받아들였다. 매컬리스는 '교량의 역할을 하는 것'이 대통령의 임무라고 말했으며, 2004년에 7년 임기 대통력직에 재출마하여 무리 없이 당선됐다.

여성의 미래가 곧 평화의 미래

인류의 계보가 인간의 폭력성이 선천적임을 시사한다면, 그러한 폭력성을 통제하기 위한 전략 또한 그 계보에서 찾을 수 있을지 모른다. '평화 지향적인 유인원'으로 불리는 보노보는 침팬지와 매우 흡사하게 생겼다. 체구가 조금 작기는 하지만, 침팬지와 유사한 신체적 특징을 많이 가지고 있어서 학자들은 1980년대까지도 이 둘을 별개의 종으로 인식하지 못했다. 그러나 집단생활의 양상을 보면 보노보는 완전히 다르다는 걸 알 수 있다. 랭햄과 피터슨은 보노보가 '평화에 이르는 세 갈래 길'을 구축했다고 설명한다. 암수의 관계, 수컷 간의 관계, 공동체 간의 관계를 통해 폭력을 완화했다는 것이다. 어떻게 이럴 수 있을까?

첫째, 보노보는 암수 모두에 '공동 우성'의 특성이 있다. 침팬지의 사회에서는 모든 수컷이 암컷에 지배적으로 행동한다. 수컷이 암컷 위에 군림한다. 암컷이 서열 높은 수컷에 적절한 복종 제스쳐(예를 들어 수컷 앞에서 몸을 웅크리고 헐떡이기)를 취하지 않으면, 무자비한 구타를 당한다. 보노보도 서열을 정한다. 하지만 알파 암컷은 알파 수컷과 동등하며, 최하위 암컷은 최하위 수컷과 동등하다. 랭햄과 피터슨의 말에 따르면 "그 중간의 서열은 성별보다는 개체의 특성에 따라 달라진다."

또한 암컷 보노보끼리는 수컷 사이에서는 찾아볼 수 없는 방식으로 연대를 맺고 서로 협력한다. 암컷 보노보는 이러한 연대를 통해 자신과 새끼, 특히 아들을 보호한다(암컷 보노보는 침팬지처럼 청년기에 접어들면 무리를 떠나는데, 이는 근친 교배를 막기 위한 본능적인 행위이다. 하지만 수컷은 어미 곁에 남는다). 만일 다른 수컷이 암컷이나 새끼를 건드리면 어미는 도움을 청한다. 그러면 암컷 연대가 달려와 막아주는데 이들 연대가 힘을 합하면 가장 서열이 높은 수컷의 무리도 물리칠 수 있다. 암컷 보노보는 과일이나 고기를 놓고 자기 몫을 공정하게 차지하는 데에도 연대의 힘을 빌린다. 수컷이 언제나 좋은 것을 제일 먼저 차지하려고 들기 때문이다. 수컷 침팬지와 마찬가지로 수컷 보노보도 몸집이 암컷의 절반

밖에 안 되지만 이들의 폭력을 통제하기 위해 암컷 보노보들은 연대의 힘을 이용한다.

마지막으로 보노보는 다른 무리를 습격해서 살해하지 않는다. 소규모 무리는 종종 큰 무리를 피하고, 싸움이 일어나기도 하지만, 이웃 보노보 무리와의 만남은 대체로 평화롭고, 심지어 우호적인 경우도 있다. 이때 우호적인 행동은 항상 암컷이 주도한다. 결국 이 모든 행동의 차이는 부정할 수 없는 하나의 결론으로 귀결된다. 수컷 보노보는 수컷 침팬지보다 덜 폭력적이다. 바로 암컷 보노보의 힘 때문이다.

희망 사항일 뿐일 수도 있지만 우리도 여기서 희망적인 메시지를 찾을 수 있을지 모른다. 우리는 남성의 폭력성, 여성을 지배하려는 남성성을 긴 세월 동안 겪었다. 하지만 보노보는 우리에게 그중 어느 것도 필수불가결한 요소가 아니라는 사실을 알려준다. 그리고 여성의 힘이 남성의 힘을 그대로 복제한 것이 아니라는 사실도.

여성도 권력을 남용하는 경우가 있다. 인도의 총리였던 인디라 간디는 비상사태 관련 조항을 이용해 막강한 권력을 손에 넣고 반대 의견을 묵살했다. 그러나 자연과 역사는 여성도 보노보처럼, 자신과 가족을 보호하고 갈등을 해결하며 지속적인 유대를 구축하기 위해 권력을 사용해야 한다고 말해주고 있다. 그렇게 해야만 평화를 찾고 유지할 수 있기 때문이다. 르완다, 보스니아, 북아일랜드와 남아공 그리고 선진 민주주의 국가와 더 나은 미래를 위해 노력하는 모든 국가에서도 마찬가지다.

그렇다고 여성이 남성을 완전히 대체해야 한다는 말은 아니다. 우리의 역사 속에는 오랜 시간 평화를 위해 헌신하고 타인을 보호하기 위해 영웅적인 행동을 했던 수많은 남성이 있었다. 전쟁터와 세계무역센터의 비상구에도 남성 영웅이 있었다. 그렇다고 해도 여성의 수와 영향력을 증강하고, 여성에게 의사 표현의 기회를 주며, 그것에 귀를 기울인다면, 세상은 분명히 좀 더 평화로워질 것이다. 제인 구달은 이렇게 말했다.

"인간이 공격적인 성향을 물려받은 것은 분명합니다. 세상을 둘러보면, 우리가 특정 행동에 대해 보이는 공격적인 반응을 기질적으로 타고나지 않았다고 말할 수는 없어요. 하지만 동시에, 침팬지는 사랑, 연민, 이타심도 보여줍니다. 우리도 그러한 정서를 물려받았지요. 게다가 거대한 두뇌를 가진 인간은, 선천적 기질을 통제하는 능력이 지구상의 어느 생물보다 뛰어납니다. 전쟁은 불가피하지 않습니다. 인간의 공격성은 통제될 수 있어요."[148]

그리고 어쩌면, 우리의 보노보 자매들처럼, 여성이 그 열쇠를 쥐고 있는지도 모르겠다.

6장

모두의 승리를 위해

"수탉은 소리 내어 울 뿐이다. 알은 암탉이 낳는다."

— 마거릿 대처, 영국 최초의 여성 총리

미국 노동부 장관 알렉시스 허먼Alexis Herman은 불길한 예감이 들었다.[149] 미국 최대 택배 기업인 유나이티드 파슬 서비스UPS와 수만 명의 UPS 노동자를 대표하는 노조인 국제트럭운전사연대 간의 계약 협상이 교착 상태에 빠졌기 때문이다. 1997년 8월 4일 자정까지 협상이 이루어지지 않으면 노동자들은 파업에 돌입할 예정이었다.

허먼이 혹독한 인준 절차를 거치고 장관으로 취임한 지 3개월도 되지 않았을 때였다. 의회는 그녀의 자격 여부와 정치 후원자들과의 관계에 대한 의문을 거두지 않은 상태였고, 노동계 역시 그녀를 열광적으로 지지하진 않았다. 허먼은 국제트럭운전사연대와 UPS 간의 협상을 비롯하여 노동부가 해결해야 할 복잡한 안건들에 대해 여전히 배워가는 중이었다. 직원들은 협상이 곧 타결될 것이라며 그녀를 안심시켰다. 그렇지만 허먼은 회의적이었다.

"모두가 그렇게 믿고 있는 것 같았어요. '걱정하지 마세요, 장관님. 우리는 자정까지 기다릴 거고, 저들은 협상에 응할 것입니다.'라면서 말이죠. 왠지 불길한 예감이 들었어요. 그래요, 여자의 직감이라고 하든 뭐든 상관없어요. '하느님, 이 어려운 문제를 안고저의 임기를 시작하게 하지 마소서'라고 마음속으로 기도했죠."

자정이 지나고, 허먼이 묵고 있는 시카고 호텔 객실 전화벨이울렸다. 협상이 결렬되면서 18만 3,000명의 노동자가 일터를 떠났고, 10여 년 만에 미국 최대의 파업이 시작되었다.[150] 그 후 일주일 동안 연방 정부의 중재자들이 협상을 재개하려고 노력했지만헛수고였다. 8월 9일 토요일을 기점으로 양측은 장기적인 싸움에돌입했다.

그러는 동안 파업으로 인한 경제적 타격은 커지고 있었다. UPS는 미국 내 육로 운송의 80% 이상을 처리하고, 하루 1,200만 개의 소포 배송을 담당하면서 미국 국내총생산의 5%를 담당했다.이미 세 명의 주지사와 시어스Sears, JC 페니J. C. Penney, 토이저러스Toys "R" Us, 미국 상공회의소를 포함한 37명의 최고경영자가 클린턴 대통령에게 전화해서 중재에 나설 것을 요청했다. 파업 중인 노동자들을 일터로 돌아가게 해 달라는 것이었다. 클린턴 대통령은 이를 거절했다. 그러고 나서 허먼에게 협상을 촉구하는 데 앞장서 달라고 요청했다.

허먼의 직원들은 직접 개입하기 전에 거리를 두고 상황이 어떻게 돌아가는지 지켜보라고 조언했다. 그러나 허먼은 여유를 부릴수 있는 상황이 아님을 직감했다.

"머릿속에 계속 맴도는 생각은 '중재에 나서도 망하고, 나서지 않아도 망하겠구나.'였어요. 일이 잘못되면 비난을 받겠지요. 그러나 지금부터 한 달쯤 후에 협상이 성사된다면, 그땐 아무도 내 공으로 인정해 주지 않을 겁니다. 누군가 와서 치하의 말을 할 수는 있겠지만, 전임 남성 장관들처럼 세상의 평판에서 벗어날 수는 없는 거죠. 우리 여성은 실패가 허용되지 않으니까요."

그래서 허먼은 자기만의 길을 개척하기로 했다.

"나는 이렇게 마음먹었어요. '위험부담이 있을지도 모른다. 하지만 그건 내가 감수해야 할 부분이다. 처음 겪는 일도 아니고, 어차피 몰락해야 한다면 끝까지 노력이나 해 보는 거야.'라고요."

그 후 며칠 동안 허먼은 스스로 '셔틀 외교'라고 이름을 붙인 작업에 매진했다. 양쪽과 끊임없이 연락을 취하였다. 대통령과 세인

트루이스로 날아가는 전용기 안에서도 허먼은 양측과 전화 통화를 했다. 수일 만에 허먼은 UPS의 짐 켈리Jim Kelly 회장과 노조 대표인 론 캐리Ron Carey를 다시 협상 테이블로 돌아오게 할 수 있었다. 다른 무엇보다도 허먼은 양측 모두에게, 협상이 성사될 때까지 그들과 함께 있을 것을 약속했다.

"게임을 하려는 생각은 하지 않았어요. 중재 과정 내내 진솔한 분위기를 만드는 게 중요하다고 생각했어요. 그럴 수 있는 신뢰를 쌓기 위해 열심히 노력했죠. 사실은 그조차가 커다란 위험부담을 안는 격이었어요. 왜냐하면, 모두가 저에게 '협상이 성사될 것이라고 어떻게 확신하세요?'라고 물었거든요. 그래서 제가 대답했죠. '그건 나도 모릅니다'라고요."

허먼은 회담 장소를 노동부로 정하는 대신 워싱턴 DC 캐피톨힐에 있는 하얏트 리젠시 호텔로 잡았다. 그곳에서 먹고, 샤워도하고, 밤에는 가능하면 매일 몇 시간 정도 수면도 취하면서 회담에 임할 수 있도록 한 것이다. 양측의 입장이 아득하게 멀리 떨어졌던 상황에서, 그랜드 캐니언 룸에서 회담이 시작되었다. 그 후로 나흘간 거의 쉬지 않고 회담이 진행되면서 조금씩 진전을 보였다. 그러다가 다시 교착 상태에 빠졌다. 회담이 진행되는 동안 양측 모두 언론과 접촉하지 않기로 합의했음에도, 허먼은 노조 대표단이 호텔을 빠져나가 인근에서 열리는 기자회견과 집회에 참석할 것이라는 소식을 들었다.

"그건 거의 노골적인 배신이었고, 저의 신뢰도를 위태롭게 하는 일이었어요. 그때 누군가 제게 와서 그들이 어느 출구로 빠져나갈 것인지 알려주었어요. 웨이터 중 한 사람이었던 것 같아요."

허먼이 그때를 떠올리며 웃었다. 그 덕분에 우아하고 예의 바르며 나무랄 데 없이 차려입은, 약 160cm의 허먼은 그들이 빠져나가기로 되어 있는 출구 앞에 서서 기다렸다. 오래 지나지 않아 협상자 한 사람이 일행을 인솔하여 복도를 따라 내려왔다.

"내가 그들에게 말했어요. '이러지 말아요.' 그러자 그쪽에서 누군가 제게 뭐라고 하더군요. 저를 '자그마한 숙녀'라고 했던 것 같기도 하고, 잘 기억은 안 나지만요. 나는 그에게 다가가서 옷깃을 잡고, 그의 눈을 보면서 말했어요."

그녀는 거의 속삭이듯 말했다.

"'날 엿 먹이지 말아요.'라고 말이죠. 그러고는 몸을 곧게 펴고 말을 이었어요. '기자회견을 원한다면, 기자회견을 할 수 있게 해주겠어요. 하지만 이 협상이 깨지길 바란다면, 직접 깨야 할 거예요. 나는 그럴 생각이 없으니까.' 그러자 그가 나를 보더군요. 나도 그를 마주 보았죠. 한동안 그러고 있었던 것 같아요. 그러더니 그가 돌아서서 다시 호텔로 들어가더군요. 그리고 나서 24시간 후에 협상이 체결되었어요."

허먼에게는 포탄 세례를 받는 것 같은 경험이었다. 하지만 UPS의 갈색 트럭이 다시 운행되기 전부터 사방에서 허먼을 향한 찬사가 쏟아졌으며, 처음에 그녀의 자질에 의문을 가졌던 사람들까지도 그녀에게 찬사를 보냈다.

미국 노사 분쟁 중재의 최고 전문가인 존 캘훈 웰스John Calhoun Wells는 파업이 시작되기 전까지 허먼을 직접 만나본 적이 없었으나 협상이 체결되는 데에 "허먼의 역할이 결정적이었다."라고 말했다.

"그녀는 거만하지 않아요. 어떠한 방식으로도 사람을 압박하지 않고요. 당사자의 관점에서는 이익에 반하는 일을 요구하는 대신, 조금씩 양보하고 조금씩 돌려받는 게 득이 될 수도 있다고 암시를 흘립니다."[151]

노조 관계자들도 그녀를 극찬했다.

"그녀는 우리가 1순위로 꼽은 후보는 아니었어요."

미국 노동 총연맹 산업별 조합회의AFL-CIO 소속 게리 시어Gary Shea는 이렇게 말하면서도, 협상 체결에 이바지한 그녀의 공을 평가한다면 9.5점은 아니더라도 최소한 9점은 된다고 했다. 그러면서 다음과 같이 덧붙였다.

"그녀를 공적으로든 사적으로든 가까이서 본 사람은, 우리도 그랬지만, 그녀의 존재에 깊이 감화되는 것 같습니다. 그녀는 우아한 면모를 지니고 있어요. 그래서 사람들을 그렇게 잘 다루는 듯해요."[152]

나는 허먼의 이 일화를 좋아한다. 키를 곧게 피고 구두 뒷굽을 동원해도 약 167cm 밖에 안 되는 그녀가, 우락부락한 노동자 조합의 남성과 담판 짓는 모습을 상상하면 속이 후련하다. "이봐요, 자그마한 숙녀라니요!"라고 대신 외치고 싶다. 그녀가 보기보다 강단이 있어서 주위 사람들을 놀라게 할 뿐 아니라, 또 보기보다 유능해서 조용히 상대의 머리 위로 타고 올라간다. 허먼은 협박이나 거짓, 표리부동한 술수로 임무를 완수한 게 아니라 양측 모두에게 이익이 되는 해결안을 찾을 수 있도록 지원하고 공감대를 형성하도록 이끌어서 협상 체결에 성공했다. 이러한 방식이 여성의 전유물은 아니다. 하지만 알렉시스 허먼을 비롯한 많은 여성이 잘 활용하는 방식이다.

방식의 차이, 변화의 시작

이쯤에서 의문이 생긴다. 남성과 여성은 팀을 이끄는 방식이 다른가? '여성의 방식'이라는 게 따로 있는 걸까?[153] 이 질문에 답을 구하는 45개의 연구를 분석한 결과, 답은 "그렇다."라고 한다. 여성이 '변혁적인' 리더가 될 가능성이 조금 더 크다고 한다. 여성은 공동의 의견을 모아 목표를 설정하고 그것을 달성하도록 팀원 각자에게 권한을 부여한다. 남성은 '업무 중심의' 리더인 경우가 많은데, 팀원들에게 임무를 알려준 다음에 성공하면 그에 알맞은 포상을 주고 실패하면 그 책임을 묻는 식이다. 예측하다시피, 한 사람이 어느 한 가지 유형에 전적으로 들어맞는 건 아니다. 하지만 성별에 따라 눈에 띄게 다른 부분이 있었다.

그런데 놀라운 사실이 있다. 연구에 따르면 서열의 중요성이 덜 강조되고 변화가 빠르며 혁신적인 아이디어가 주도하는 현대 사회에서는 변혁적 리더가 더 필요하다는 것이다. 또 좋은 성과를 냈을 때 보상하는 방식까지 도입한다면 그 효과가 증폭된다고 한다. 그러므로 여성 리더는 지도 방식이 다를 뿐 아니라 목표를 성취할 가능성도 더 크다.

여성을 좋은 관점에서 조명하는 연구나 통계에 호감이 가는 건 어쩔 수 없지만 내가 중요하게 생각한 건 여성 리더가 더욱 효과적이라는 점이 아니다. 그보다는 베이컨을 집으로 가져와 조리하는 방법이 한 가지가 아니듯이 성별을 불문하고 각기 다른 리더십으로 목표를 달성할 수 있음을 보여주는 증거들이 중요하다고 생각한다. 이는 모두에게 더 많은 선택지를 제공하며, 좀 더 유연하고, 수용적이며, 생산적인 일터를 만들 수 있게 한다. 캘리포니아 대학교 어바인 캠퍼스의 주디스 로제너Judith Rosener 박사는 "다양한 리더십을 존중해야 조직이 더 건강해지고 유연해집니다. 경쟁이 치열해지고 경제 환경이 다각화될 미래에 살아남을 수 있습니다."라고 말했다.[154]

리더십 개발 전문가 샐리 헬게슨Sally Helgesen은 여성이 그들을 위해 고안되지 않은 기업 모델에는 좀처럼 적응하기 어렵기 때문에, "여성 스스로 새로운 지식 기반 경제에 부합하는 정책과 전략을 개척해야 했다."라고 주장한다.

"결국 여성은 기존의 틀에 적응하기보다는 기존의 틀을 깨트리려고 시도하여 세계의 변화에 이바지할 것입니다."[155]

무엇보다도 일과 가정의 경계가 흐려지면서 여성은 자기가 설 자리를 스스로 개척하는 법을 배우고 있다. 나 역시 어느 정도는 현재 '재택 전문가'라는 '일자리'를 개척했다고 할 수 있다. 나는 『베니티 페어』에 기고하고, 연설도 하며, 텔레비전에 출연해서 정치 주제로 말하기도 한다. 정치를 주제로 한 영화나 텔레비전 프로그램에 자문도 하고, 관심 있는 주제로 글을 쓰는 등 흥미로우면서도 유연하게 일하는 중이다. 집무실이 집에 있으니 출퇴근에 시간을 소비하지 않아도 된다(고백하자면 어떤 날은 샤워를 건너뛰기도 한다). 이제 아이들도 내 방문이 닫혀 있으면 방해하지 말아야 한다는 걸 안다. 하지만 그게 통하지 않는 날에는, 인터넷 서비스가 잘 되어 있는 근처 공공도서관으로 피신한다. 기술 혁신과 문화적 변화가 때마침 실현된 덕분에 나는 내가 하고자 하는 일을 할 수 있게 되었다. 물론 모든 사람이 그 혜택을 누릴 수 있는 게 아니라는 건 안다. 하지만 진로를 스스로 설정할 기회는 꾸준히 늘어날 것이며 그 흐름은 여성이 주도하게 될 것이라는 데에는 의심의 여지가 없다.

내가 구축한 현재의 일상에 애로사항이 한 가지 있다. 학교에 양식을 적어내거나 은행에 제출할 융자 신청서를 적다가 '직업' 란을 마주하게 되었을 때 갑자기 불안해진다는 점이다. 그럴 때는 대개 '자문위원'이라고 적어 넣고는 혹시라도 "명확하지 않다."라는 이유로 퇴짜를 맞는 일이 없기를 기도한다. 그러면서 한편으로는 동이 트기 전에 침대에서 퉁겨지듯 일어나 식기 세척기에 있는 그릇을 정리하고, 세탁물을 개고, 샤워한 다음 머리 말리고, 화장품을 황급히 찍어 바르며, 아이들 등교를 준비시켜 7시 45분에 우리 집 진입로를 빠져나오지 않아도 된다는 사실 때문에 묘한 죄책감을 느끼기도 한다.

최근에 내 인생을 요약해 놓은 듯한 만화영화를 한 편 보았다. 부부가 목욕 가운을 입고 주방 식탁에 앉아 커피를 마시고 있다. 노트북을 신나게 두드리는 남편을 보면서 아내가 말한다.

"당신은 재택근무와 실직의 경계를 모호하게 만들고 있어요."

이렇게 덜 구조적이고 유연한 직장은 여성의 생활방식과 능력에 잘 맞는다. 경영 자문위원인 톰 피터스는 이렇게 말한다.

"과거에는 30명의 인원으로 프로젝트팀을 구성한다고 할 때, 전원이 군수업체 레이시온Raytheon 소속 직원이었어요. 이제는 30명 인원의 프로젝트면 3개 대륙 7개 나라에 있는 11개 기업의 직원으로 팀이 구성됩니다. 그러니 공공연한 권한이나 계층 구조라는 게 있을 수 없죠. 그러므로 '관계 중심의 기술'이 필요합니다."[156]

뉴스 방송의 선구자이자 현재 TV&라디오 박물관 관장인 팻 미첼은 이렇게 말한다.

"여성을 고용해야 하는 이유가 바로 거기에 있습니다. 여성은 공감대를 형성하는 데 뛰어납니다. 문제를 해결할 수 있는 다양한 방법을 모색하려고 노력하지요. 여성은 혁신적이고 창의적인 사고를 갖고 있으며, 본능과 직관에 따라서 행동합니다."[157]

여성의 직관을 긍정하자

캐슬린 시벨리어스가 캔자스주 보험 감독관으로 재직 중일 때 대형 의료보험 회사인 앤섬Anthem이 블루크로스 블루쉴드Blue Cross Blue Shield: BCBS 인수를 제안했다.[158] 앤섬은 이미 다른 7개 주에서 BCBS를 인수한 적이 있었다. 앤섬은 BCBS의 캔자스주 주주들에게 이 거래가 그들에게 유익할 것임을 확신시키고 그들의 승인을 받아 놓은 상태였다. 하지만 최종 결정권자인 시벨리어스는 회의적이었다. BCBS는 주민 3분의 2 정도가 가입하고 있는, 캔자스주 최대의 의료보험 회사였기 때문이다.

"재앙을 기다리는 듯한 느낌이 들었어요. 캔자스주 주민 다수가 가입한 보험사가 타 지역 영리 기업에 인수되는 걸 원치 않았고, 그 수준까지 통제력을 잃고 싶지 않았습니다."

의사와 병원 관계자들은 강력하게 반대했지만, 시벨리어스는 인수로 인해 영향을 받게 될 사람들의 의견을 광범위하게 듣고 싶었다. 그래서 주 전역을 돌아다니며 회담을 열기로 했다. 첫 번째 회담 장소에 도착했을 때, 그녀는 주민들이 이 문제에 민감하게 반응한다는 사실을 분명히 느낄 수 있었다고 했다.

"영하의 날씨였고 이른 시간이었음에도 회의실에 350명이나 모여 있었습니다. 밖에는 여전히 줄을 서서 기다리는 사람들이 있었고요. 뭔가를 조직적으로 준비한 행사도 아니었고, 다만 의료계 사람들에게 내가 갈 것이라고만 알리고 주변 사람에게도 알려달라고 부탁한 것밖에 없었어요. 그런데 회의실에 사람이 가득했고, 모두 잔뜩 격분해 있었던 거예요."

주 전역을 돌며 일련의 비슷한 회담을 가진 후에 시벨리어스는 행정 청문회, 즉 재판을 열었다. 5일에 걸쳐 양측은 보험 감독관이 판사로 입회한 자리에서 각자의 주장을 펼쳤다.

"앤섬의 경영진이 모두 연회장의 접이식 의자에 앉아 있었던 적도 있었죠. 모두 연봉이 2,100만 달러 또는 3,400만 달러씩 되는 사람들이었어요. 잠시 쉬는 시간에 내가 누군가에게 이렇게 말했던 것 같아요. '저 사람들은 아마 자기들이 죽어서 지옥에 떨어졌나보다 생각하고 있을 거야'라고요. 캔자스의 토피카에서 시벨리어스라는 여자한테 붙잡혀 있게 될 거라고는 상상도 하지 못하고, 인수가 성공적으로 이루어질 거라고 확신하고 있었을 테니까요. 회사의 새 로고를 넣은 문구류까지 미리 인쇄해 놓았을 정도로 말이죠."

시벨리어스는 여론 조사를 하겠다는 정치 자문위원에게 거부 의사를 표명하고, 증거 자료를 검토했다. 그러고 나서 인수를 무산시켰다.

"미국에서 처음 있는 일이었어요. 앤섬 측에서는 저를 상대로 소송을 제기했지요. 하지만 대법원은 제 권한을 지지했습니다. 이 사건은 캔자스에서 유명한 판례가 되었어요. 대기업에 맞서서 국민을 대변한 전형적인 사례로 남았지요."

자신의 직감에 따라 판단했던 이 일을 계기로 시벨리어스는 다음 해 주지사로 재선했다.

점점 더 많은 여성이 지도력을 필요로 하는 직책을 맡게 되면서, 의사 결정을 주도하는 '직관의 역할'이 점점 더 주목받고 있다. 오프라 윈프리도 언젠가 이렇게 말한 적이 있다.

"내가 만난 모든 여성 지도자가 남성보다 뛰어난 직관력을 가지고 있었어요. 나는 거의 완벽하게 직관적이에요. 비즈니스에 관해 그릇된 판단을 내렸을 때는 모두 직관을 따르지 않았을 때였어요. 나는 '기도하면서 생각해 볼게요.'라는 말을 잘합니다. 때로는 말 그대로 기도를 드리기도 하지만, 단지 시간을 벌기 위해서일 때도 있어요. 다음 날 아침 잠에서 깨었을 때도 같은 생각이 드는지 보려는 거지요. 저의 경우, 의심이 드는 일은 하지 말라는 걸로 받아들여요. 의심이 들 때는 확실하게 어떻게 해야 할지 떠오를 때까지 아무것도 하지 말아야 해요. 나한테는 그런 방식이 잘 맞는 것 같아요."[159]

다이앤 파인스타인도 이에 동의한다.

"직감 같은 게 있다고 봅니다. 여성은 인간의 딜레마, 삶의 문제, 우선순위 같은 것들을 풀어나갈 때 직관을 따르는 경향이 있어요."[160]

일부에서는 이러한 직관 때문에 여성이 더 나은 결정을 할 수 있다고 주장한다. 이 책(원서)을 출판한 하퍼콜린스**HarperCollins**의 CEO 제인 프리드먼**Jane Friedman**의 말이다.

"여성이 결정을 더 빨리 내린다고 생각해요. 남자들은 자신의 직관을 믿지 않는 것 같아요. 하지만 여성은 직관적이죠. 그건 아이를 낳으면서부터 얻는 능력인 것 같기도 해요. 육감이라고 할지 후각이라고 할지는 모르지만 아무튼 그런 본능적인 능력이 있지요."[161]

역사를 돌아보더라도 남성은 논리적이고 여성은 직관적임을 알 수 있다. 어느 것이 우월하다고 여겨졌을까? 바로 '남성의 논리'가 매번 섬세하고 보드라운 '여성의 직관'을 이긴다고 간주됐다. 여자아이는 어릴 적부터 내면의 느낌을 의심하도록 배운다.

직관이라는 말 자체를 직접적으로 무시하거나 경멸했던 스승이나 부모, 코치가 특별히 떠오르지는 않지만, 내가 어린 시절 매우 강렬하게 받았던 메시지는 "직관이란 감정의 또 다른 형태일 뿐이야!"라는 거였다. 그러므로 감정은 거둬내고 차분하게 정리된 이성으로 대체해야 한다고 생각하게 되었던 것 같다.

그렇다고 직관이 항상 옳다는 말은 아니다. 그렇지는 않다. 나는 의사가 아이를 내 품에 안겨줄 때까지도 첫 아이가 아들이라고 확신했다. 그리고 아직까지 남자가 더 논리적이라는 증거도 본 적이 없다. 하지만 사람들의 통념이 그렇다는 걸 보여주는 사례들은 낡은 배 밑창에 붙은 따개비만큼이나 무수하다. 공화당 출신으로서는 균형 잡힌 정치의 마지막 보루를 지켰던 리처드 M. 닉슨 대통령이 1971년 대법원장 자리에 여성을 임명할지 말지를 숙고한 적이 있다. 그렇게 하는 것이 자신에게 정치적으로 득이 될 듯하여 고민했지, 바람직한 결정이라고 여겼기 때문에 고민한 건 아닌 듯했다.

"어떤 직책이든 정부 관직에 여성을 앉히는 건 바람직하지 않습니다. 그 이유는 여성은 변덕스럽고 감정적이기 때문이에요. 남자도 변덕 부리고 감정적일 때가 있지요. 하지만 중요한 건 여성이 더 그런 성향을 띤다는 겁니다."[162]

당시 법무장관이었던 존 미첼John N. Mitchell에게 했던 이 말은, 대통령의 비밀 녹음테이프 덕분에 영원히 남게 되었다. 이런 정신 나간 인간들. 이제 곧 초상화에 대고 얘기하는 걸 보게 될지도 모르겠다.

남성은 여성과 같은 방식으로 직관을 경험하지 않는다. 직관이라는 걸 마치 생리 전 증후군PMS이나 임신 중에 일어나는 특이한 갈망 같은, 여성 특유의 상상적 징후라 여기는 것 같다. 하지만 새로운 연구들에 따르면, 직관은 실질적으로 생리학적 근거가 있는 정신 작용이다. 『여자의 뇌』의 저자 루안 브리젠딘 박사는 이렇게 설명한다.

"직관은 자유롭게 떠도는 감정 상태가 아니라 뇌의 특정 영역에 의미를 전달하는 실질적이고 물리적인 감각입니다. 뇌 스캔 연구에 따르면 여성의 뇌에서 직관을 담당하는 영역은 남성의 뇌에서 같은 일을 하는 영역에 비해 더 크고 민감합니다. 여성의 직관과 본능적인 예감의 연관성은 생물학에 근거를 둔 과학적 진실입니다."[163]

무엇보다도 여성은 다른 사람의 감정에 특히 민감하다. 노스웨스턴대학교 심리학 교수인 주디스 홀Judith Hall은 이 주제로 진행된 125개의 개별 연구를 분석한 결과 다음과 같은 사실을 밝혀냈다.[164]

"여성은 타인의 감정을 해독하는 능력이 남성보다 뛰어납니다. 거짓말을 탐지하는 능력도 더 뛰어나고요."

반면에 남성은 신호, 특히 절망이나 고통의 신호를 놓칠 가능성이 훨씬 더 크다고 한다. 브리젠딘 박사의 설명을 들어보자.

"남성은 실제로 눈물을 보고서야 본능적으로 뭔가 잘못되었다는 걸 깨닫습니다. 아마도 그래서 여성이 남성보다 4배 정도 더 쉽게 눈물을 흘리도록 진화했는지도 모릅니다. 슬픔과 고통의 신호를 남자가 무시할 수 없도록 확실하게 보내기 위해서 말이죠."[165]

여성의 연대

백악관을 떠난 후, 나는 CNBC의 좌파-우파 정치 토크쇼 〈이퀄타임Equal Time〉에서 공동 진행을 맡았다. 나의 파트너이자 감히 흉내 낼 수 없는 훌륭한 진행자 메리 마탈린Mary Matalin과 나는 이념적인 부분에서는 견해가 달랐지만 공통점이 많았다. 우리 둘 다 어떤 정치적 편향도 없는 가톨릭 집안에서 성장했고 둘 다 워싱턴에서 일하게 될 줄은 상상한 적이 없었다. 우리는 둘다 그녀의 남편이자, 클린턴 행정부에서는 나와 함께 일했던 제임스 카빌James Carville을 끔찍이 좋아했으며, 우리가 진행하는 프로그램이 열띤 논쟁보다는 디너 파티가 되기를 바랐다. 그래서 우리는 그렇게 프로그램을 꾸려가기로 했다. 의견이 엇갈릴 때면 되도록 정중하게, 그러나 유머를 섞어서 다름을 존중하고자 묵시적으로 합의했다. 메리가 교묘하게 나와 민주당 동료들을 풍자할 때, 그녀가 하는 말들을 재미있다고 생각하니 불쾌하지 않았다. 너무 웃다가 효과적으로 응대하지 못할 때도 종종 있었다. 그러면서도 상대의 말을 서로 경청했고, 황당한 일이지만 서로 동의할 때도 있었다. 나를 위해서도, 초대 손님으로 나온 분들을 위해서도 좋은 시간이었고, 메리와 나는 좋은 친구가 되었다.

처음부터 그랬던 건 아니다. 메리가 즐겨 하는 이야기에 따르면 그녀가 나를 처음 알게 된 건 CNN 뉴스를 통해서였는데, 그때 내가 그녀를 해고해야 한다고 주장했다고 한다. 1992년 대통령 선거 캠페인 초기였다. 당시 아칸소주 주지사였던 나의 상사 빌 클린턴은 백악관 주인이었던 그녀의 상사 H. W. 부시를 상대로 선거전을 벌이고 있었다. 어느 시점부터 메리는 클린턴 주지사를 '병역 기피자에 대마초 피우는 바람둥이'라고 비난했는데, 그녀는 상대를 효과적으로 타격하는 표현을 구사하는 데에 탁월한 재주를 발휘했었다. 그래서 나는 기자들에게 부시 대통령이 그녀를 해고해야 한다고 말했다. 카빌은 당시 나의 그런 행동을 어리석었다고 지적했는데, 일을 길게 끌고 가면서 언론이 메리의 치명적인 표현을 재생할 기회를 주는 셈이라는 것이었다. 물론 그의 말이 맞았다. 언론은 그녀의 말을 온종일 반복 재생했고, 대통령은 아무도 해고하지 않았다.

　선거 캠페인이 끝나고 메리는 세상을 떠들썩하게 하며 제임스와 결혼했으며, 나는 가끔 사교 모임에서 그녀를 보았다. 좋지 못했던 우리의 첫 만남은 아무런 문제가 되지 않았다. 내가 언제 백악관을 떠나야 할지 고민하고 있을 때 그녀는 내게 큰 도움을 주었고, 그 점에 관해서는 늘 감사했다. 그리고 당시 CNBC의 수장이었던 로저 에일스Roger Ailes와 함께 나를 설득해서 〈이퀄타임〉에 합류하게 한 것도 그녀였다(에일스는 현재 폭스 뉴스 채널의 사장이다. 정치적 견해는 달랐지만, 그는 내가 만난 최고의 상사 중 한 명이었다).

　메리와 내가 경쟁적이지 않았던 건 아니다. 둘 다 자기주장을 관철하고 논쟁에서 이기고 싶어 했다. 하지만 상대를 짓밟으면서까지 이기려고 하지는 않았다. 죽음을 건 결투보다는 파트너십을 통해 더 많은 걸 얻기를 원했고, 언제나 양쪽 다 득이 되는 조건을 택했다. 우리가 여자여서 그랬을까? 그것도 어느 정도 대답이 될 수 있을 것 같다.

　우선 여성은 '관계'를 보호하는 걸 가장 중요하게 여긴다. 브리젠딘에 따르면 소녀와 여성의 두뇌는 원하는 것을 얻도록 연결되었다. 그렇다면 여성이 원하는 것은 무엇일까? '관계를 형성하고, 공동체를 이루고, 여성의 세계를 조직하고 조율해서 자신이 그 중심에 서는 것'이다. 이것이 바로 여성의 뇌에서 공격성이 발휘되는 지점이다. 여성의 뇌는 항상 필연적으로 자기에게 중요한 '관

계'를 보호하는 일에 매진한다.[166]

톰 피터스가 어느 날 아침 식사를 함께하면서 이런 이야기를 한 적이 있다.

"한 여성이 신문 칼럼을 쓰려고 하는데 남자들이 이렇게 조언했어요. '우정을 위해 좋은 칼럼을 희생하지 말라.'라고. 반면에 여자들은 이렇게 조언했답니다. '좋은 칼럼을 쓰기 위해 우정을 희생하지 말라.'라고요."[167]

하지만 관계를 보호하는 일과 더불어 윈-윈을 지향하는 마음도 결과가 중요하기 때문이다. 시벨리어스 주지사는 이렇게 말했다.

"제가 생각하기에 여성은 매사에 접근하는 방식이 다릅니다. 모두를 테이블에 앉혀야 하지요. 그들이 하는 말에 귀를 기울이고, 당신이 원하는 바를 그들이 이행하지 않는다고 해서 무조건 비난하지 않아요."[168]

또한 여성은 자신이 조금 얻으려면 타인에게 조금 내주어야 한다고 여긴다. 마사 스튜어드 리빙 옴니 미디어Martha Stewart Living Omnimedia의 사장 겸 CEO인 수전 라인Susan Lyne은 다음과 같이 말한다.

"항상 테이블에 무언가를 남겨두세요. 이 조언을 사업을 하는 데에 매우 중요한 원칙으로 삼으세요. 어떤 협상에서든 한쪽이 온전히 모든 이득을 취하는 건 잘못된 거예요. 그건 피로스의 승리*인 거죠. 결국 파트너와의 관계를 망가뜨리게 됩니다."[169]

그동안 수많은 회의에 참석하면서, 내가 한 일이 다른 남성의 공으로 돌려질 때마다 1달러씩 받았더라면 나는 복권을 살 필요가 없었을 것이다. 남성이 공로를 인정받을 자격이 없다는 뜻이 아니다. 물론 충분히 자격이 있다. 다만 자기 몫으로 합당한 정도보다 더 많이 가져가려 하는 게 문제다. 항상 접시에 있는 브라우니 중에서 가장 큰 조각을 향해 손을 뻗는다. 그러면서 다른 남성(때로는 여성)도 똑같이 할 거라고 생각한다.

주지사 시벨리어스는 의료 개혁안을 비롯한 주요 안건들을 놓고 의원들(대부분이 남성)과 기꺼이 협력하려는 의지가 법안을 통과시키는 데 결정적인 역할을 했다고 말했다. 그녀는 결과에 초점을 맞추었다고 했다.

"우리는 '안 돼, 내 것이어야 해.'라고 주장하지 않았어요. 어떻게 이 안건을 통과시키지? 어떻게 하면 협상 테이블에 사람들을 붙잡아 둘 수 있을까? 우리 아이디어가 아직 받아들여지지 않았는

---

* 엄청난 피해나 비용을 감수해야 하는 승리

데, 어떻게 그것들을 논의에 포함할 수 있을까? 어쩌면 남성의원들의 이름을 안건에 올려주고 등을 토닥여 주면서 '오, 당신은 정말 똑똑하군요. 세상에, 어쩜 그렇게 영리하세요? 저는 왜 그 생각을 못 했을까요?'라고 말해주어야 하는지도 모릅니다."[170]

여성은 자기를 돋보이게 하는 점만 공유하지 않는다. 흠이 될 수 있는 것도 나누고 싶어 한다. 블랙 엔터테인먼트 네트워크의 데브라 리는 이렇게 말했다.

"여성은 자기의 단점을 솔직하게 얘기하는 편입니다. 남성은 그걸 알면서도 자기들의 약점을 숨기는 것 같아요. 남자들이 그러한 차이를 알았으면 좋겠어요. 여자들은 솔직합니다. 그래서 좋은 관리자가 될 수 있다고 생각해요. 자기가 갖지 못한 기술을 가진 사람들을 고용하니까. 남성은 '내가 다 할 수 있어.'라고 생각하지요. 여성은 손을 내밀고요.[171] 하지만 일부 여성은 다음 직책에 도전하거나 스스로 승진 대열에 나서는 걸 주저합니다. 자기 의견을 말해야 할 때도요. 남성은 그냥 말하지요. 때로는 자기가 정말 해야 하는 말이 있든 없든, 그저 말하고 있는 그 상태를 즐기는 것 같아요. 하지만 여성은 꼭 말해야만 하거나 덧붙여야 하는 말이 생길 때까지 기다립니다. 좌중을 감동하게 하려는 목적으로 말하지는 않아요. 간혹 그러는 여성이 있다고 해도, 극소수에 불과할 거예요. 제가 수많은 회의장을 다니면서 느낀 겁니다."

소통, 협력, 합의

누구의 공로로 인정받을 것인지 신경 쓰지 않으면 함께 일하기가 쉬워진다. 샌프란시스코 고위 공공안전관리자들에게 물어보라. 그들은 '사이렌'이라고 자칭[172]하지만, 시민들은 응급 상황이 발생하면 그들에게 연락한다. 소방서장, 경찰서장, 지방 검사장, 응급 서비스 및 국토 안전본부장, 검시관, 검시 의사가 모두 여성이다. 선출직인 지방 검사장을 제외하고 모두 개빈 뉴섬 Gavin Newsom 시장이 임명했다. 개빈 뉴섬 시장은 "나는 '여성' 후보를 찾았던 게 아닙니다. 유능한 팀을 구성하고자 했을 뿐이지요."라고 말했다. 그리고 실제로 그런 팀을 구성했다. 허리케인 '카트리나'가 휘몰아친 이후에는 전 세계적으로 유능한 안전 관리팀이 무엇보다 중요해졌다.

"미국인은 시가를 물고 머리를 스포츠형으로 짧게 깎은 강한 남성상을 좋아합니다. 그런데 또 결과도 중요하게 여기지요. 나는 종종 여러 가지 일을 한 번에 처리하고, 자아를 내려놓으며, 불평 없이 문제를 해결하는 여성의 능력을 선망하곤 했습니다."

여성으로만 구성된 이 팀의 장점 중 하나는 협력이다. 지방 검사장 카멀라 해리스 Kamala Harris와 경찰서장 헤더 퐁 Heather Fong이 처음 취임했을 때, 두 부서는 서로 으르렁거리던 관계였다(실제로 전임 검사장은 경찰 서장과 일부 지휘관을 기소한 적도 있었는데, 먹다 남은 파히타fajita* 한 봉지 때문이었다고 한다. 말도 안 되지만 농담이 아니다). 수년간 갈등을 빚느라 제대로 된 대화라는 걸 해 보지 못한 남성 전임자들과 달리 두 여성 책임자는 서로의 의견이 엇갈릴 때도 소통의 창구를 닫지 않았다. 또한 기존의 문제를 해결하기 위한 새로운 방도를 모색했다. 이에 관련해 카멀라 해리스는 "범죄에 '온건'하게 대처할 것인지, '강경'하게 대처할 것인지를 따지던 낡은 대화에서 벗어나 '스마트'하게 대처하는 방안을 논의해야 합니다."라고 말했고, 퐁은 "상황을 중재하고 갈등을 해소하는 방법에는 여러 가지가 있습니다."라고 말했다. 무엇보다도 헤더 퐁은 경찰관들에게 순찰차에서 내려, 이웃을 만날 수 있는 거리로 나가라고 독려했다. 그리고 소방서장인 조앤 헤이즈-화이트Joanne Hayes-White와 팀을 이루어 경찰과 소방대원의 합동 훈련을 실시했다. 이들은 같은 응급 상황에 함께 투입되는 경우가 많기 때문이다.[173]

버지니아주 알링턴에 있는 국립 여성 및 치안 센터 소장인 매기 무어Maggie Moore는 보스턴이나 밀워키, 디트로이트처럼 여성이 책임자로 있는 미국 내 다른 대도시에서는 '경찰 배지부터 내세우는 권위적인 전술'이 아닌 다른 방식을 이용하는 경우가 일반적이라

---

* 토르티야에 다양한 야채와 고기 등을 싸먹는 미국 텍사스, 멕시코 요리의 하나

고 말했다.

"현재 치안 업무의 80%는 소통, 예방, 사전 관리입니다."

이러한 자질이 여성의 전유물은 아니지만, 여성이 리더의 역할을 수행할 때 이러한 자질이 한몫하는 것은 사실이다. 이에 상원의원 케이 베일리 허치슨은 다음과 같이 말했다.

"여성이 대체로 협조적이라고 생각해요. 그런 경우를 종종 보기도 하고요. 그래서 사업이나 입법 분야에서 여성이 리더를 맡으면 우리가 속해 있는 체제 전체에 영향을 미친다고 생각합니다. 여성이 기업의 고위직에 진출하면서 기업 관리도 많이 변화하고 있어요. 협력적인 비즈니스 모델이 좀 더 많아졌고요. 정부나 입법 분야도 마찬가지입니다. 여성이 빠르게 정상에 오르고 있어요."[174]

매사추세츠 공과대학 첫 여성 총장인 수전 혹필드Susan Hockfield가 그 대표적인 사례다. 그녀는 대학이 새로운 방식으로 협력하도록 이끌고 싶다고 말했다.

"나는 학생 때부터 학제 간 융합 연구 방식을 선호했어요. 개인이 혼자서는 얻을 수 없는 지식을 한데 모을 수 있기 때문입니다."[175]

힐러리 클린턴 상원의원도 자기가 만약 대통령이 되고자 한다면 어떻게 접근할 것인지를 이야기하면서, 대통령은 다양한 출처에서 정보를 모아야 한다고 했다. 그녀는 『뉴스위크』와의 인터뷰에서 이런 말을 하였다.

"나는 전문적인 능력이나 관련 경력을 가진 사람만을 찾는 게 아니라, 다양한 의견으로 논쟁하고 논의할 의지가 있는 사람을 원합니다. 내가 얼마나 진심으로 그러한 논쟁에 임하는지를 보면 사람들이 놀라기도 합니다. 물론 논쟁이 어떤 결말에 도달할지 알고 그러는 건 아니에요. 그렇지만 합의에 이르고자 노력하기를 바라는 거죠. 합의에 이를 수 없다고 해도, 문제를 모든 관점에서 바라보고 파악하고자 노력하는 거죠."[176]

권력을 새롭게 규정하기

리더에게는 권력이 따른다. 세대를 거쳐 내려오면서 사람들은 의문을 제기해 왔다. "여성이 권력을 가지지 못한 것은 간절히 원하지 않아서인가?" 고백하자면 나도 답은 모른다. 한가지는 말할 수 있다. 많은 여성이 권력을 소유하는 걸 불편하게 여긴다는 사실이다. 적어도 전통적 의미의 권력은 가지기를 꺼린다. 이 책을 쓰기 위해 내가 인터뷰했던 여성의 대부분이 "권력을 가졌다."라고 말하면 움츠러들며 손사래를 쳤다. "영향력이 있다." 라고 말한다면? 어느 정도 수긍할 것이다. 하지만 권력은? 그런 말은 꺼내지도 말자.

크리에이티브 아티스트 에이전시의 수장이자 할리우드에서 가장 영향력 있는 에이전트로 널리 알려진 마이클 오비츠**Michael Ovitz**와 만난 적이 있다. 그는 자기가 앉은 의자 옆에 곤봉이 놓여 있는 듯한 손짓을 하며, 대다수 여성과는 대조적으로 말했다.

"권력은 곤봉과 같습니다. 그것을 향해 손을 뻗는 순간, 그걸 잃는 겁니다."

그의 말에서 아주 강렬한 암시를 느꼈다. 왜냐하면 마이클 오비츠의 곤봉은 카펫 밖으로 나간 적이 없었으니까!

대부분 여성은 그렇게 생각하지 않는다. 환경 운동가이자 바디샵**The Body Shop**의 창립자인 고故 아니타 로딕은 "여성은 권력을 좋아하지 않는다."라고 말했다.

"권력이 남성에게 어떤 의미인지 여성들은 잘 알고 있어요. 그 유혈 현장에 발을 디디고 싶지 않은 거죠. 여성은 도덕적인 영향력을 좋아해요. 뭔가를 변화시키는 능력을 좋아하죠. 그렇지만 지금 우리가 정의하는 의미에서의 권력이라면? 글쎄요, 잘 모르겠습니다. 어떻게 생각하세요? 최근에는 여성이 점점 큰 조직을 떠나 작은 그룹으로 옮겨가는 추세예요. 그러니까 여성이 권력의 개념을 다시 정리하고자 하는 시점이 올 때까지는 여성이 권력을 거부감 없이 수용하기는 어려울 것 같습니다."[177]

점점 더 많은 여성이, 앞서 말했듯이 '큰 조직'을 떠나 자신의 가치관과 시간적 요구를 수용해줄 수 있는 직장을 찾는다. 이는 여성 소유의 소규모 사업이 가장 빠르게 성장하는 이유 중 하나임이 분명하다. 하지만 그렇다고 해서 여성이 더 큰 무대에서 활동하기를 원하지 않는 건 아니다. 아니타 로딕은 이렇게도 말했다.

"여성은 알고 있습니다. 위대한 사회 운동도 작은 공동체 의식에서 시작된다는 것을요. 여성 운동, 동성애자 인권 운동, 생태 운동 등은 이제 대중 운동이 되었습니다. 이러한 운동이 활발하게 이어지는 데에는 여성의 역할이 큽니다. 그리고 제가 이 사업을 시작하게 된 것도 여성 의식이 고취된 데에 기인한다고 봅니다. 우리가 나누고 협심했던 그때의 감각을 절대로 잃어서는 안 된다고 생각해요. 이것은 우리의 유산이며, 우리가 써 내려온 이야기니까요. 권력의 개념보다 중요한 거예요."

점점 더 많은 여성이 권력의 자리에 앉게 되면서 그들의 세계를 설명할 새로운 비유의 대상이 필요해졌다. 남성의 세계는 언제나 스포츠와 전쟁에 비유되었다. 여성의 세계는 점점 더 모성에 비유되는 경우가 많아진다. 다시 얘기하지만 모든 남성이 스포츠를 좋아하는 건 아니다(나의 남편을 예로 든다면, 그는 풋볼팀의 쿼터백보다는 요리에 훨씬 더 관심이 많다).

게다가 모든 여성이 엄마가 되는 것도 아니며, 모든 엄마가 자녀를 키운다는 사실 하나만으로 세상을 지배할 수 있는 능력을 지녔다고 생각하는 것도 아니다. 그러나 아이를 기르는 동안 여성은 다양한 기술을 습득한다. 우선 엄마는 필요를 예측하는 법을 배운다(자동차로 장거리 여행을 할 때, 아이 중 누군가 "화장실에 가야 한다."라고 말하기 전까지 얼마나 더 갈 수 있을지를 예측한다). 또 엄마는 어려운 일들을 판단하고 결정하는 능력을 습득한다(언제쯤 아이가 자전거를 타고 혼자 공원에 가도 좋을지 판단한다). 외교적인 능력도 습득해야 한다(세 아이가 하나의 TV 프로그램을 보도록 하려면 어떻게 해야 할지 고뇌한다). 그리고 분별력도 배운다(자동차 안에서 일어난 일은 자동차 안에서 해결한다). 그 밖에도 엄마는 자기희생, 시간 관리, 다중작업 능력, 근면, 긴 시간 버티기, 유연성, 팀 만들기 등을 배운다. 혹독한 현실을 살아가면서 이러한 능력을 지닌 리더를 원하지 않을 사람이 있을까?

웰즐리 대학 여성 연구센터의 2001년 연구에 따르면, 성공한 여성 리더들이 '자녀 양육'을 '리더십 훈련'이자 '리더 행동 훈련'을 가리키는 은유로 언급하는 경우가 점점 많아지고 있다고 한다.[178] 해당 연구 논문의 저자인 숨루 에르쿠트Sumru Erkut는 이렇게 말했다.

"그녀들이 자신의 모성적 경험을 편안하게 수긍하고 이야기할 수 있게 되었다는 신호이지요. 과거에 여성은 학계나 사회에 발을 들여놓기 전에 자신의 여성성을 뒤에 남겨두어야 했어요."[179]

하지만 오늘날에는 자녀 양육의 시기를 경력의 공백기가 아닌 자산이라고 당당히 주장하는 여성들이 점차 늘어난다. 논의의 틀이 재구성되는 것이다. NASA 우주비행사이자 여성 최초로 우주왕복선 디스커버리호를 지휘한 에일린 콜린스Eileen Collins는 이렇게 말했다.

"나는 부모라서 더 나은 리더가 될 수 있었다고 생각해요. 저는 스트레스를 잘 안 받는 편이기도 하고, 체계적이에요. 그리고 아이들을 키우면서 우선순위를 정하는 법을 배웠죠."[180]

마찬가지로 샌프란시스코 소방서장이자 세 아들의 어머니인 조앤 헤이즈-화이트도 자녀를 양육한 시기는 1,700명의 소방관을 이끌 실력을 기른 최고의 준비 기간이었다고 말한다.

"그 시기에 일관된 훈련(훈육)의 중요성, 명확한 경계와 규칙 그리고 기대 목표 설정의 중요성을 배웠습니다."[181]

그녀는 어머니가 된 이후 타인을 보살피는 기량을 습득했는데,

이는 소방서장의 역할을 수행하는 데에도 결정적인 도움이 되었다. 몇 년 전 소방관 중 한 명이 임무를 수행하다가 화상을 입었을 때도, 헤이즈-화이트는 그 소방관이 퇴원할 때까지 거의 매일 화상 병동을 방문했다.

일화적인 증거와 경험적인 증거에도 불구하고, 모든 사람이 여성 고유의 리더십이 있다고 믿는 건 아니다. 케냐의 노벨 평화상 수상자인 왕가리 마타이의 말을 들어보자.

"여성에게 리더십을 발휘할 기회가 주어진 적이 없었기 때문에 여성이 또 다른 형태의 리더십을 발휘할 수 있는지 확신 있게 대답하기는 어렵습니다. 그리고 지금 우리는 남성의 사고가 지배하는 사회 구조, 조직, 문화에서 리더의 직무를 수행하고 있어요. 그러다 보니 남성의 체제에 속해지기 위해서는 그들처럼 사고해야하는 상황인 거죠."[182]

그녀는 이렇게 말하며 특유의 전염성 강한, 그러나 의미심장한 웃음을 지어 보였다. 주디스 맥헤일은 이에 대해 의구심을 표했다.

"그건 남성과 여성을 이분법적으로 보는 견해라고 생각해요. 리더십의 양상은 맡겨진 책임과 상황의 변화에 따라 달라져야 한다고 봅니다. 그러니 어느 특정 스타일의 리더십이 모든 상황에 맞을 수는 없다고 생각해요. 그건 너무 극단적이에요."[183]

또한 맥혜일은 리더십 스타일이 성별보다는 세대에 따라 다르다고 덧붙였다.

"나이 많은 남성 중에는 명령과 통제를 중시하는 리더가 많습니다. 60대와 70대 남성이 여기에 속하죠. 40대와 50대는 협력을 지향하는 편이고요. 그러니까 성별에 따라 구분할 필요는 없을 것 같아요. 세대에 따라 다른 거죠. 지금은 어떤 조직에서도 명령과 통제를 우선하는 구조가 잘 작동하지 않을 거예요. 복잡한 조직에서 그런 식으로 조직원을 이끈다는 건 어려운 일이죠."

성별에 따른 분류는 차치하더라도, 여성은 리더 역할을 수행할 때 다양한 힘을 사용한다. 또한 여성 대부분이 '결과를 중시하면서도, 동시에 주변 사람의 성장과 발전에 고루 주의를 기울이기 때문에' 그들의 리더십은 모든 리더에게 좀 더 많은 선택지를 제공한다.[184] 그렇다고 해서 여성이 남성은 겪지 않아도 되는 어려움에 직면하지 않는다는 말은 아니다. 어떤 도구들은 처음부터 여성에게 주어지지 않으며, 특정 행동은 여성에게 허용되지 않기도 하니까.

이어지는 연구 결과가 시사하는 바에 따르면 사람들은 어떤 특성은 남성의 것으로, 또 어떤 특성은 여성의 것으로 분류하여 연관 짓는다.

전형적인 남성성을 의미하는 특성, 즉 공격성, 야심, 강한 자기 주장, 강압성, 과한 자신감은 '리더의 자질'로 인식된다. 반면에 많은 사람이 도움 제공, 친절함, 다정함, 공감능력, 애정 같은 자질을 가진 사람을 바라보면 자신의 어머니를 떠올리지, 직장 상사를 떠올리지는 않는다. 게다가 전형적인 남성성이 항상 여성에게도 통하는 것은 아니다. 여성이 위협적인 인상을 준다면 어떻게 될까? 그건 두 번 생각할 필요도 없다! 성공 가도에서 가장 신속하게 추락하는 편도 열차에 탑승하게 될 테니까. 그런 여성이 부하직원을 훈육하려고 한다면? '남자보다 덜 효율적이면서 공정하지도 못한' 여성으로 낙인찍히고 말 것이다.[185]

여성이 자기 효율성을 잃지 않으면서 본성에 충실하고, 남성이 아니면서도 리더의 역할을 수행할 수 있도록 완벽한 균형을 이룬다는 건 어려운 일이다. 궁극적으로 여성은 리더십과 권력의 개념을 재정의하고 나서 자신이 설 자리를 주장해야 한다. 실제로도 이미 그런 일이 다양한 방식으로 발생하고 있다.

비즈니스의 원칙을 지키면서 바디샵을 10억 달러 규모로 키운 아니타 로딕이 64세의 나이로 세상을 떠나기 전에 이렇게 말했다.

"내 부고 기사를 누군가 써준다면, 내가 비즈니스의 언어를 바꾸려고 노력했다는 사실이 적혔으면 해요.[186] 나는 한 번 가르치면 꾸준히 지속될 수 있는 표현과 단어를 사용하려고 노력했어요. 직장에서의 기쁨에 관해 이야기했습니다. 직원들의 사기를 측정하고 고무하는 방법에 관해 이야기했어요. 그리고 사랑에 관해 이야기했습니다."

당신의 노력은 훌륭한 결실을 보았습니다. 평안하게 잠드세요, 아니타.

3부

여자는 어떻게
세계를 지배해야 하는가

HOW WOMEN CAN RULE THE WORLD

7장

누출되는 파이프라인을 정비하려면

"남성이 결혼생활과 직장생활을 병행하는 방법에 관해 조언을 구했다는 말을 나는 아직 들어보지 못했다."

— 글로리아 스타이넘(Gloria Steinem), 페미니스트·언론인·사회운동가

젊었을 때는 나의 진로에 특별한 장애물이 있을 거라고는 생각하지 않았다. 선거 캠페인을 하나씩 거쳐 가면서 경력이 쌓이고, 그에 따라 내가 맡은 책임도 커져갔다. 함께 일한 동료 대부분은 불안정한 고용 상태라는 장애물에 부딪혔다. 1980년대에 민주당원으로 일한다는 건 많은 경기에서 지는 것을 의미했고, 연이은 패배 후에 일자리를 찾기란 쉽지 않았다. 그렇지만 나는 독신에 아이도 없었기에 일자리를 잃는다고 해서 잠을 못 자거나 근심하지는 않았다. 오히려 그런 상황에서도 위험부담을 견뎌낼 수 있는 걸 큰 자산으로 여겼고, 나 자신을 여성이라는 성별에 국한하기보다는 중립적인 한 인간으로 인식하고 있었다.

하지만 몇 번의 캠페인을 마치고 나니, 경력의 사다리를 하나씩 올라갈 때마다 그곳에 발을 붙이고 있는 여성의 수가 현저하게 적어진다는 사실을 알아차리게 되었다. 내가 아는 한, 핵심층으로 들어간 여성이 많았던 적은 없었다. 하지만 다음 세대의 여성들이 밀고 올라오면서 상황이 달라질 것이라 기대했다. 그런데 1984년 대선 당시 먼데일 대통령 후보 캠페인에서 자원봉사자들을 관리하며 나와 함께 밑바닥부터 시작한 젊은 여성 중 다수가, 그 바닥을 떠났다는 사실을 깨닫게 되었다. 물론 그들 중에는 선거 정치에 염증을 느껴서 떠난 사람도 있을 것이다. 근무 시간은 길고, 급여는 형편없는 데다 항상 다음 일자리를 찾고 있어야 했으니까. 젊은 남성 중에도 같은 이유로 떠난 사람이 많았지만 남아 있는 사람이 여전히 많아서, 해마다 캠페인에서 중책을 맡고 선거 후에는 정부의 요직에 임명되는 걸 볼 수 있었다.

정치계만 그런 건 아니었다. 법, 의학, 비즈니스 분야의 전문직에서도 그렇다. 학부나 대학원을 졸업하고 취업하는 숫자는 남녀가 거의 같은데, 시간이 지나면서 여성은 점차 사라지는 추세가 지난 수십 년 동안 계속되었다. 이와 관련하여 진지하게 몇 가지 의문을 던져볼 수 있다. 왜 고위 공직에 이르는 여성의 수가 그렇게 적을까? '파이프라인'에 들어서는 여성의 수는 점점 많아지고 있다. 말하자면 다양한 분야의 초급 직책에 취업하는 여성이 점점 많아진다는 뜻이다. 그런데 왜 정상에 이르는 여성은 그렇게 적은가? 파이프라인의 누출이 생기는 이유는 무엇인가?

이 질문에 답하기란 간단하지 않지만 몇 가지 명백한 이유가 있기는 하다. 중책을 맡아 일하면서 어린 자녀를 키운다는 게 너무 힘들다는 게 하나의 이유일 것이다. 엄격히 규명하기가 어려운 이유도 있다. 중요한 비즈니스 거래가 이루어지는 정보 네트워크에 여성의 접근이 차단되는 경우가 그렇다. 또한 남성과 여성의 원하는 바가 다르고, 여성이 각기 원하는 바도 다르며, 그것들을 원하는 시점과 원하는 이유도 다르다는 사실을 인정해야 한다. 끝으로 그러한 다름에 부응하는 직장의 개념을 다시 정립해야 한다. 점차 많은 고용주가 스스로 좀 더 유연해질 수 있다는 사실을 깨닫는다. 유독가스처럼 직장 경력을 오염시키는, 눈에 보이지 않는 장벽을 뿌리 뽑을 수 있다는 사실을 인지하게 된 것이다. 점점 더 많은 고용주가 새롭고 혁신적인 방식으로 여성에게 더 많고 더 나은 선택지를 제공하면서 아직 개발되지 않은 인적 자원의 거대한 보고를 발견하고 있다. 이러한 맥락을 고려할 때, 누출된 파이프라인을 정비하는 것은 합당할 뿐만 아니라 현명한 일이다.

보이는 장벽과 보이지 않는 장벽

먼저 장애물에 관해 이야기해 보자. 직장과 가정의 균형을 잡는 일이 특히 여성에게 힘든 책무라는 데에는 의문의 여지가 없다. 우선 편향적인 사회의 기대가 그렇다. 럿거스 대학교 미국 여성 및 정치 센터의 데비 월시Debbie Walsh는 이렇게 말했다.

"제인 스위프트Jane Swift는 매사추세츠 주지사로 일하면서 쌍둥이를 낳았고, 같은 시기에 미시간 주지사였던 존 엥글러John Engler의 가정에는 세쌍둥이가 태어났습니다. 그런데 남성인 존 엥글러에게는 '세 여자아이를 기르면서 주지사 임무를 어떻게 수행할 겁니까?'라고 아무도 묻지 않았어요. 하지만 제인 스위프트는 끊임없이 그 질문에 시달려야 했죠."[187]

급여를 받는 직장에 다니는지와는 상관없다. 여성은 자녀를 보살피고 집안 살림을 꾸리는 데 남자보다 훨씬 많은 시간을 보낸다. 적어도 나는 그렇다(남편이 요리는 거의 도맡아 하고 있기는 하지만).

여러 연구 결과에 따르면 최근 몇 년 동안 남성이 가사 분담을 일부분 맡는 추세가 늘어가고 있다고는 한다. 하지만 아내가 직장에 다니더라도 남자는 가사에 대체로 태만하다. 여성에게 가사노동이 부과되면, 아무리 성실한 여성이라도 직장 업무를 제대로 수행하지 못한다. 요즘 세상에 직장에서 가족의 존재를 숨겨야 한다고 생각하는 여성은 없지만, 여성은 여전히 모성적 의무에 따르는 현실적인 어려움과 편견에 맞서서 싸워야 한다.

최근에 내 친구 중 한 명이 이런 말을 했다. 사무실의 남자 동료가 늦게 출근하면 사람들은 그가 업무 관련 회의에 참석하고 오는 거로 생각한다. 그러나 그녀가 늦게 출근하면, 아이에게 문제가 생겨서 늦는 거로 넘겨짚는다는 것이다. 혼자서 아이를 키우는 또 다른 친구는, 하필 캠핑 간 딸아이를 데리러 가야 하는 날 회사에서 대규모 콘퍼런스 일정이 생겨 곤란을 겪었다고 했다. 엎친 데 덮친 격으로 상사가 그 친구에게 중요한 프레젠테이션을 맡으라고 했다는 것이다. 친구가 프레젠테이션을 하지 못할 것 같다며 양해를 구했더니, 자녀가 없는 한 남자 동료는 그 일에 관련된 모든 상사와 동료에게 이메일을 보내 "그녀의 부재로 인해 동료 중 한 명이 일찍 출근하여 그녀 대신 프레젠테이션을 준비해야 한다."라며 불평했다는 것이다. 그 친구는 경쟁하듯 걸려 오는 전화를 받느라 진땀을 흘리는데, 동료들이 자신을 업무에 충실하지 못하고 남에게 폐를 끼치는 사람으로 단정할까 두려워했다.

가정을 돌봐야 하는 과도한 책임은 여성의 성취를 방해하는 모든 장애물의 모체가 된다. 그런데도 그러한 상황은 뉴스의 헤드라인을 장식하지 못한다. 물론 남성이 가사를 분담할 수도 있고, 앞으로 점점 더 그렇게 되겠지만, 수전 에스트리치가 말했듯이 "성별과 육아의 연결고리가 끊어지기를 기다리는 것은 고도Godot*를 기다리는 것과 같다."[188]

가정을 돌봐야 하는 부담이 파이프라인이 새는 유일한 원인은

---

* 〈고도를 기다리며〉는 1969년 노벨문학상을 수상한 사뮈엘 베케트(Samuel Beckett)의 부조리극이다. 해당 극에서 두 주인공 블라디미르와 에스트라공은 '고도'라는 이름의 오지 않는 사람을 끝없이 기다린다.

아니다. 고위직으로 갈수록 숨겨진 장애물이 여성의 진로를 가로막는다. 연구에 의하면, 회사에 다니던 여성이 그만둘 때 그 주된 이유는 가정 때문이 아니라 기회의 부족과 일반적인 불만 때문인 걸로 나타났다.[189] 회의에 초대받지 못하는 경우가 너무 잦고, 참석했다 하더라도 발표 중에 누군가 끼어들거나, 무시되는 경우가 많다는 것이다. 또한 자료 배포 목록에서 제외되거나, 비공식 네트워크에서 배제되기도 한다. 아니면 토요일 아침에 골프 모임을 잡았는데 다른 의무와 상충되어 참석하지 못하게 되거나. 이러한 '소소한 불평등'은 길가에 널린 조약돌 같지만, 모이면 큰 바위가 된다.[190]

1997년 당시 회계 및 컨설팅 회사인 딜로이트 앤 터치Deloitte & Touche의 사장이었던 마이크 쿡Mike Cook은 대학 졸업생을 남녀 같은 수로 채용해도 10년이 지나면 여성 중 대부분이 그만둔다는 사실을 깨닫고, 고위 관리자들에게 그 이유를 물었다.[191] 그러자 관리자들은 대부분이 가정적인 이유로 회사를 떠났다고 대답했다. 하지만 쿡은 그러한 대답에 의문을 품고 팀원들에게 좀 더 자세한 정보를 알아보라고 지시했다. 팀원들은 지난 10년간 회사를 떠난 여성들에게 연락해서 인터뷰를 진행했다. 그리고 어떤 사실을 알아냈을까? 일부는 실제로 가정적인 이유로 그만두었다고 했다. 하지만 좀 더 복잡한 이유가 있었다. 여성이라는 이유로 기회가 제한되는 것을 느껴서 떠났다는 것이다. 중요한 거래처가 생겨도 출장을 너무 많이 가야 한다는 이유로 여성은 고려 대상에서 제외되었다. 아니면 자동차 사업 같은 남성 지배적인 환경이어서 배제되거나 남성 고객의 인성이 아주 불량하다는 이유일 때도 있었다고 했다. 하지만 아무도 그들의 의사를 직접 물어본 적은 없다고 했다. 다만 상사들이 자기들 멋대로 그들의 생각을 짐작해서 결정을 내렸다는 것이다. 정작 그 여성들은 더 많은 기회를 원했다. 일주일에 80시간을 일해도, 정상에 오를 기회가 열려 있는 상황과 죽을힘을 다해 일해도 언제까지나 중간 단계에 머무를 수밖에 없는 상황은 다르다.

고정관념은 또 다른 방식으로 기회를 제한하기도 한다. 고정관념을 가진 사람은 보고 싶은 것만 보고, 듣고 싶은 것만 듣기 때문이다. 수백 년 동안 남성은 여성보다 음악적 재능이 뛰어나다고 간주됐다.[192] 세계적으로 유명한 오케스트라에 남성 단원의 수가 압도적으로 많은 것이 그러한 견해를 반영하고, 또 고정관념을 더욱 부추겼다. 그 고정관념에 의하면 여성은 남성 작곡가가 남성을 위해 만든 어려운 곡을 연주할 힘과 원기, 또는 정신적 기량이 부족하다는 것이다. 바이올린처럼 '여성적인' 악기를 연주하는 소수의 여성이 있기는 하지만 호른처럼 '남성적인' 악기를 연주하는 여성은 없다. "겉으로 보기에도 안 어울린다, 폐활량이 부족해서 안 된다, 감당할 수 없을 거다." 등 여성이 할 수 없는 이유가 나열된다. 그러다가 재미있는 일이 일어났다. 음악가들이 정치적으로 조직화하기 시작하면서 더 높은 급여, 더 나은 복리후생, 무단 해고로부터의 보호 조치 등을 요구하기 시작한 것이다. 또한 객관적인 오디션 방식을 요구해서 이를 관철시켰다. 그렇게 해서 연주자는 스크린 뒤에서 오디션을 보게 되었다. 지휘자는 연주자가 키가 큰지 작은지, 건방진지 수줍어하는지, 남자인지 여자인지 알 수 없게 된 것이다. 스크린 오디션 방식이 일반화되고 수년이 지나자 미국의 정상급 오케스트라에 여성 단원의 수가 다섯 배나 늘어났다고 한다.

이와 비슷한 예로, 일군의 심리학 교수들이 종신교수직을 위한 이력서를 심사해 달라는 요청을 받았다. 이를 위해 두 개의 이력서가 사용되었는데, 하나는 뛰어난 실력을 갖춘 '환상적인' 이력서, 또 하나는 성공적이긴 하지만 평균에 가까운 실력을 갖춘 이력서였다.[193] 각각의 이력서를 심사 교수진에 나눠주되 절반에게는 여자 이름을 써서, 나머지 절반에게는 남자 이름을 써서 주었다. 뛰어난 실력을 갖춘 지원자를 채용하겠다는 안건에는 이견이 없었다. 모든 교수가 지원자의 성별과 관계없이 그 지원자를 채용하겠다고 했다. 하지만 평균에 가까운 지원자를 채용할 때에는 성별에 따른 차이가 확연했다. 같은 교습 경험과 연구 실적인데도 여성의 이름이 적힌 이력서에는 현저하게 낮은 평가를 내린 것이다. 또한 지원자를 채용하겠느냐는 질문에 참여 교수의 75%가 남성 지원자를 채용하겠다고 대답한 데에 반하여 여성 지원자를 채용하겠다고 답한 교수는 45%밖에 되지 않았다. 흥미롭게도 심사 교수들의 성별은 결과에 영향을 미치지 않았다.

물론 채용만이 중요한 건 아니다. MIT의 생물학 교수인 낸시 홉킨스Nancy Hopkins의 유명한 일화처럼, 교수진에 들어갔다고 해서 여성을 가로막는 장애물이 사라지는 건 아니기 때문이다.[194] 홉킨스 박사의 연구실은 암 연구 분야에서 중요한 연구 실적을 여러 번 올렸을 정도로 명성이 있었지만, 홉킨스 박사가 속한 학과는 약 18m²의 공간을 추가로 제공해 달라는 그녀의 청을 거부했다. 그 외에도 여러 차례 좌절감을 경험한 홉킨스 박사는 다른 여성 교수들의 처우도 비교하기 시작했다. 이 연구를 은밀히 진행한 결과, 여성 교수가 비슷한 경력과 직위의 남성 교수보다 적은 급여를 받고 연구실과 사무실 공간이 작으며 지원금도 적다는 사실을 발견했다. 그리고 학부생의 과반수와 대학원생 및 박사과정 학생의 상당수가 여성임에도, 209명의 정규직 교수 중 15명을 제외하고는 모두가 남성이었다.

홉킨스 박사가 조사 결과를 MIT 총장인 찰스 M. 베스트Charles M. Vest에게 보여주자, 그는 무척 놀라면서, 진작 밝히지 못한 것을 안타까워했다고 한다. 그는 "나는 항상 대학 내에서 성차별이 일부는 현실이고 일부는 인식의 문제라고 생각했다. 어느 정도는 그런 면도 있지만 그래도 이제는 현실이 인식을 훨씬 압도한다는 걸 알겠다."라고 고백했다.[195]

여성에게 더 많은 선택지를

다수의 연구에 의하면, 여성은 근무 시간이 적고 업무 시간을 예측할 수 있는 일자리를 선호한다. 이를 두고 미국 국립 보건연구소 소장인 버나딘 힐리는 이렇게 말했다.

"소아과나 피부과, 1차 진료과에서 일하거나 그룹 진료 체제가 잘 되어 있는 곳에서 일하면 그렇게 할 수 있어요. 그렇지만 심장병 전문의라면, 환자에게 당신이 필요할 때 바로 달려가야 하지요. 한밤중에 호출받을 수도 있어요. 모두 밤에 당직 근무도 해야 하고요. 빠질 수가 없어요. 의료계는 특별한 계약 같은 게 있어요. 심장학이나 종양학처럼 특별한 분야의 전문의인 경우, 다른 의사가 병원에 있다 하더라도, 당신의 환자가 위급한 상황이라면 '지금 통화할 수 없으니 내 파트너에게 연락하세요.'라고 말하며 환자를 외면할 수 없어요. 그런 면에서 의학 분야는 책임이 무겁지요. 아시겠지만 저는 어린아이들을 키우고 있어요. 하지만 새벽 3시에 걸려 오는 전화도 놓친 적이 없습니다."[196]

여성은 어려운 의학 전문 분야에 종사한다 해도 엄마 노릇과 직장생활을 병행할 수 있다. 그렇지만 힘들다. 일부 여성은 시도해 보기도 전에 포기할 것이다. 그런데 이제 남성도 직장을 위해 그러한 희생을 감수할 만한 가치가 있는지 따져보기 시작했다. 스타벅스 회장인 하워드 슐츠Howard Schultz도 이렇게 말했다.

"남성도 그런 문제를 공공연히 이야기하기 시작했습니다. 10년 전만 해도 생각조차 못 했던 방식으로 말이죠."[197]

최근 『포춘』의 설문조사에 의하면 남성의 84%가 직장 밖에서 더 많은 시간을 보내고 싶다고 응답했으며 그중 절반 이상이 그러기 위해 수입을 줄일 용의가 있다고 응답한 것으로 나타났다. 그러니 언젠가는 일과 삶의 균형이 '여성만의 문제'가 아니라고 인식될 날이 올 거라 희망한다.

그렇다고 해도, 현재 많은 여성이 삶의 각기 다른 시점에 다양한 이유로 인하여 업무 부담이 적은 일자리로 옮겨가거나 생업을 잠시 보류한다. 이는 남성에게서는 찾아볼 수 없는 현상이다. 나도 그랬다. 백악관에서 임기가 끝나가면서 다음 단계를 생각할 무렵, 나는 내가 언제부터인지도 모를 만큼 오랫동안 일주일에 80시간씩 근무하고 있었다는 사실을 깨달았다. 그때 내가 제일 먼저 결정한 중요한 문제는 일주일에 80시간 근무하며 살지 않겠다는 것이었다. 당시 나는 서른세 살의 독신이었고, 삶에 다른 것을 위한 시간도 남겨놓고 싶었다. 가능하다면 가정을 꾸리는 일을 포함해서 말이다. 물론 직장생활은 계속할 생각이었지만 근무 시간이 적고, 유연한 일을 하고 싶었다. 백악관에서의 경력 덕분에 내게는 많은 선택지가 주어졌으나 나는 다음 직장을 결정하기 전에 우선 좀 쉬고 싶었다. 그해 크리스마스를 가족과 함께 보내고 나서 나는 친구들과 파리, 모로코를 여행했다.

모로코의 수도 라바트에서 미국 대사 가족과 함께 머물고 있을 때, 스티븐 스필버그의 전화를 받았다. 그는 파트너인 데이비드 게펜David Geffen, 제프리 캐천버그Jeffrey Katzenberg와 함께 새로운 영화 스튜디오를 설립하려는 중이라고 했다. 그러면서 자기들과 만나서 팀에 합류하는 것에 관해 의논할 수 있겠느냐고 물었다. 여행을 마치고 귀국한 뒤 나는 로스앤젤레스로 날아갔고, 유니버설 스튜디오 부지에 있는 스필버그 사무실에서 그들을 만났다. 2시간 동안 정치에 관한 이야기를 나눈 뒤, 게펜이 나를 보며 물었다. "영화 좋아하세요?" 나는 물론 영화를 좋아하지만, 그 이야기를 꺼내는 데에 2시간이나 걸렸다는 건 내가 그 일에 맞지 않는다는 첫 번째 힌트였을 것이다.

그렇지만 대표의 명성과 사업의 화려함에도 불구하고 내가 드림웍스Dreamworks에서 일하지 않을 것임을 확신한 계기는 따로 있다. 두 사람과의 만남 이후 며칠이 흘렀다. 디즈니에서 캐천버그와 함께 일했던 사람이 말하기를, 캐천버그가 주로 일찍 출근해서 직원들의 자동차 앞 덮개를 만져보고 얼마나 일찍 출근해 있었는지 확인한다고 한다. 나는 막 열정을 바쳤던 직장을 떠난 뒤였기 때문에 또다시 그렇게 매달릴 직장을 갖고 싶지 않았다. 그 대신 나는 〈이퀄타임〉의 공동 진행자, 『베니티 페어』 잡지의 워싱턴 편집장, 그리고 전국을 떠도는 강연자라는 세 가지 파트타임을 병행하는 길을 택했다. 일은 즐거웠고 시간도 훨씬 자유로웠으며 수입도 괜찮았기 때문에 나는 더없이 행복했다. 멋진 남자를 만나 결혼하고, 두 아이를 낳고 나서는 뒤를 돌아보지도 않았다.

이게 나의 지난 이야기다. 나는 가족을 원했다. 하지만 그것만이 전부는 아니다. 백악관에서의 경험이 나를 많이 지치게 했고, 다른 삶을 살고 싶게 만들었다. 그래서 나는 권한을 자율성과 맞바꾸고, 강도 높은 업무는 유연한 작업 시간과 맞바꿨다. 많은 여성이 나와는 다른 선택을 하거나, 다른 이유로 비슷한 선택을 할 것이다. 내가 혼신을 다해 일주일에 80시간씩 일해야 하는 직장을 원하지 않았다고 해서 아무도 그 일을 원하지 않는 건 아니다. 남성 중에도 그런 직장을 원하지 않는 사람이 많다. 그런가 하면 많은 여성이 그 일을 원할 뿐 아니라 아주 훌륭하게 잘 해내고 있다. 이베이의 CEO인 메그 휘트먼Meg Whitman이나 칠레의 대통령 미첼 바첼레트, 오프라 윈프리를 예로 들 수 있다. 또는 국회의원, 의사, 영향력 있는 로펌의 변호사, 기업가, 배우인 내 친구들을 예로 들 수도 있다. (자녀가 있든 없든) 여성이 당연히 고위직을 원하지 않을 것이라고 가정하면, 너무 많은 여성이 그들에게 중요한 결정을 스스로 내릴 기회를 얻지 못한다. 고용주가 자기의 생각에 근거해서 여성이 무엇을 원하는지를 함부로 가정한다면, 그렇게 해서 굳어진 고정관념은 여성에게 닫혀 있는 문을 더 굳게 잠가놓는 셈이 되는 것이다.

여성은 합리적이다. 다양한 가정의 요구, 직업의 기회나 보상은 남성과 여성 모두에게 다채로운 인센티브를 제공한다. 그 결과 각자가 다른 선택을 하게 된다. 그런데 관심사는 어떨까? 성별에 따라 무엇에 상상력이 자극되는지, 감동하는지 또는 어떻게 시간을 보내고 싶은지가 달라진다는 증거가 있을까?

사람은 누구나 자기만의 관심사가 있다. 그리고 그 관심사는 시간이 지나면서 달라지고 발전한다. 고등학교 시절, 나는 수학과 과학을 잘했다. 장래에 뭘 하리라는 생각은 없었지만, 내가 다녔던 산타클라라 대학에서는 신입생 때부터 전공을 정해야 했다. 고등학교 시절에 '스탠포드'라는 이름을 가진 아주 좋은 생물 선생님이 계셨던 덕분에, 온갖 징그러운 곤충을 잡아서 죽인 후 스티로폼이 깔린 커다란 상자 바닥에 핀을 꽂으며 라벨을 붙여야 하는 곤충 채집 프로젝트에서 D를 받았음에도 불구하고, 생물 시간을 좋아했다는 이유 하나만으로 전공을 생물학으로 정했다. 그러나 그 해가 끝날 무렵이 되자, 내가 벌레의 일생보다는 사람이 모여서 살아가는 일에 훨씬 더 관심이 많다는 사실을 깨닫고 전공을 정치학으로 바꿨다. 이러한 결정들이 나의 성별과 관련이 있다는 생각은 한 적이 없었다. 그렇지는 않았을지도 모른다. 하지만 광범위한 연구 결과를 보면 '사람을 다루는 일과 사물을 다루는 일' 중에서 어느 것을 원하는지에 남성과 여성 사이에 큰 차이가 있는 것으로 나타난다.[198] 하버드 대학교의 심리학 교수인 스티븐 핑커에 따르면 이러한 차이 때문에 사람들이 각기 다른 직업을 선택하게 된다고 한다.

미시간 대학교의 연구에 따르면 "젊은 여성들은 순수 수학과 물리학 분야의 커리어는 사회로부터 고립되어 있으며, 도움이 되지 않는다는 견해를 공유한다. 또한 스스로 사람 지향적이라고 생각하기 때문에 생물학이나 보건을 전공으로 선택한다."[199] 이는 지난 30년 동안 모든 과정의 학위를 취득하는 여성의 수가 엄청나게 늘어났음에도 불구하고 특정 분야를 선택하는 여성의 비율에는 거의 변화가 없었던 이유를 설명하는 데 도움이 된다. 2003년 여성의 박사 학위 취득 현황을 보면 교육 분야가 65%, 사회학이 54%, 생물학이 46%, 물리학이 18%, 공학이 17%였다. 그 후 20년이 지나도 이러한 양상이 변하지 않았다는 것이다.

더구나 SAT 수학 영역에서 높은 점수를 받은 여학생은 언어 영역에서도 높은 점수를 받는 경우가 많은데, 수학 능력이 뛰어난 남학생의 경우는 반드시 그렇다고 할 수 없다.[200] 그리고 언어 영역에서 점수를 잘 받은 학생은 수학이나 물리학을 전공할 확률이 낮다. 이들 영역에서는 본인의 능력을 고루 발휘할 수 없을 거로 생각하기 때문이다. 수학은 상당 부분이 이론이고, 물리학은 의학 분야처럼 '사람을 다루는' 능력이 필요한 분야가 아니다. 따라서 여학생들이 관심을 적게 가질 수밖에 없다. 이는 물리학과 공학 같은 학문이 여성의 다양한 관심사에 다가갈 수 있는 새로운 방법을 찾아야 한다는 의미일 수도 있다. 이 분야에서 두각을 나타내는 선두 주자들이, 물리학이 '사람에게' 줄 수 있는 실질적인 혜택, 예를 들어 아프리카의 시골 마을에 깨끗한 식수와 저렴한 에너지를 공급하는 방법 등을 이야기한다면 좀 더 많은 여학생이 관심을 가질지 모르겠다.

수치는 흥미로운 사실을 알려주지만 남성과 여성의 관심사가 '선천적으로 다르다'는 주장을 '증명'하지는 않는다. 또한 고정관념이나 사회적인 기대, 기회와 같은 요소들의 영향은 배제되어 있다. 40년 전에는 남학생이 스포츠에 훨씬 더 관심이 많다고 널리 믿어졌고, 그 이유만으로 전국의 고등학교와 대학교에서 운동선수의 성비가 심각하게 불균형했다. 그러던 중에 타이틀 나인Title IX*이 제정됐다. 여학생이 스포츠에 참여할 기회가 급증하면서 관심도 커졌다. 그 후 35년 동안 고등학교에서 스포츠에 참여하는 여학생의 수는 904%나 증가했고, 대학교에서 스포츠를 하는 여학생의 수는 567% 증가했다. 따라서 낡은 고정관념과 통념은 완전히 재검토되어야 했다.[201]

프린스턴 대학의 총장이자 분자생물학자인 셜리 틸먼에게 그녀의 분야에 여성이 더 많은 이유를 물었을 때, 그녀는 자기 나름대로 이렇게 설명해 주었다.

"하나의 이론이 있기는 합니다. 그런데 나는 이 이론에 반론을 제기할 수도 있고, 그것에 동의할 수도 있어요. 분자생물학이 여성 연구자에게 비옥한 토양이 될 수 있었던 이유는 그것이 완전히 새

---

* 1972년도에 제정된 교육 개정안으로, 미국 내 교육계에서 성차별을 없애기 위해 제정되었다.

로운 과학 분야였기 때문입니다. 그 분야의 학문을 하는 우리가 어떻게 행동해야 하는지를 따질 기준이 없었던 겁니다. 우리 세대가 분자생물학에 처음 발을 들여놓은 1960년대 말과 70년대 초를 떠올려 보면, 막 태동하는 분야였던 만큼 여성에게도 기회가 많고 취업도 비교적 쉬웠거든요."[202]

틸먼은 분자생물학 분야가 매력적이었다는 말도 했다.

"화학자를 폄훼하려는 건 아니지만 화학을 공부하다 보니, 이미 성숙한 학문이라는 생각이 들었어요. 흥미로운 주제들은 이미 연구가 끝난 상황이었죠. 하지만 생물학 분야는 무한한 가능성이 열려 있었거든요. 지금은 신경과학이 그런 분야인 거죠. 만약 제가 지금 스물두 살이었다면 저는 신경과학자가 되었을 겁니다. 1960년대까지도 공학은 그야말로 남성의 문화였어요. 포켓 프로텍터와 계산자 그리고 테이프를 붙인 안경을 쓴 남자들. 이런 묘사가 공학 분야를 피상적으로만 설명하긴 하죠. 다만 여성이 환영받지 못하는 분야였던 건 사실이었을 거예요. 그렇지만 생물학은 기하급수적으로 성장하고 있었기 때문에 점점 더 많은 여성이 이 분야에 발을 들여놓는 것이 괜찮은지 신경 쓸 여유가 없었던 거지요."

다시 말해서 틸먼은 흥미로운 의문을 품을 수 있고, 기회가 많은 분야라고 생각되는 곳에 발을 들인 것이다. 하지만 분자생물학과 같은 시기에 급성장한 컴퓨터 과학 분야를 보면 "나의 주장이 힘을 잃는다."라고 바로 인정했다. 초기에는 컴퓨터 과학 분야에도 여성이 많이 진출하는 것처럼 보였는데, 몇 년 지나면서 숫자가 많이 줄어들었다는 것이다.

"열세 살 소녀의 방을 살펴보면 답을 알 수 있습니다. 그 또래 여자아이들은 온갖 다양한 일에 관심을 보입니다. 하지만 그 또래 남자아이의 방에는 늘 어두운 그늘이 드리워져 있어요. 『뉴욕타임스』를 해킹하고 있는 거죠."

노동의 재구성

좋다, 파이프라인이 샌다고 하자. 어떻게 손을 봐야 할까? 우선, 고용주는 유연한 근무 환경을 조성하기 위한 혁신적인 방법을 모색해야 한다. 새로운 기술과 근무 조건을 재고하려는 의지가 도움이 되었던 건 사실이지만, 기술은 동시에 새로운 장애물을 만들기도 했다. 정보가 실시간으로 전 세계를 도는 세상에서 노동자는 하루 24시간 일주일 내내 전화와 이메일을 주고받아야 하고, 짧은 통보에도 즉각 장거리 출장을 다녀와야 한다. 하지만 그러한 현실 속에서도 충실한 고용주는 상황을 개선할 수 있다.

틸먼은 프린스턴을 가족 친화적인 직장으로 만들기 위해 할 수 있는 일이 많다고 말한다.

"첫 번째는 교수진이 가정을 가진 사람들임을 당연시하는 풍토를 조성하는 겁니다. 모든 여성 교수가 독신주의자거나 수도자처럼 자신의 전공 분야에 모든 걸 바치고 산다고 가정하지 말아야 해요. 그러한 상징성을 과소평가하면 안 된다고 생각합니다."

문화를 바꾸는 일은 중요하다. 하지만 그래봐야 첫걸음에 불과하다. 틸먼은 구체적인 아이디어를 찾고 실행하기 위한 위원회를 구성했다.

"단번에 모든 문제를 해결할 수 있는 특효약이 있을 거라는 생각으로 몇 년을 보냈습니다. 그러고 나서 '그런 특효약은 없다.'는 결론을 얻었어요. 소소해 보이는 문제들을 계속 찾아서 해결하는 게 핵심이었어요. 그런 작은 노력이 모여서 변화를 만드는 거죠."[203]

이제 두 아이까지 생기고 보니 나의 유연한 근무 환경이 그 어느 때보다 소중하다. 물론 지켜야 하는 마감 일자가 있고, 참석해야 하는 자리가 있다. 때때로 그러한 일들이 가족의 필요와 맞물려 상황이 불편해지기도 한다. 하지만 아이들의 학교 연극을 관람할 수 있고, 아이가 아플 때 일정을 조정하고 누군가에게 내 일을 맡기느라 이리저리 뛰어다니지 않고도 아이를 병원에 데려갈 수 있는 날이 훨씬 더 많다. 아이들이 잠든 후에 다시 일하러 가야 하는 경우가 있기는 하지만, 그 정도는 가볍게 감수할 수 있는 작은 대가에 불과하다. 시간을 유동적으로 활용할 수 있게 되면서 일상을 운영하기가 훨씬 수월해졌다.

디스커버리 커뮤니케이션즈의 전 CEO였던 주디스 맥헤일은 임기 동안 유연한 근무 체제를 누구보다 옹호하고 지원했다.[204] 이는 어린 자녀를 돌봐야 하는 직원들뿐 아니라 모든 직원에게 큰 도움이 되었으며 회사 자체의 경쟁력도 높여 주었다.

"신중하게 생각하고 내린 결정이었어요. 아이를 키우며 직장에 다니는 저의 경험이 반영된 거죠. 하지만 동시에 회사를 위한 전략이기도 했어요. 10년, 12년 전에 그러한 전략을 이사회에 제안한 적이 있었거든요. 인터넷이 전성기를 맞이했을 때였고, 우리 회사는 AOL을 포함해서 덜레스 기술단지*에 모여 있는 첨단 기술 회사들과 경쟁하고 있었습니다. 우리는 개인소유의 회사이기 때문에 직원들에게 제공할 수 있는 주식 같은 게 없습니다. 아주 매력적인 옵션이었을 텐데 말이죠. 그렇다고 현금 보유량이 많아서 나눠줄 수 있는 상황도 아니었어요. 직원들에게 한가지 제시할 수 있는 게 있다면 그건 바로 '시간'이었어요. 모든 조사 결과가 보여

---

* 워싱턴 DC 외곽에 있는 기술 산업단지

주듯이 직원들은 '자기만의 시간'에 높은 가치를 부여했어요. 다른 뭔가를 할 수 있는 자유 시간 말이죠."

맥헤일의 말을 한마디로 정리하면, 유연성이 디스커버리의 경쟁력을 높여 준 셈이다. 재택근무, 유연한 근무 시간, 현장 의료 서비스는 회사 문화의 특장점이 되었다.

케이 베일리 허치슨 상원의원은 1990년에 두 아이를 입양하면서 워킹맘이 되었다. 허치슨의 일정은 유연하지 못했다. 오후 2시든 새벽 2시든 상원의원 회의실에서 표결이 열리면 참석해야 했다. 아이가 아프든 학교 뮤지컬에 출연하든 상관이 없었다. 하지만 모든 직장이 이처럼 엄격한 건 아니다.

"출퇴근 시간이 자유로운 곳에서는 아침 6시나 7시에 출근했다가 아이들이 학교에서 돌아오는 시간에 맞춰 퇴근하기도 하지요. 그건 정말 큰 혜택을 누리고 있는 것이에요. 직장 내에 보육원을 두는 것도 워킹맘들에게는 큰 도움이 됩니다. 그런 점들을 꾸준히 개선해 나가야 할 필요가 있습니다. 남성 인력만큼 여성 인력도 많은 직장이 번성하니까요. 두뇌의 잠재력을 100% 활용하는 사람이 앞서갈 수 있는 것과 마찬가지예요. 유연성이 필요합니다. 그렇다고 해서 전업주부로 아이를 기르려는 여성을 지원할 필요가 없다는 뜻이 아니에요. 그렇게 하는 것도 훌륭한 일이고 그녀들이 자신의 의지로 선택한 삶을 잘 살 수 있도록 지원해야 한다고 생각합니다. 아이를 기르는 일은 힘들지요. 여성이 직장과 자녀 양육을 병행하든, 아니면 전업주부로서 엄마의 역할을 하든 자유재량으로 선택할 수 있는 환경을 조성하는 것이 매우 중요합니다."[205]

미국의 대기업 72개를 대상으로 한 최근 연구에 따르면, 가족 친화적인 정책을 도입한 몇 년 동안 고위 관리직에 여성의 수가 증가한 것으로 나타났다.[206] 하지만 회사는 정책을 도입하는 데 그치지 말고, 남녀 모두(어쩌면 남성에게 이러한 정책이 더 필요할 수도 있지만) 그러한 정책을 활용하도록 독려해야 한다. '여성을 위한' 정책으로 인식된 혜택은 사실상 걸림돌로 작용할 수 있다. 전 노동부 장관이었던 알렉시스 허먼은 가족 의료 휴가 같은 정책의 혜택을 가장 먼저 받은 건 남자 직원들이었다고 했다.

"남자 직원들이 정말 좋아했어요. 미안하거나 창피해야 할 일이 아니니까요. 그러한 기존의 인식을 없애기 위해 노력했습니다."

몇 년 전, 『하버드 비즈니스 리뷰Harvard Business Review』는 「오프-램프와 온-램프: 유능한 여성이 성공가도에서 밀려나지 않는 방법」이라는 논문을 발표해 많은 관심을 불러일으켰다. 우수한 학점으로 석사 학위나 학사 학위를 취득한 중견 직장 여성을 대상으로 진행한 이 설문조사에 따르면, 37%가 평균 2년 조금 넘는 기간

휴직을 했거나 잠시 직장생활을 접었던 경험이 있는 것으로 나타났다.[207] 그들 대부분이 직장에 복귀하기를 원했지만 다시 정규직을 찾을 수 있었던 여성은 절반도 안 되었다. 일과 가정생활 양립 정책 센터 대표이자 논문의 주 저자인 실비아 앤 휴렛Sylvia Ann Hewlett은 이렇게 말했다.

"예전에는 파이프라인을 여성으로 채우고 몇십 년 기다리면 그들이 고위직으로 올라갈 것이라 예상했어요. 하지만 파이프라인에 어마어마한 누수가 진행되고 있었던 거죠. 여성은 잠시라도 가던 길에서 내려오면 다시 올라가기가 무척 어렵습니다."[208]

세계 경제가 변화하는 오늘날, 유능한 여성을 길가에 세워두는 건 전근대적이고 근시안적이며 위선적인 방식이다. 많은 사람이 중요하다고 생각하는 일, 즉 좋은 부모가 되는 일을 하는 여성에게 불이익을 주는 셈이기 때문이다. 하버드 대학의 연구 결과가 발표된 후, 일부 기업은 현실을 깨닫고 기회를 찾기 시작했다. 그리고 많은 기업이 잠시 일선에서 물러난 경력 단절 여성과 새로운 관계를 유지하거나 다시 관계를 맺기 위한 새로운 방법을 모색하고 있다.

경영대학원들도 '온-램프' 과정을 실험적으로 운영하면서 변화에 참여한다. 처음으로 『뉴스위크』를 펼치고 다트머스 경영대학원에서 운영하는 '경력 재개 과정Back in Business' 광고를 보며 가습이 뛰었던 기억이 떠오른다.[209] (자신감 훈련을 형상화한 이미지인지는 모르겠지만) 세련된 비즈니스 정장을 차려입은 40대 중반의 여성이 좁은 나무 들보 위를 걷는 사진을 배경으로, 굵고 대담한 글씨체로 "경력을 다시 시작하세요. 당신의 미래를 재창조하세요."라는 문구가 쓰였다. 하지만 이러한 캠페인에 참여하려는 기업은 말만 하지 말고 행동으로 실천해야 한다. 경력 시장으로 복귀하는 여성의 필요에 부응하는 근무 환경을 실질적으로 새롭게 고안해야 한다.

어쩌면, 그렇게 하는 것이 기업과 여성 둘 다의 이익을 확보하는 길임을 기업이 깨닫기 시작했는지도 모르겠다. 직장 여성 네트워크Women@Work Network의 공동 설립자인 엘리자 샌리Eliza Shanley는 이렇게 말했다.

"고용주들 사이에는 누구든 이걸 먼저 해결하는 기업이 이긴다는 생각이 퍼져 있는 것 같아요."[210]

여성이 일하기 좋은 직장을 만드는 것. 이는 또 다른 자격이나 권한을 부여하는 게 아니라 경제적 이익을 스스로 추구하게 하는 것이다. 점점 경쟁적으로 변해가는 세상에서, 기업은 더는 인력의 절반을 잃어버리거나 유능한 직원을 떠나보낼 수 없다. 불과 1, 2년 전에는 도미노 피자가 시간제 직원 한 명을 교체하는 데에 2,500달러의 비용이 든다는 사실을 발견하고, 이직률을 낮추기 위한 개혁안을 시행하기 시작했다.[211] 피자 배달원 하나를 붙잡아 두는 게 경제적으로 이득이 된다면, 법률사무소나 회계 법인의 유망한 젊은 직원, 능력 있는 관리자, 영향력 있는 영업 사원을 붙잡아 두는 것은 두말할 것도 없이 현명한 일이 아닐까? 기업이 점차 그러한 사실을 깨닫고 있다.

직장을 재구성하려는 노력의 저변에는 하나의 획일화된 방식으로 모든 여성을 수용하거나, 여성이 일과 가정을 병행하게 할 수는 없다는 생각이 깔려 있다. 전 대법관이었던 샌드라 데이 오코너처럼 20대에 아이를 낳고 아이가 어릴 때는 가정에 전념하다가 나중에 커리어를 시작하거나 복직하는 여성도 있고, 캐슬린 시벨리어스 주지사처럼 아이를 기르면서 전문인으로서의 목표를 함께 추구하는 여성도 있다.

"아이들은 어렸고, 나는 재판 변호사로 일했기 때문에 출장이 잦았어요. 그래도 일주일에 60시간씩 일하면서 두 어린 아들을 길렀습니다. 캔자스의 주도인 토피카에 살았는데, 캔자스주 주의회는 시간제로 근무하는 곳이었어요. 90일 동안 시간제로 일하고, 저녁 시간은 집에서 보낼 수 있었죠. 제가 출마했을 때 아이들은 두 살, 다섯 살이었어요. '어린 자녀를 둔 엄마가 하기에 좋은 시간제 직장이 되겠다.'라고 생각했죠. 긴박하고 출장이 잦은 생활에서 벗어나 시간제로 일할 기회였던 거예요. 그래서 1986년에 출마했습니다."[212]

또한 나처럼 대학 졸업 후 바로 직장을 가지고 10여 년을 열정적으로 일하는 여성도 있다. 나는 31세에 백악관에서 근무하기 시작했고, 35세에 결혼해서 38세에 첫째 아이, 41세에 둘째 아이를 낳았다. 이렇게 다양한 선택은 각기 나름대로 장단점이 있는데, 여성은 자신의 선택에 따르는 장점과 단점에 솔직하고 당당할 필요가 있다. 신생아의 2.5%만이 마흔 이후의 엄마에게서 태어난다.[213] 2.5%다! 의학이 발전하면서 젊은 여성의 불임률이 많이 낮아지긴 했지만 나이 많은 여성에게는 그다지 도움을 주지 못하고 있다. 마돈나, 지나 데이비스, 엘리자베스 에드워즈Elizabeth Edwards[*] 같은 사람은 예외로 치자. 이들은 운이 좋았던 것이고, 나 역시 그랬다. 요즘 나는 출산을 미루려는 여성들에게 이에 대한 위험부담을 신중하게 고려하라고 조언한다. 하지만 나에게는 내 선택이 잘 맞았던 것 같다(대체로 선택을 잘했다고 여긴다). 나는 엄마가 되기 전에 하고 싶은 일을 충분히 열정적으로 했기 때문에 한동안 아쉬움 없이 일을 내려놓을 수 있었다. 그리고 현재의 나는 10년 전의 나보다 인내심이 훨씬 커졌다. 충분한 경력을 쌓았기 때문에 현재 나의 상황에 맞는 일을 찾아 삶을 구성할 수 있다. 하지만 그 구성은 앞으로 아이들이 성장하고 나의 관심사가 변함에 따라 얼마든지 달라질 수 있을 것이다. 시벨리어스는 이렇게 말했다.

---

[*] 변호사이자 전직 상원의원 존 에드워즈의 아내이다. 에드워즈 부부는 48세에 딸 엠마 클레어, 50세에 아들 잭을 얻었다.

"예전에는 21살이나 22살쯤에 직장을 선택했지요. 가능한 한 높은 직위로 올라가서 말년에 금시계와 연금을 받고 퇴직하는 게 목표였어요. 하지만 지금의 50대는 새로운 30대입니다. 그들이 어떤 일을 하던, 우리가 25년 전에 살았던 그 상황에 놓여 있지 않다는 사실을 인지해야 합니다. "

추가로, 오늘날에는 일생을 통해 6~7개 직장을 거치는 게 보통이라고 덧붙였다.

"정치인만 그런 게 아니라 모두가 그렇다는 거죠.[214] 그러니 모든 여성은 다음과 같이 당당하게 외칠 수 있는 위치에 있다고 생각해요. '엄마의 역할을 포함해서 지금껏 살아오면서 가졌던 여섯 개의 직업 중 하나로, 이제 이 도시에 저의 입지를 세우고자 합니다. 저는 시장 선거에 출마하고자 합니다.'라고 말이에요. 그걸 통해서 뭔가를 이루게 된다면 좋은 일이죠. 그렇지 못하더라도 나쁠게 없습니다."

물론 아이를 갖지 않기로 한 여성도 있다. 파라마운트의 전 대표였던 셰리 랜싱은 이렇게 말했다.

"일을 계속하면서 제가 바라는 대로 아이를 키울 수는 없을 것 같았어요. 그게 옳았다는 건 아니에요. 다만 나는 할 수 없었다는 거죠. 살다 보면 선택을 해야 할 때가 있는 것 같아요. 나는 내 선택에 만족합니다. 모든 걸 다 하려고 들면 끌려가는 느낌으로 살아야 해요. 포기하는 게 있어야죠. 나는 항상 세 가지가 있으면 그중 둘만 한다고 생각합니다. 아니면 세 가지를 순차적으로 하거나. 종종 여성단체를 대상으로 강연할 때가 있는데, 예전에는 '모든 걸 다 가질 수 없다.'라고 말하면 좌중이 부정적인 반응을 보이며 술렁였어요. 하지만 요즘엔 그런 말 하면 박수를 받습니다."[215]

패러다임 바꾸기

여성은 일과 가정을 유연하게 관리하며 일상을 영위할 수 있어야 할 뿐만 아니라, 일생 전체에 걸쳐 추구할 수 있는 목표를 스스로 선택할 수 있어야 한다. 그 목표가 무엇이든, 어떠한 방식으로 추구하기를 원하든.

아이가 태어난 후에는 집에 있으면서 아이를 기르겠다는 여성이 있는가 하면, 아이를 기르면서도 시간제 또는 정규직 직장을 계속 다니겠다는 여성도 있다. 어떤 여성은 자녀를 갖지 않기로 하고, 어떤 여성은 다른 관심사를 추구할 시간을 벌기 위해 업무 부담이 작은 직장을 택하기도 한다. 그들에게 다른 관심사는 등산이 될 수도 있고, 아이를 축구 연습장에 데리고 가는 일일 수도 있다. 여성은 자기와 다른 선택을 한 여성을 수용하고 지지해야 한다. 전업주부인 엄마들과 직장에 다니는 엄마들이 입장 차이로 인해 서로의 우선순위에 의문을 제기하는, 이른바 '엄마들의 전쟁'은 현실적으로는 이해할 수 있는 측면이 있다 하더라도 여성 공동의 이익에 파괴적인 악영향을 끼친다. 사실 이러한 갈등은 여성이 자신과 가족을 위해 최선의 길을 택한 것인지 확신하지 못하는 상태에서 "이웃집 잔디가 더 파랗다."*라는 논리에 뿌리를 둔 불안감 때문에 촉발된 경우가 많다.

내 친구들 대부분이 그러듯이 나도 때때로 내가 한 선택 때문에 힘들어한다. 그러다 보면 직장을 내려놓은 길을 선택한 다른 여성과 성공 가도를 달리는 여성 직장인이 서로를 부러워한다. 하지만 어떤 선택을 하든 희생이 따른다는 사실을 인정하는 게 중요하다. 아이들과 좀 더 많은 시간을 보내기 위해 전문인으로서의 목표를 낮춘 우리 같은 사람들은 엄마가 되기 전에 누렸던 의욕과 자극제, 만족감, 높은 보수를 포기해야 한다. 일이 주는 기쁨과 경제적인 필요를 충족시키는 쪽을 택한 사람들은 아이들이 자라는 동안 함께 경험할 수 있던 의미 있는 순간들과 일상의 소소한 행복을 놓칠 수밖에 없다. 그러므로 매일 하루를 마무리하는 시간에 우리 각자의 삶을 돌아보며 판단해야 한다. 얼마나 더 많은 시간을 아이들과 떨어져 있으면서 여전히 내가 스스로 괜찮은 엄마라고 느낄 수 있을까? 그 질문에 솔직하게 대답해야 한다. 그리고 그 대답

---

* '남의 떡이 더 크다.'는 의미로 쓰였다.

은 다른 결정을 내릴 때 큰 도움이 된다.

〈투데이쇼〉의 메러디스 비에이라Meredith Vieira가 이렇게 말했다.

"1991년에 나는 〈60분Sixty Minutes〉이라는 시사 프로그램의 특파원 직을 그만두었어요. 가족과 더 많은 시간을 보내기 위해서였죠. 그러한 나의 결정이 많은 여성을 실망시켰던 것 같아요. 왜냐하면 제가 그때, '다 가질 수도 없지만 저는 다 갖고 싶지도 않아요.'라고 말했거든요. 나는 내 삶의 우선순위를 정하고 싶었고, 나에게 가장 중요한 건 가족이었어요. 그걸 선택한 거죠. 그 문제로 밤잠을 설치며 고민한 적은 없어요. 그런데 어느 파티에서 만난 한 여성이 몹시 못마땅한 어조로 '당신이 페미니즘 운동을 후퇴시켰어요.'라며 나를 비난하더군요. 하지만 당시 나는 거짓된 삶을 사는 거야말로 페미니즘을 훼손하는 거라고 믿었습니다. 자기 자신에게 진실해야 하니까요."[216]

그와 동시에 아이를 잘 기르는 데에도 다양한 방식이 있다는 사실을 인정해야 한다. 내 주변에는 어린 아이들이 있음에도 굳건히 직장 일에 매진한 친구들이 있다. 그중 한 친구는 자기 어머니가 다섯 아이를 기르느라 고생하면서도 지루함을 견디지 못해 방황하던 모습을 보았다고 했다.

"학교에서 돌아오면 엄마는 목욕 가운을 입은 채 소파에 앉아서 커피를 마시며 TV를 보고 있었어. 그걸 보면서 나는 엄마처럼 살지 않겠다고 생각했지."

그래서 그 친구는 아들 둘을 훌륭하게 키우면서도 업무 강도가 높고 그에 따르는 보상도 큰일을 계속해 왔다. 그런가 하면 첫째 아이나 둘째 아이, 또는 셋째 아이가 태어났을 때 권위도 있고 보수도 좋은 직장을 그만둔 친구들도 있다. 각자 자기만의 이유가 있고, 각자의 자리에서 최선의 결정을 내린 것이다. 그러므로 그들의 선택을 존중해야 한다.

그렇다. 원인과 해결책을 찾으려는 시도에 관해 수십 년에 걸쳐 논의를 거듭했으나 문제는 여전히 해결되지 않았다. 한때는 필연적인 것처럼 보이던 진보가 이제는 정체된 것 같다. 여성들은 이미 안다. 진정한 평등으로 향하는 길목에 현실, 관념, 문화 그리고 선천적 특성이라는 장애물이 산재한다는 사실을. 그렇다고 하더라도 나는 미래를 낙관하는 편이다.

최근에 한 선거 유세장에서 힐러리 클린턴을 만났는데, 힐러리가 행사에 참석할 때마다 나이 많은 여성들이 자신에게 다가와 주어서 감동한다고 말했다.

"한 여성이 했던 말을 기억해요. 악수를 하면서 그녀가 말했어요. '난 95세예요. 여성에게 투표권이 주어지기 전에 태어났죠. 이제 여성이 백악관에 들어가는 걸 볼 때까지 살려고요.'라고 말이에 요."[217]

역사의 흐름이라는 궤도는 어쩔 수 없이, 멈출 수 없는 힘으로, 한 방향으로 흐르는 것 같다.

하지만 쉽지는 않았다. 이 책(원서)을 출간한 당시의 나는 46세. 마냥 젊지는 않은 나이다. 하지만 나보다 겨우 몇 살 많은 여성이 겪었던 차별에 직면하지 않을 만큼은 젊었다. 그들은 여성의 앞을 가로막는 미묘한 방어벽을 의식해야 했고, 아이의 존재를 숨겨야 했다. 그러나 최소한 나는 그러지 않았다. 사회의 과도한 기대와 과도한 실망도 겪지 않을 수 있었을지도 모른다. 변화는 여전히 쉽지 않다. 그리고 우리가 원하는 만큼 빨리 변하지는 않는다. 그래도 변화는 계속될 거라고 확신한다. 더 즐거운 일터를 만들기 위해서만이 아니라, 더 생산적인 일터를 만들기 위해서도 변화는 필요하기 때문이다.

이쯤에서 의문이 생긴다. 얼마나 변하면 충분한가? 우리의 목표는 정확히 무엇이며, 목표가 달성되었는지는 어떻게 알 수 있을까? 우선 모든 장애물이 제거된다 해도 모든 직업에 남성과 여성의 수가 같아질 것이라는 생각을 버려야 한다. 초등학교 교사나 채권 거래자의 성별 비율이 똑같다고 여성의 승리, 페미니즘의 승리를 선언할 수 있는 건 아니다. 물리학계에서도 그럴 필요는 없다. 그런 일이 일어나지 않을 것이라는 말이 아니다. 일어날 수 있다. 하지만 영향력과 소득이 많은 직업을 갖는 것과 가정을 이루는 것 사이의 갈등이 해결되고, 선천적인 적성과 관심의 수수께끼가 풀리며, 성차별이 근절된다고 해도, 여전히 사회심리학 분야에는 여성이 많고 공학 분야에는 남성이 많지 않을까? 그래도 괜찮지 않을까? 나는 괜찮을 거라고 믿는다.

8장

자신감의 격차를 줄이려면

"당신의 허락 없이는 누구도 당신이 열등감을 느끼게 할 수 없다."
— 엘리너 루스벨트, 제32대 미국 대통령 루스벨트의 영부인·페미니스트

1993년 4월 19일, 웨스트윙의 모든 텔레비전이 같은 장면을 송출했다. 텍사스 웨이코 외곽에 조밀하게 붙어 있는 건물의 지붕과 창문에서 불길이 치솟고 있었다. 사무실에서 겁에 질린 채 화면을 바라보고 있는데 기자들의 전화가 빗발치기 시작했다. 대통령이 성명을 발표할 것인가? 그들은 알고 싶어 했다. 나는 아직 결정된 바가 없다고 답했다. 그렇지만 내심 대통령이 성명을 발표해야 한다고 생각했었다.

그날 아침 연방 요원들이 다윗교Branch Davidians 분파의 본부를 급습하여 2달 이상 이어진 대치 상태가 끝났다.* 그 과정에서 네 명의 연방 요원이 목숨을 잃었고 그 외 16명이 다쳤다. 이제 교주

인 데이비드 코레시와 담판을 지어야 할 시간이었다. 그는 건물 안에서 80명 이상의 사람을 인간 방패로 삼고 대치 중이었다. 어린아이들이 성적으로 학대당하고 있다는 소문이 돌고 있었고 오랜 대치로 FBI의 자원이 고갈될지도 모른다는 우려가 들끓자 재닛 리노Janet Reno 법무장관은 하루 전에 FBI가 건물을 급습하는 게 좋겠다고 말했고, 대통령은 이를 승인했다. 그러나 사태는 최악의 사태로 발전되어 작전이 끝났을 때는 내부에 있던 사람은 모두 죽었다.

사실상 법무부 장관이 추진한 작전이었지만 대통령이 그녀의 상관이자 연방 정부의 수장이며 미국 최고위 공직자였다. 게다가 리노는 대통령에게 허락을 구했고, 대통령은 이를 최종 승인했다. 나는 전적으로 대통령에게 책임이 있다고 생각하지는 않으나 일정 부분 책임은 져야 한다고 생각했다. 이를 소홀히 한다면 책임을 떠넘긴다는 비난을 받을 수 있었다. 나는 대통령과 고위 보좌관들에게 나의 견해를 전하려고 노력했다. 나 혼자만의 뜻도 아니었다. 대통령 수석 고문 브루스 린지Bruce Lindsey 외 여러 사람이 내 의견에 동의했다. 그리고 처음에는 대통령도 동의하는 듯했다. 하지만 결국 대통령은 리노가 카메라 앞에 서기로 결론을 내렸고,

---

* 다윗교는 미국에서 데이비드 코레시(David Koresh)가 세운 기독교계 종교단체다. 본문에서는 미국 연방정부와 텍사스 주정부가 데이비드 코레시가 이끌던 다윗교의 농성을 무력 진압한 사건인 웨이코 포위전(Waco siege)을 다룬다. 웨이코 포위전은 1993년 2월 28일부터 4월 19일까지 이어졌고, 교주 데이비드 코레시를 포함한 82명의 신도와 4명의 연방 요원이 사망했다.

백악관은 성명을 발표하는 것 외에 다른 조치는 취하지 않았다.

하지만 그러한 결정은 잘못된 것이었음이 드러났다. 나는 계속 반대했음에도 불구하고 마치 내 잘못처럼 느꼈다. 내 눈에 확연하게 보이는 것조차 대통령과 참모들을 설득하지 못한다면 나라는 존재는 아무 쓸모도 없는 게 아닌가? 물론 대통령이 매번 내 의견을 지지해줄 것이라 기대하지 않았다. 그 정도로 판단력이 좋은 사람이 세상 어디에 있겠는가?

하지만 그들은 왜 내 말을 안 들었을까? 내가 여성이어서? 너무 어려서? 아니면 내 주장에 확신이 없어 보여서? 내가 너무 부드럽게 말했거나, 아니면 부드럽게 말하지 못해서? 그날 내가 다른 말을 했더라면 대통령이 그날 카메라 앞에 서도록 설득할 수 있었을까?

이러한 의문들은 나를 갉아먹는 것 같았다. 수년이 지난 후 클린턴 대통령의 회고록 『빌 클린턴의 마이 라이프』(물푸레, 2004)를 읽다가 그가 그날의 사건을 언급한 부분을 읽었다. 당시 내가 그에게 언론을 마주하고 책임을 지라고 설득했으며, 그렇게 하지 않은 걸 후회한다고 쓰여 있었다.[218] 나는 비록 그가 당시 내 조언을 받아들이지는 않았지만, 기억하고 있다는 사실에 무척 놀랐고 흐뭇했다. 그렇지만 그 일에서 느꼈던 나의 감정을 바꿀 수는 없다. 그 일로 인해 나는 나 자신의 가치에 의문을 품었고, 자신감을 또한 풀 깎아내리게 되었다.

백악관에서 일하는 동안 내 목소리가 들리게 하려면 더 열심히 일해야 한다는 느낌을 받았었는데, 많은 여성이 이런 좌절감을 경험하리라 생각한다. 왜 그럴까? 내 경우에는 '첫 번째 여성 백악관 대변인'이었다는 것, 역대 언론 담당 백악관 보좌관 중에서 내가 가장 나이가 어렸다는 것 그리고 내가 캘리포니아 출신이라는 것이 걸림돌이었다. 나는 종종 이 세 가지를 워싱턴에 진출하는 데에 방해가 된 '3단 장애물'이라고 부르곤 한다. 많은 여성이 그렇듯이 '권위적인 여성'과 '못된 여자' 사이의 모호한 경계를 헤쳐나가느라 전전긍긍하면서 자신의 정체성을 확립하기란 어려운 일이다. 나는 지나치게 호감을 갈구하다가 실수하는 쪽이었다.

기자회견이 업무이던 시절, 나는 기자의 질문에 답을 하기 전에 '제 생각에는'이라는 말을 먼저 꺼내는 습관이 생겼다. 예를 들어 "제 생각에는 포괄적인 의료 개혁안을 통과시키기 위해 양당의 의회 지도부와 협력할 의향이 있는 것 같습니다." 같은 방식이었다. 사실인지 아닌지 몰라서가 아니라, 대화를 좀 더 부드럽게 이끌려고 노력한 것이다. 그렇게 하면 상대의 정수리에 공을 내리꽂는 대신 친절하게 높이 띄워서 보내주는 것 같았고, 브리핑룸에 감도는 긴장이 조금은 완화할 수 있을 거라고 착각했기 때문이다. 그러던 어느 날, 『댈러스 모닝 뉴스Dallas Morning News』의 기자인 칼 뢰브스도르프Carl Leubsdorf가 "그렇게 생각한다고요? 생각? 왜 정확하게 알지는 못하는 거죠?"라고 쏘아붙였고, 그제야 나의 어법이 예상과는 달리 나쁜 결과를 초래한다는 사실을 깨달았다.

고정관념을 버리기

브리핑룸에서의 기자회견과 고위 참모와 내각 및 대통령과의 회의 중에 내가 보였던 일련의 행동은, 어떤 의미에서는 기본적으로 생물학적인 특성이었다. 나는 여자이기 때문에 여자처럼 행동한 것이었다. 여성에겐 여성 특유의 행동 양식이 있다. 모든 여성에게 단일한 특성만이 있고, 모든 남성도 그들만의 단일한 특성이 있다는 말이 아니다. 물론 그렇지는 않다. 하지만 여성에게서 보편적으로 나타나는 소통 방식이 있다. 여성은 일반적으로 자신의 성취를 말할 때 호들갑을 떨거나 사람들의 주의를 끌려고 하지 않는다. 위험을 감수하려는 성향이 약한 대신, 공로를 공유하려는 성향이 강하다. 여성은 현실적이다. 이에 관해서는 복잡한 이유가 있는데, 일부는 대자연Mother Nature에서 받은 것이고, 일부는 배운 것이다. 결과적으로 여성은 자신감이 덜하고, 자기 확신도 부족하다. 그러한 특성은 여전히 남성 중심적인 세상, '제 생각에는'이라는 말이 배려보다는 나약함으로 인식되는 세상에서 여성을 더욱 힘들게 한다.

남자 대변인이 나와 같은 말버릇을 가졌더라도, 그 역시 똑같이 혹독한 지적을 받았을 거라 생각한다. 그렇지만 남성이었다면 그런 식의 언어 습관을 가졌을 가능성이 훨씬 적은 게 사실이다.

우리의 소통 방식은 대부분 어린 시절에 형성되며, 적어도 일부는 생물학적 요인의 지배를 받는다. 루안 브리젠딘 박사의 주장에 따르면 여자아이는 공동의 의견을 모아 결정하는 것을 좋아하며, 종종 '협력적이고 친목 지향적인' 어법을 사용한다고 한다.[219] 딸아이가 친구와 나누는 대화를 들어봐도 그렇다. "2층에 가서 '아메리칸 걸' 인형 가지고 놀자. 그럴래?"하는 식이다. 이는 제안이기도 하고 질문이기도 하다. 행동에 앞서 동의를 구한다.

브레젠딘 박사는 "유전자와 호르몬의 영향으로 여자아이의 뇌는 '사회적 연결'을 핵심적인 주제로 인식한다." 물론 남자아이도 이러한 협력적 어법을 사용할 줄 알지만, 연구에 따르면 실제로 그런 어법을 사용하는 경우는 거의 없다고 한다.

"남자아이는 누군가에게 명령하거나, 뭔가를 해내거나, 자랑하거나, 협박하거나, 파트너의 제안을 무시하거나, 상대방이 말하려는 의사를 가로막는 언어를 구사하는 경우가 많아요. 관계가 망가질 위험이나 갈등이 일어날 것을 걱정하지 않지요. 경쟁은 남성의 정체성을 형성하는 요소 중 하나거든요. 특히 여자아이의 의견이나 명령은 주로 무시합니다."

여자아이도 성인 여성도 명령적 어법을 사용할 줄 안다. 독일 최초의 여성 총리 앙겔라 메르켈이나 독일 하원의 여성 국회의원 또는 동네 놀이터에서 아이를 돌보는 엄마들을 관찰하기만 해도 알 수 있다. 하지만 그런 상황을 제외하고는 명령 어법을 사용하는 경우가 드물다. 이는 상황에 따라 자기 확신의 정도가 성별에 따라 다르다는 사실을 의미한다.

하버드 비즈니스 스쿨의 로자베스 모스 캔터Rosabeth Moss Kanter 교수는 "수업을 듣는 학생 중에 남학생이 여학생보다 자신감이 높다고 생각하느냐?"는 질문을 받은 적이 있다.

"여학생도 남학생 못지않게 영리하고 의욕이 많습니다. 눈에 띄는 능력의 차이는 없어요. 그렇지만 수업 시간에 발표하려는 의지는 남학생과 여학생 사이에 차이가 있어 보여요. 남학생은 일단 말을 하면 결국 자기주장을 펼칠 수 있을 거로 생각하는 경향이 있습니다. 반면에 여학생은 반드시 말해야 하는, 정말 중요한 뭔가가 있어야 말을 하는 경향이 더 큰 것 같아요."[220]

그러한 차이는 남녀가 섞여 있는 상황에서는 언제나 나타난다.

"자신감은 긍정적 결과를 향한 기대감이에요. 모든 사실을 정확하게 말하지 못하면 비난받거나 공격받게 될 거라고 생각하면 주저하게 되지요. 그러면 시도 자체를 포기하고, 결국 자기가 얼마나 좋은 아이디어를 가졌는지 확인할 기회를 잃게 됩니다."

웰즐리 여성 센터의 수석 연구원인 펀 막스Fern Marx는 '중학교 시절이 분기점'이라고 말한다.

"중학교 시절이 분기점이라고 할 수 있어요. 여학생과 남학생이 학문적 성취나 관심사에서 차이를 드러내기 시작합니다."

또한 자신감도 다르게 나타난다고 한다.

"정답을 알지 못할 때, 여학생은 자기가 멍청하다고 생각합니다. 하지만 남학생은 자기가 아직 준비되지 않았다고 생각하지요."[221]

믿지 못하겠지만 여학생에게 여성이라는 사실을 상기시키면 수학 점수가 떨어질 수 있다. '고정관념 위협Stereotype Threat'이라고 하는 이 현상은 1995년 스탠퍼드 심리학자 클로드 스틸Claude Steele 과 조슈아 아론슨Joshua Aronson에 의해 밝혀졌다.[222] 표준 학력고사 를 치르는 아프리카계 미국인 학생들에게 문제 풀이를 시작하기 전에 자신의 인종을 명시하게 했더니, 문제의 절반밖에 맞히지 못 했다는 것이다. 그 후로 수십 건의 연구를 통해 무의식적으로 자 신의 인종이나 성별을 떠올리게 하면 부정적인 고정관념, 예를 들 면 아프리카계 미국인은 공부를 잘하지 못한다거나 여성은 수학 이나 과학을 잘하지 못한다는 등의 부정적인 고정관념이 작동하 여 결과적으로 좋은 성과를 내지 못한다는 사실을 확인할 수 있 었다.

그렇다면 그 반대도 사실일까? 자신의 강점을 떠올리게 함으 로써 고정관념을 극복하게 할 수 있을까? 역시 "그렇다."[223] 몇 년 전, 심리학자들이 남녀 대학생 90명을 세 그룹으로 나누어 연구를 진행했다. 학생들에게 시험지를 나누어 주기 전에 각각의 그룹에 각기 다른 문항의 설문지를 나눠주었다. 첫 번째 설문지는 남자 기숙사나 여자 기숙사에 사는지, 아니면 남녀 공용 기숙사에 사는 지를 물었다. 자신의 성별을 떠올리도록 유도하는 질문이었다. 두 번째 설문지는 왜 사립 인문대학을 선택했는지를 물었다. 자신이 얼마나 똑똑하고 공부를 잘했는지 생각하게 하는 질문이었다. 연구팀의 일원인 매튜 맥글론**Matthew McGlone**은 두 번째 설문지를 이 렇게 설명했다.

"우쭐거리고 싶은 마음을 자극하는 질문이지요."[224]

대조군에 주어진 세 번째 설문지는 좀 더 온건한 주제였다. 미국의 북동부에서 거주한 경험을 물었다. 그런 다음 모든 학생이 공간 능력을 측정하는 반덴버그 멘탈 로테이션 테스트**Vandenberg Mental Rotation Test**[*]를 치렀는데, 남성이 여성보다 훨씬 높은 점수를 받았다.

연구 결과를 분석해 보니, 대조군에 속한 남성이 여성보다 15~20% 더 높은 성적을 받았으며, 이는 이전의 연구 결과와 일치

---

[*] 스티븐 반덴버그(Steven G. Vandenberg)와 앨런 쿠스(Allan Kuse)가 1978년에 처음 발표한 공간 능력 테스트를 가리킨다.

하는 것으로 나타났다. 성별을 떠올리게 하는 질문을 받은 그룹에서는 더 큰 차이인 25~30%로 남성이 여성을 앞질렀다. 무엇보다 놀라운 것은 자신이 일류 사립대학의 학생임을 떠올리게 하는 질문을 받은 그룹에서는 남녀의 차이가 없었다는 사실이다. 여학생의 점수는 눈에 띄게 향상된 데 반해 남학생의 점수는 그대로 유지되었다. 다시 말해서 여학생이 자신의 성취를 부정적으로 생각하지 않고 긍정적으로 생각하게 되면서 성별의 격차가 메꿔진 것이다.

이쯤에서 의문이 생긴다. 학생들에게 우쭐거림을 부추겼을 때, 왜 여학생의 점수는 향상되는데 남학생의 점수는 그대로인가? 이 질문은 몇 년 전에 누군가 내게 보내주었던 만화를 떠올리게 한다. 여자와 남자가 각각 거울을 보고 있는 장면이었다. 여자는 곱슬머리에 귀여운 인상이었는데, 그녀가 거울을 통해 보는 자신의 뒷모습은 작은 비행선처럼 거대하고 뚱뚱했다. 한편 만화 속의 남성은 뚱뚱한 대머리였는데, 거울 속에는 아도니스Adonis[**]가 그를 돌아보고 있었다. 그리고 만화 제목은 '여성과 남성의 차이'였다.

[**] 사랑과 아름다움의 여신, 아프로디테가 총애하던 그리스 신화 속 미남

욕심에 솔직해지기

이렇게 남녀의 차이는 일찍부터 나타나며 지속력이 강하다. 너무 많은 여성이 수업 중에 절대 손을 들지 않고 자발적으로 새로운 과제를 맡으려 하지 않으며 급여 인상을 받거나 승진될 자격이 충분한데도 굳이 요구하지 않는다. 노스웨스턴대학 켈로그 경영대학원 여성 임원 센터의 빅토리아 메드벡**Victoria Medvec**은 이렇게 말했다.

"여성은 업무를 위한 협상은 효과적으로 이끌면서, 자신을 위한 협상에서는 그러지 못해요. 여성이 저지르는 흔한 실수는 성공을 위해 필요한 도구를 요구하지 못하는 겁니다. 예를 들면 직원 보충이나 그 밖의 자원 공급 같은 것들이죠."[225]

그 결과 성공과 발전을 위한 노력이 충분한 결실을 보지 못한다. 『여자는 어떻게 원하는 것을 얻는가』의 공동 저자인 린다 뱁콕과 사라 래시버에 따르면, 남성은 협상을 축구나 야구 또는 레슬링 시합처럼 생각하는 반면에 여성은 이를 '치과 검진' 정도로 생각한다는 것이다.[226] 그러다 보니 남성이 협상을 제안하는 경우가 여성의 4배나 되며, 그 결과는 충격적이다. 한 연구에 의하면, 직장생활 전체 기간을 통해 급여 인상을 지속적으로 요구하여 협상한 여성과 그렇지 않은 여성의 수입을 비교해 보면 그 차이가 최소한 100만 달러는 된다고 한다. 그뿐 아니라 미국 내 중소기업의 40% 정도가 여성 기업가의 소유이지만 투입 자본의 2.3%만이 그들에게 돌아가고, 나머지 97.7%는 남성 소유 기업에 유입된다고 한다. 왜 그럴까? 여성은 자기가 원하는 것을 적극적으로 말하지 않기 때문이다.

여성은 이런 점을 극복해야 한다. 나의 가치가 시장에서 어느 정도로 평가될 수 있는지를 파악하고 있어야 한다. 그리고 나는 어느 정도를 원하는지 파악해야 한다. 하지만 여성이 언제나 남성과 같은 방식으로 요구할 수는 없다. 이를 분석한 뱁콕의 설명을 들어보자.

"여성은 여성만의 방식으로 협상에 임해야 합니다. 우리 사회는 여전히 여성의 행동 양식과 남성의 행동 양식에 이중잣대를 적용하니까요. 직장에 다니는 여성이 또 다른 회사로부터 취업 제안을 받은 경우를 예로 들어보죠. 그녀가 현재 직장 상사의 사무실로 들어갑니다. 그리고 '저쪽 회사에서 제시한 급여만큼 인상해 주지 않으면, 저는 여기서 나가겠어요.'라고 말하는 거죠. 이러한 접근 방식은 남성의 경우에는 통할 거예요. 하지만 여성의 경우엔 다릅니다. 이렇게 접근하는 게 효과적일 거예요. 가령 '저 이번에 이런 취업 제안을 받았어요. 하지만 저는 이 회사에서 일하는 게 좋고, 계속 다니고 싶어요. 이번에 제안받은 급여만큼 조정해 주실 수 있으세요?'라고 말이에요. 좀 더 부드럽게 접근하는 겁니다. 사람들은 여성의 공격적인 접근 방식을 잘 받아들이지 못합니다."[227]

또한 여성은 자신의 공로를 스스로 인정하고 정당하게 주장하기를 꺼리는 경향이 있다. 정치권에서도 남성은 확실한 '자아 정체감'을 가지고 있어서, 누가 권하지 않아도 스스로 출마하기를 주저하지 않는다. 유능한 후보가 되는 데 필요한 대여섯 가지 조건이 있다고 치면, 여성은 그 목록에서 자기가 갖추지 못한 한 가지를 먼저 보고 출마를 포기할 것이다. 하지만 남성 후보는 같은 목록에서 자기가 가진 두세 가지를 보고는 자기가 이길 것이라 확신하며 출마를 결정한다.[228] 이는 처음으로 출마하는 경우든 이미 선출되었는데 더 높은 직위에 도전하는 경우든 똑같이 적용된다. 뉴햄프셔 주지사로 3번 당선되고, 현재 상원의원 선거에 출마한 진 섀힌Jean Shaheen은 이렇게 말했다.

"여성은 어떤 사안에 관심이 있어서 출마하는 경우가 많아요. 남성들처럼 주지사가 되고 싶다는 생각으로 출마하지 않습니다."[229]

연구에 의하면 여성은 출마를 결심했더라도 경쟁이 치열하거나 상대 후보가 남성인 경우, 출마를 보류할 가능성이 크다고 한다. 일단 출마하면 이길 가능성이 클 때도 그렇다는 것이다. 브라운 대학교의 정치학자 제니퍼 로리스Jennifer Rawless의 연구에 따르면, 여성이 선거에서 이길 가능성과 남성이 이길 가능성은 동등한 것으로 나타났다. 더구나 유권자의 반 이상이 여성이다. 그럼에도 전국적으로 선출된 공무원 중 여성은 25%에 불과하다. 이길 가능성은 동등하나 출마할 가능성은 절반이기 때문이다.

물론 예외도 있다. 캐슬린 시벨리어스는 캔자스 주의원으로 재직 중이던 1994년에 주정부 관리직에 출마하기로 결심했다. 하지만 재무장관은 너무 많은 권한이 부여된다는 이유로 배제하고, 법무장관은 자신이 변호사가 아니었기 때문에 배제했으며, 주지사는 아직 준비가 안 되었다고 생각하여 배제했다. 그래서 보험 감독관 직책에 출마하기로 결심했다고 한다.

"어떻게 하면 이길 수 있는지 알고 있었어요. 아주 간단했어요. 재임자를 해고하고 내가 합당한 대안임을 증명하면 되는 거였어요. 게다가 재임자를 해고할 이유는 충분했습니다."[230]

그래서 그녀는 출마했고, 선출되었다. 지나고 생각해 보면 쉬운 결정이었던 듯 느껴지기도 한다. 하지만 당시에는 위험부담이 꽤 컸었다. 시벨리어스는 민주당 소속이었는데 캔자스는 공화당이 우세한 지역이었기 때문이다. 그보다 2년 앞서 있었던 대통령 선거에서 조지 H. W. 부시 대통령은 캔자스주에서 빌 클린턴에게 완승하였다. 가끔 민주당 의원이 주정부 관직에 선출되는 적이 있었지만, 여성은 차치하고 민주당 소속 후보가 보험 감독관으로 선출된 적은 단 한 번도 없었다. 단 한 번도! 그럼에도 시벨리어스는 선거 동향과 자신의 향후 목표를 살펴본 후 출마를 결심했던 것이다.

"그러면서 '언젠가 주지사 선거에 출마할지도 모르겠다.'라는 생각이 들더군요. 아버지가 오하이오 주지사를 지내셨는데, 늘 주지사직이 세상에서 가장 좋은 직업이라고 말씀하셨었거든요. 의회보다 훨씬 더 좋다고 말이죠. 그래서 언젠가 그 일을 할 기회가 온다면 해보겠다고 생각한 거죠. 하지만 그러기 위해서는 제가 더 갖춰야 할 것이 있다고 생각했어요. 저는 의회에서 아동과 보건에 관한 일들을 많이 했지만, 재정적인 사안에서는 그다지 경험이 없었거든요. 저처럼 재정 관련 경력을 쌓지 못한 여성 후보를, 비즈니스를 하는 남성 유권자들이 특히 좋아하지 않을 것 같았어요. 1994년부터 의료 관련 사업이 확장되기 시작했으니, 보험 감독관이 되면 그쪽 분야의 일도 많이 할 수 있을 뿐 아니라 재정 관련 경험도 쌓을 수 있겠다고 예상했어요. 향후 저의 계획에 도움이 되겠다고 생각한 거죠. 그래서 일찌감치 출마 의사를 밝혔습니다. 다른 누군가가 출마하기를 원한다면 그것도 좋다고 생각했어요. 아무튼 저는 그 일에 도전해 보기로 마음먹었지요."

안타깝게도 시벨리어스가 선택한 직책은 규정보다 예외를 훨씬 더 많이 다뤄야 하는 일이었다. 스와니 헌트의 말을 들어보자.

"여성 중에 '와, 나는 정말 아는 게 많아.'라고 자신 있게 말하는 사람은 별로 없습니다. '나는 가족을 이끌어갈 줄도 알고, 교회 살림을 맡아 할 줄도 압니다. 그뿐 아니라, 지역 사회 운동을 조직하고 운영할 수도 있습니다. 제가 공공 정책에 참여할 수 있게 해주세요!'라고 충분히 말할 수 있지만, 그렇게 하는 사람이 거의 없어요."[231]

위험부담을 재고하기

간단히 말해서 남성과 여성은 같은 자격 요건을 다른 각도에서 보는 경향이 있다. 삶이라는 거대한 포커 게임에서, 같은 카드를 보면서, 전혀 다른 가능성을 본다는 것이다. 의회에 있는 어느 여성을 붙잡고 물어봐도 같은 말을 할 것이다. 남성이 미 상원의원으로 당선되면 그 순간부터 그의 귀에는 "대통령 만세!"라는 찬사가 들리기 시작한다. 어느 지역 출신인지 정치 경력이 얼마나 되는지에 상관없이 그는 대통령이 될 자격을 갖추고 있는 것으로 간주된다. 여성의원은 그렇지 않다.

첫 여성 상원의원이었던 마거릿 체이스 스미스Margaret Chase Smith는 "어느 날 아침 잠에서 깨어보니 백악관이라면 무엇을 하겠는가?"라는 질문을 받은 적이 있다. 그녀는 "곧장 트루먼 대통령에게 달려가 사과하겠어요. 그리고 집으로 돌아갈 겁니다."라

고 대답했다.[232]

존 에드워즈는 다르다. 노스캐롤라이나 출신의 상원의원이었던 그는 44세였던 1998년에 처음 선출되었는데, 그전에는 연방의회나 주의회는 물론 학교 이사회에도 출마한 적이 없었다. 그는 공직자로 선출되기 전까지 20년 정도 재판 변호사로 일하면서 연설과 토론 기술을 연마하고, 재산을 모았다. 정치 활동에는 그다지 적극적이지 않았다. 그런데도 선거에 출마해서 당선되었다. 그 후 4년 조금 더 지나서 상원의원의 임기가 다 끝나기도 전에 그는 대통령 선거에 출마하기로 결심했다. 존 케리가 2004년 대선에 그를 러닝메이트로 선택하면서 부통령으로 당선될 뻔했다. 그리고 4년 후, 그는 다시 출마하기로 결심했다.

지금 나는 존 에드워즈와 그의 아내인 엘리자베스를 좋아한다. 그리고 두 사람의 제일 어린 자녀 둘은 내 아이들과 벌써 수년째 놀이 동무로 지내고 있다. 존은 좋은 사람이며, 그를 비난할 생각은 없다. 내심 그의 대담함을 존경한다. 좀 더 많은 여성이 존처럼 위험부담을 감수하고, 스스로 최고 적임자임을 자처하며 승진, 더 많은 책임 그리고 더 많은 돈을 위해 욕심껏 앞으로 나서기를 바란다. 결국은 시작이 반이니까. 정치뿐 아니라 사회생활의 모든 측면이 대개 그렇다.

디스커버리 커뮤니케이션즈의 전 CEO였던 주디스 맥헤일은 처음에 변호사로 입사했다. 하지만 그녀는 곧 상사이자 설립자인 존 헨드릭스John Hendricks를 찾아가 좀 더 많은 책임을 맡고 싶다고 말했다.

"내가 그에게 말했어요. '나를 그냥 변호사로만 생각하지 마세요. 다른 일도 하고 싶습니다.' 그랬더니 바로 나에게 인사, 관리, IT 부서를 맡기더라고요. 좀 당황했어요. 하지만 그와 긴밀하게 일하면서 점차 회사 전반에 걸친 업무를 파악하게 되었어요."[233]

맥헤일은 디스커버리 커뮤니케이션즈처럼 CEO와 COO를 포함해서 고위 관리직의 절반 이상이 여성인 직장에서도 그녀처럼 하는 여성이 너무 적다고 말한다.

"우리 회사에서는 모든 직책에 공백이 생겼을 때, 공채 공고를 내기 10일 전부터 내부 직원들에게 기회를 주고 지원하도록 독려합니다. 4, 5년 전쯤에 주요 프로그래밍 자리가 비어서 공고를 냈는데, 여성은 한 명도 지원하지 않았어요. '이 회사는 정말 이상하구나.' 생각했죠. 그래서 인사 팀장과 좀 더 자세히 알아보았죠. 그제야 여성들이 어떤 생각을 가졌는지 알게 되었습니다. 여성 직원 대부분이 '내가 그 직책에 적임자라고 생각하면 상관이 알아서 내게 물어보았겠지.'라고 생각하고 있었던 거예요. 정말 의외였지요."

물론 모든 위험부담이 똑같은 연유로 생겨나는 건 아니다. 남성이 직업과 관련된 경력을 쌓기 위해 위험부담을 감수하려는 경향이 더 강하다면, 여성(또는 다른 남성)의 입장에서는 황당한 이유로 위험부담을 감수할 가능성도 높다고 볼 수 있다. 진화론자의 이름을 딴 다윈상은 매년 '우연한 사고로 자기가 속한 종에서 자기 유전자를 제거함으로써 그 종의 발전에 기여한' 사람에게 주는 상이다.[234] 수많은 수상자의 업적은 하나 같이 놀랍다. 그중 한 사람은 친구들과 밤새 술을 마신 뒤 자기가 발견한 기폭 장치가 작동하지 않을 거라며 내기를 걸었다. 그러고는 기폭 장치를 입에 넣고 친구들에게 작동장치를 당기라고 부탁했다. 친구들은 그가 시키는 대로 했고, 기폭 장치는 폭발했다. 또 다른 사례로, 두 남자가 고속도로 위를 지나는 고가도로에서 누가 더 오래 매달려 있을지 내기했다. 안타깝게도 내기에 이긴 친구는 너무 지친 나머지 몸을 끌어 올리지 못하고 지나가는 세미 트럭의 후드 위로 떨어졌다가 튕겨 나가면서 따라오는 자동차에 치여 숨졌다. 그 역시 영원한 보상을 받으러 저세상으로 떠난 것이다. 예상할 수 있듯이 다윈상 수상자는 거의 모두가 남성이다.

위험을 부담한다고 반드시 죽음을 감수해야 한다는 뜻은 아니다. 때로는 금전적 손실을 볼 수 있다. 흥미롭게도 여성은 이런 종류의 위험부담도 감수할 가능성이 매우 낮다. 널리 퍼져 있는 고정관념 중 하나는 남성이 모든 형태의 재테크에 더 능하다는 것이다. 남성은 매우 이른 나이에 이러한 태도를 얻게 된다. 몇 년 전 한 대형 금융회사에서 고등학생을 상대로 설문조사를 실시했다.[235] 자신이 수학과 금전 관리를 얼마나 잘한다고 생각하는지를 묻는 조사였는데, 남학생은 '꽤 잘한다'라고 답했고, 여학생은 '잘하지 못한다'라고 답했다. 실제로는 남학생과 여학생의 지식수준이 거의 같았다고 한다! 월스트리트는 남성의 보루며, 소수의 여성만이 일류 거래자, 자금 관리자, 투자자의 반열에 오른다. 하지만 덜 전문화된 일반 투자자의 경우는 어떨까? 다수의 연구에 의하면 여성의 수익률이 남성보다 높은 것으로 나타났다.

이렇게 적은 수치에도 불구하고, 아프리카계 미국인 최초로 노동부 장관을 맡았던 알렉시스 허먼은 여성도 위험부담을 감수하는 데 뛰어나다고 믿는다. 그렇지만 다음과 같이 덧붙였다.

"우리 여성은 '보호 차원의 망설임'을 거치는 것 같아요. 오늘과 같은 리더의 자리에 앉기까지 대부분의 평범한 여성은 많은 위험부담을 감수해야 했습니다. 현재의 자리까지 가기 위해 많은 어려움을 극복해야 했지요. 그러다 보니 자기가 이룬 게 얼마나 대단한지 알아채지 못할 수 있어요. 그럴만한 여유가 없으니까요. 이해하시겠어요? 하지만 여성은 위험부담을 감수하는 데 뛰어난 기량을 가지고 있습니다. 단지 자각하지 못하고 있을 뿐이에요."[236]

허먼은 미국 남부의 외진 마을에서 아프리카계 미국인 소녀로 자라면서 위험을 감수하는 법을 배웠다. 허먼의 아버지는 프로야구 선수로 흑인 리그에서 활약했으며, 한때 사첼 페이지Satchel

Paige[*]의 훈련을 담당한 적도 있었기 때문에, AA 모바일 베어스가 경기를 치르는 하트웰 필드에서 경기를 관람할 수 있었다. 백인들로 가득한 관람석에 앉을 수는 없었지만 선수 대기석에서 경기를 관람하도록 초대받았다. 하지만 그곳에 가려면 관중석 사이를 가로지르는 선수 터널을 통과해야 했다. 워싱턴 DC에 있는 허먼의 우아한 저택에서 인터뷰하는 도중 그녀가 이렇게 말했다.

"당시 우리의 목표는 그 대기석까지 가는 거였어요. 가는 동안 사람들이 콜라병과 밀크셰이크 컵을 던졌죠. 손에 든 건 뭐든 던지는 것 같았어요. 단지 우리가 스타디움 안에 있다는 이유로 공격하는 거지요. 하지만 우리의 목표는 벤치까지 가는 거였고, 나는 가겠다고 마음먹었죠. 아버지가 내 손을 꼭 잡아 주었어요. 그때 저는 이렇게 생각했던 것 같아요. 이 모든 억울한 상황이, 내가 뜻하는 바를 이루고 잘못된 현실을 고치기 위해 반드시 겪어야만 하는 과정이라고. 자라는 동안 아버지가 많은 일은 감수하는 걸 보았어요. 그리고 그중 일부가 내게도 전해진 것 같아요. 때때로 우리 여성은 그래야 할 필요를 깨닫지 못할 때가 있어요. 당신이 처음으로 문을 여는 사람이 되었을 때는 그것이 얼마나 어려운 일이 될지 모르니까요."

---

[*] 흑인 리그와 메이저 리그에서 활동했던 우완투수(1906~1982)

때로는 어떤 장소에 나타나는 것만으로도 위험을 감수하거나, 운이 좋기를 바라거나, 신념을 확장해야 할 때가 있다. 특히 지원 그룹이나 친구, 연대, 아니면 당신에게 호의적인 사람조차 없는 채로 어떤 관문으로 들어선 첫 번째 주자인 경우엔 더욱 그렇다. 나의 경험, 특히 백악관 시절을 돌아보아도 허먼의 말이 맞는다는 걸 알 수 있었다. 그래서 그녀에게 말했다.

"그때 나는 그런 일들에 매달릴 시간이 없었어요. 주어진 하루를 헤쳐 나가느라 전전긍긍해야 했거든요."

허먼은 이렇게 답하며 웃었다.

"관중석을 지나면서 사람들이 콜라병 던지는 걸 감수해야 했던 것과 비슷한 경험이었겠어요. 벤치에 앉기 위해 통과해야만 하는 상황인 거죠. '왜 콜라병에 머리를 맞아야 해?'라는 생각은 하지 않았어요. 아프지만, 그냥 걷는 거죠. 여자들은 자기 자신을 지지하는 것이 중요하다는 사실을 알아야 합니다."

여성 스스로를 긍정하기

똑같은 공적을 세우고도 여성은 인정을 덜 받는다. 이

런 현실도 여성에게 도움이 되지 않는다. 지금은 고인이 된, 전 텍사스 주지사 앤 리처즈Ann Richards는 늘 진실을 말하는 사람이었는데, 그녀가 즐겨 쓰던 비유가 있다.

"진저 로저스Ginger Rogers도 프레드 아스테어Fred Astaire*가 하는 동작을 똑같이 했어요. 단지 하이힐을 신고 역순으로 했을 뿐이죠."

인정 격차는 거의 모든 분야에서 온갖 다양한 양상으로 나타난다. 특히 워싱턴에서는 당연하게 여겨지는 현실의 일면이다. 예를 들어보자. 대통령 선거를 앞둔 시점이 되면 나와 같은 관련자들은 누가 선거에 출마할지, 누가 출마할지를 두고 정치 인사들의 이름을 거론하는 자리에 참석하곤 한다. 그럴 때 한 후보가 텍사스처럼 비중 있는 주에서 두 번씩이나 60% 이상의 지지율로 연방상원의원에 당선되었고 성공적인 기업가였으며, 주의회에서 일했고 재무관직에 선출된 적도 있다고 가정해 보자. 그는 누가 보더라도 이상적인 후보일 것이다. 사실 그런 후보가 실제로 존재한다. 그녀의 이름은 케이 베일리 허치슨이다. 그런데 나를 포함해서 누구도 2008년 대선을 앞두고도 허치슨이 유력한 대통령 후보가 될 수 있다고 말하지 않았다. 텍사스 상원의원 케이 베일리 허치슨에게 그런 일이 일어날 수 있다고 상상하지 못했던 것이다.

---

* 프레드 아스테어와 진저 로저스는 많은 뮤지컬과 영화에 함께 출연했던 남녀 콤비이다.

오해하지 말기 바란다. 이렇게 편파적인 평가를 모두 남성의 탓으로 돌리려는 건 아니다. 남성에게 일부 책임이 있는 건 사실이지만 나이 고하를 막론하고 자신의 성취와 공적을 스스로 평가절하하여 가치를 떨어뜨린 건 여성 자신이기 때문이다. 전에 셜리 틸먼과 이러한 현상에 관해 논의한 적이 있다. 그녀는 프린스턴의 인재들 사이에서도 이런 현상을 자주 본다고 했다. 몇 년 전에 학교 신문에 명망 있는 웨스팅하우스 과학 경시 대회에서 입상한 두 명의 신입생에 관한 기사가 실렸다고 했다.[237]

"남학생은 인터뷰에서 '네, 저는 이번에 아주 멋진 프로젝트를 냈어요. 정말 재미있었고, 심사위원들도 좋아해 주었습니다.'라고 말했어요. 당당하게 '그래, 나 상 받을 만했어.'라고 확신하는 게 보인 거죠. 하지만 여학생의 반응은 달랐어요. '정말 뜻밖이었어요. 제 프로젝트가 그렇게 훌륭하다고 생각하지 못했거든요.'라고 답하는 거예요. 똑같이 뛰어난 실력을 갖춘 젊은 과학자가 하나는 스스로 자격이 있다고 생각하고, 또 하나는 자신의 성과가 뜻밖이라는 반응을 보이는 거죠."

인정 격차는 가정에서도 빈번하고 확연하게 나타난다. 법학자 데보라 로드Deborah Rhode의 이야기에 따르면 아버지는 자녀 양육에 똑같이 참여해도 엄마보다 더 많이 참여한 듯한 평가를 받고, 이는 자녀 양육권 소송에서 여성에게 불리하게 작용한다고 한다.[238] 일상생활에서 성별에 따라 양육자 역할의 기대치가 다르다는 사실을 실감해보지 않은 사람이 있을까? 남자는 놀이터나 맥도날드에 아이들을 데려가는 것만으로도 좋은 아빠라는 칭찬을 듣는다. 최근에 워싱턴 DC에 살던 친구 하나가 남편이 승진하면서 아이들과 함께 런던으로 이사했다. 그런데 그들이 도착하고도 한참 동안 이삿짐이 도착하지 않았다. 대서양을 건너는데, 카누에 싣고 가도 도착했겠다 싶을 정도로 오래 걸렸다고 한다. 그 바람에 친구는 10일 동안 공기 주입식 매트리스 몇 개와 이웃집에서 빌린 접이식 테이블 하나로 아이들과 지내야 했다. 아이들은 차례로 독감 치레를 했고, 그러는 동안 남편은 하루에 14시간씩 일에 매달렸다. 친구는 평소처럼 담담하게 그 상황을 버텼다. 하지만 남자였다면, 아마 큰 소동이 벌어졌을 것이다. 코미디언 크리스 록Chris Rock이 좋은 아빠 노릇을 보여준답시고 아이들을 먹이고 씻기고 돌보는 남자의 모습을 흉내 내는 장면을 떠올려 보라. "그리고 이렇게 묻는 거예요. '뭐 줄까, 과자?' 그것만 하면 된다니까요!"

여성이 자기 능력과 자질을 과소평가하는 성향은 평생 그녀를 따라다닌다. 물론 여기에는 남성이 일조하고 있음을 부정할 수 없다.

"수학 과목에서 C를 받은 남학생은 '나는 엔지니어가 될 거야!'라고 하는데, 정작 A를 받은 여학생은 '나는 수학 실력이 부족해.'라

고 말합니다."²³⁹

미국 최초의 여성 우주비행사인 샐리 라이드Sally Ride의 말이다. 과학이 '남자의 전유물'이 아니라는 확신을 심어주기 위해 라이드는 '샐리 라이드 사이언스Sally Ride Science'라는 회사를 설립했다. 과학 축제나 여름 캠프를 주최하고 소식지나 취업 안내 자료 등을 발간한다. 라이드야말로 많은 여성의 귀감이자 영감의 원천이다. 적어도 내게는 그렇다. 하지만 1983년에 챌린저호를 타고 우주에 진입함으로써 그 즉시 유명인이 된 후에도 그녀의 전기를 쓰겠다는 제안을 모두 거절했다. 자신의 성취가 전기를 낼 만큼 충분하지 않다고 생각한 것이다.

헤드헌터들은 여성이 남성과 비교해서 자신감이 덜한 이유를, 남성은 자신의 강점만 이야기하는 데에 비해 여성은 자신의 약점을 솔직하게 말하기 때문이라고 한다.

"여성은 자신이 직업인으로서 성취한 결과에 지나치게 겸손하게 굴어요."²⁴⁰

한때 씨티그룹에서 여성으로서 최고위직에 오른 마지 매그너Marge Magner의 말이다. 그녀가 말하길, 도전의 기회가 될 만한 프로젝트를 기획하면서 담당자를 물색하느라 인터뷰를 진행하다 보면 여성은 종종 자기는 그런 일을 맡을 준비가 되어 있지 않다는 식으로 반응한다고 한다. 그러면 그녀는 이렇게 조언한다.

"다음에 또 누군가 임무를 맡기려고 한다면, 그때는 당신이 능력이 없다는 말은 하지 말아요. 그런 건 혼자만 알고 있으면 됩니다."

또한 여성은 자기 능력뿐 아니라 다른 여성의 능력까지 과소평가하는 경우가 너무 많다. 세인트 루크 루스벨트 병원의 종합 유방 센터 책임자인 앨리슨 에스타브룩Alison Estabrook은 지금까지 살아오면서 주변 여성들에게서 "너 참 유능하다!"라는 말을 들어본 적이 없다고 했다.

"제가 처음 일을 시작했을 때는 여자 외과 의사가 많지 않았어요. 어머니 친구 중 한 사람에게 외과 의사가 될 거라고 말했더니, 자기라면 여자 의사에게 가지 않을 것 같다고 하더군요. 나는 아무 말도 하지 않았어요. 스스로 자기 확신을 가져야 해요. 어느 길로 가고 싶은지 알아야 하죠. 남성과 달리 여성은 비판의 말을 지나치게 민감하게 받아들여요. 그게 문제가 될 수 있죠."[241]

여성이 자신의 공적을 인정받고자 한다면, 먼저 스스로 자신의 성취를 인지하고 받아들일 줄 알아야 한다. 미국 딜로이트 투쉬 회계법인 이사회장인 샤론 앨런Sharon Allen은 여성들에게 "자기 직업에 책임감을 느껴야 한다."라고 조언한다.

"당신의 훌륭한 실적을 남이 알아줄 거라 기대하면 안 됩니다. 회
계사로 일하던 젊은 시절에 승진 명단에서 누락되어 몹시 화가 났
던 적이 있었어요. 그래서 상사를 찾아가 내가 그동안 얼마나 많
은 일을 성실하게 완수했는지 말하고, 승진해야 마땅하다고 주장
했어요. 그러자 상사가, '아, 그랬군요. 당신이 그런 일을 했는지
몰랐어요.'라고 말하는 거예요. 그제야 정신이 번쩍 들었죠. 허풍
쟁이가 될 필요는 없지만, 당신이 한 일을 남들이 알게 하는 건 중
요한 것 같아요. 여성은 간혹 그러기를 주저하곤 하지요."[242]

여성은 남성만큼 자기 공로를 인정받지 못하지만, 인정받은 부
분에 한해서는 나누려는 마음이 크다. 이 또한 타인과 연대를 이
루고 그것을 보존하려는 생물학적 특성이거나 호르몬의 작용인
지도 모르겠다. 반면에 남성은 서열을 파악하고 자기 위치를 높이
는데 더 관심이 많다.

미국의 테니스 협회가 포레스트 힐스에 있는 테니스 단지의 이
름을 전설적인 여성 테니스 선수 빌리 진 킹**Billie Jean King**의 이름을
따서 지었을 때, 누군가 킹에게 그녀의 오랜 숙적인 바비 릭스**Bob-
by Riggs**가 어떻게 생각할 것 같냐고 물었다.* 킹은 "바비는 아마도

---

* 빌리 진 킹과 바비 릭스는 1973년에 성 대결 이벤트 경기를 했다. 여기서 빌리 진 킹이 남성

자기 덕분이라고 말할 거예요. 그럴만하죠. 그는 제 삶에 커다란 변화를 가져다주었으니까요."라고 대답했다.[243] 킹은 바비가 자기 공로를 주장할 거라 생각했고, 기꺼이 그와 나눌 의지가 있었던 거다.

BET의 데브라 리는 회사의 최고 운영자로 지명되고 나서 첫 이사회에 참석했던 기억을 떠올리며 다음과 같이 말했다.

"그날 제가 보고하는 모습을 지켜본 밥 존슨(BET의 창립자이자 CEO)이 회의가 끝나고 저에게, '앞으로는 보고할 때 '우리'라는 말 대신 '나'라는 말을 쓰도록 하세요.'라고 말하더군요. 하지만 그건 너무 거부감이 들 것 같았어요. 물론 내가 '우리'라고 해도 사실은 '나'를 의미한다는 걸 모두 알겠지요. 그래도 함께 일하는 팀이니, 모두의 노고를 인정하고 싶었어요."[244]

할리우드에서 성공한 최초의 여성 프로듀서 중 한 명은 여성이 자기 공적을 기꺼이 공유하려는 의지가 그들이 성공할 수 있었던 핵심 요소였다고 말한다.

"경영을 맡은 남자들도, 이런 말을 하게 되어 유감스럽지만, 우리가 정말 열심히 일했다는 걸 알아요. 우리가 똑똑하다는 것도 알

선수인 바비 릭스를 이겼다.

고, 대단한 일을 해냈다는 것도 알죠. 우리가 위협적이지 않다는 것도 알고요. 차마 입에 담기 어려운 얘기지만, 그래서 우리의 공을 가로챈 겁니다. 그러니 우리가 인수하게 될 줄은 몰랐겠지요. 그리고 우리가 인수한 후에도, 인수 과정에서 나를 지지했던 남자 직원들조차 내심 나를 만만한 사람으로 생각했을 겁니다. 우리는 자존심을 내세우느라 일을 어렵게 만들기보다는 거래를 성사시키는 걸 우선으로 생각했어요. 남자들로 이루어진 그룹에서는 서로를 견제하려다가 일에 지장이 생기는 경우가 종종 있더라고요. 여자들은 일을 되게 하는 것에 집중하는 데 반해서 말이죠. 그런 차이가 있더라고요. 우리는 일에 초점을 맞출 뿐, 누가 이기는가에는 관심을 두지 않습니다. 그런데 한 가지 궁금한 것은, 전체적으로 여성이 많아지면 이러한 현상이 달라질까요? 지금은 소수의 여성이 다수의 남성과 경쟁하는 구도라는 걸 기억할 필요가 있어요. 그래서 알 수 없는 거죠."[245]

주위 잡음 무시하기

나와 이야기를 나눈 수많은 여성, 특히 남성이 지배적인 분야에서 일하는 여성 대부분이 때로는 미묘하게, 때로는 공공연히 포기나 양보를 종용받은 경험이 있었다. 셜리 틸먼은 신입생 시절 물리학 교수와 관련된 매우 전형적인 일화를 이야기해 주었다.

"실험 시간에 내가 실수를 했거든요. 맞아요, 단지 실수였어요, 그런데 교수님이, '그래서 여자 물리학자가 없는 거야.'라고 하는 거예요."

요즘에는 모두가 정치적 어법을 세련되게 구사하기 때문에 교수가 그렇게 무지한 말을 한다는 건 상상조차 할 수 없다. 그렇지만 여전히 같은 메시지가 나돌고, 누군가는 그런 무례한 메시지를 받는다.

"증명할 수는 없지만, 내 생각에는 과학 분야에서 큰 업적을 이룬 여성은 이렇게 미묘한 메시지를 차단하는 방법을 터득했겠다고 생각합니다. 아예 메시지를 열어 보지 않는 거죠. 그리고 그렇게 할 힘은 자신감에서 나오고요. 자신감이 있어야 그렇게 할 수 있는 거예요. 결단력이 필요한 것도 사실이지만 수년 동안 많은 여성 과학자와 이야기를 나눠 보면, 그들이 차별적인 메시지를 선택적으로 무시했던 걸 알 수 있어요."[246]

하지만 그러기가 항상 쉬운 건 아니다. 10대 시절에는 우리가 사는 세상이 공평한 곳이라고 생각했다. 학교 안에서든 밖에서든 여자아이도 남자아이처럼 성공할 가능성이 있다고 믿었다. 그 반대임을 시사하는 증거들은 잘못된 정보이거나 부정적인 견해로 가정하고 애써 외면했다. 하지만 한 번 뿌려진 씨앗은 나의 내면에 뿌리를 깊게 내리는 경우가 많았다.

고등학교 시절, 내가 존경했던 선생님 중 한 분인 디킨슨 선생님에게 1년 동안 인문학 과목을 들은 적이 있다. 선생님은 어린 시절에 소아마비를 앓아서 거동이 불편하셨음에도 좋은 이야기가 있으면 연극적인 몸짓으로 실감 나게 전해주면서 열여섯, 열일곱 살의 학생을 꼼짝없이 수업에 집중하게 했다. 선생님이 2m짜리 나무 창을 들고 교실을 마구 뛰어다니며 「가웨인 경과 녹기사」 이야기*를 들려주던 장면은 지금도 기억한다.

어느 날에는 디킨슨 선생님이 교실 한가운데 서서 르네상스 시기의 예술을 설명하다가 앞으로 걸어가더니, 칠판에 도식화된 형태의 두 사람을 그렸다. 거꾸로 된 삼각형은 남성, 오각형은 여성이라고 했다. 그러더니 분필 끝으로 삼각형을 톡톡 두드리며 "이건 아름답다."라고 말했다. 그러고 나서 오각형을 두드리며 "이건 아름답지 않다."라고 말했다. 그것으로 끝이었다. 디킨슨 선생님은 "내 생각에는….."이라든가, "어떤 사람들은… 라고 생각할 수도 있다." 같은 말을 사용하지 않았다. 디킨슨 선생님에게 진실은 칠판에 그은 선처럼 명백하고 선명했다.

---

* 가웨인 경은 아서왕의 조카로, 원탁의 기사 12인의 구성원이다. 「가웨인 경과 녹기사」는 14세기 말에 쓰인 영국의 서사시다.

선생님의 수업은 언제나, 적어도 일부분은 연극의 한 막과 같았다. 선생님은 종종 학생들을 도발하여 그들이 자기 생각이나 태도를 방어하도록 유도했다. 하지만 여전히 궁금한 점이 있다. 선생님은 당시 르네상스적인 가치관을 우리에게 소개하려 했던 것일까? 아니면 정말 그렇게 믿었을까? 그리고 그때 그 말은 진실일까?

여성은 다양한 이유와 다양한 방식으로 "나는 유능하지 않고, 무엇을 이루든 내 성취는 별 가치가 없으며, 내가 중요하다고 생각하는 것이 사실은 중요하지 않을 수도 있다." 따위의 메시지를 주입받았다. 그리고 너무 자주, 여성은 그 메시지를 믿는다. 그 결과 자기 생각을 말하려는 의욕이 약화하고 스스로 앞에 나서기를 꺼리며 무슨 일에서든 남성만큼 자신감을 느끼지 못한다. 그리고 그러한 부정적인 가정을 검증해 보지도 않은 채 악순환을 거듭하면서 자신이 얼마나 유능한지를 확인할 기회조차 박탈당하는 것이다.

여성에게는 이러한 부정적 역학을 바꿀 책임이 있다. 여성은 더 높은 급여와 더 많은 자원, 더 나은 기회를 요구해야 한다. 남성과 같은 방식으로 할 필요는 없다. 여성 나름의 방식이 있다. 무엇이 필요한지를 전달하되 자기만의 스타일로 자신의 가치에 부응하는 요구를 해야 한다. 또 자기가 이룬 실적의 공로를 자기에게만 돌릴 줄 알아야 하며 기꺼이, 당당하게 그 공로를 자랑해야 한다. 으스대고 잘난 척하라는 게 아니다. 목표를 달성했음을 확인하고 그 공을 인정하며 적절하게 분배하라는 뜻이다. 엄마들이 자녀의 성취가 정당하게 인정받기를 바라는 것처럼, 자기 자신과 다른 여성의 성취에서도 일관된 자세를 취해야 한다. 여성이 자신의 공로를, 그리고 다른 여성의 공로를 당당하게 인정해야 그 공로가 남성의 공로 못지않게, 남성의 공로만큼 가치 있다고 인정받는다. 그래야만 자신감의 격차를 줄일 수 있으며, 그제야 비로소 자기 능력을 최대한 발휘하고 여성의 능력을 제대로 평가할 수 있을 것이다.

이건 나만의 생각이 아니다. 틀림없이 분명한 사실이다.

9장

눈으로 보아야 믿는다

"남자는 자신의 약점에 사과할 것을 배우고, 여자는 자신의 강점에 사과할 것을 배운다."

― 로이스 와이즈(Lois Wyse),
결혼과 육아·요리·우정·사업 등에 관한 저서 60여 권을 출간한 작가이자 사업가

딸 케이트가 유치원에 다닐 때 "여자는 대통령이 될 수 없어. 남자만 될 수 있어."라고 말한 적이 있다. 내가 왜 그렇게 생각하느냐고 묻자 케이트는 우리가 자주 읽던 『벽이 말을 할 수 있다면: 백악관에서의 가정생활If the Walls Could Talk: Family Life at the White House』이라는 책을 펼쳐 보였다.[247] 그 책에는 대통령 관저에 살았던 41명의 대통령에 관한 일화와 역사적 사실들이 적혀 있었다. 물론 모두가 남성이었다. "하지만 여자는 대통령 부인이 될 수 있어." 케이트는 위로하는 투로 이렇게 덧붙였다.

나는 케이트에게, 아직 여성이 대통령이 된 적은 없지만 선거에 출마하여 선출될 수 있으며 머지않은 미래에 그렇게 될 수 있을

거라고 설명했다. 그리고 예전에는 어리석은 법의 제약 때문에 여성이 할 수 없는 일들이 많았으며, 그중에는 투표권과 재산 소유권이 포함되었다는 이야기도 해주었다. 일곱 살짜리 딸아이는 그런 법이 존재했었다는 사실이 어이없다는 듯 눈알을 굴려 보였다. 어린 남동생에게 종종 해 보이는 눈짓이었다. 그러고는 자연스럽게 힐러리 클린턴 상원의원에 관한 이야기로 넘어갔다. 힐러리 클린턴은 나의 직장 경력을 통해서나 가족 간에 빈번한 대화를 통해서나 케이트에게 익숙한 이름이었다. 나는 케이트에게 2008년 대통령 선거에 출마할 민주당 후보 중 누구를 특별히 지지하거나 선호한다고 내색하진 않았으나 힐러리의 노력이 자랑스럽고, 이제는 미국에 진정한 여성 대통령이 나올 때가 되었다고 말했다.

몇 개월 후, 우리 가족과 가까이 지내는 친구가 놀러 왔다가 케이트에게 대통령 후보 중에서 좋아하는 사람이 있느냐고 물었다. 선거의 양상이 어느 정도 구체화 되던 시기였다. 케이트는 1초도 망설이지 않고 "힐러리 클린턴은 여성이기 때문에 좋아하고, 존 에드워즈는 자기 친구인 잭과 엠마 덕분에 좋아한다."라고 대답했다. 케이트의 대답은 놀라우면서도 흥미로웠다. 케이트가 여성이라는 이유로 힐러리 클린턴을 선택한 건 전혀 의외가 아니다. 어찌 됐든 자기 엄마가 『여자가 왜 세상을 지배해야 하는가』라는 책을 쓰고 있고, 저녁 식사 중에나 그 외 많은 순간 남성과 여성의 상대적인 강점과 약점에 대해 내가 하는 말들을 듣고 자랐을 테니까. 하지만 내가 힐러리를 지지하는 이유를 말한 적은 없다. 그런데도 케이트는 여성이 대통령이 되면 좋을 거라는 생각을 하는 것이다. 왜 그러지 않겠는가? 지금 케이트가 사는 세상은 여성도 남성과 똑같이 리더가 될 수 있는 곳이다. 딸아이의 선생님을 포함해서 학교 경영진의 다수가 여성이고, 케이트의 치과 의사도 여성이다. 케이트의 친구 엄마들도 아버지들처럼 대부분 직장 여성이다. 저녁 뉴스에는 케이티 커릭이 앵커로 나오고, 우리가 다니는 성공회 성당의 여러 사제와 주교도 여성이다. 케이트가 어린 시절의 경험을 토대로 꿈꿀 미래는 내가 희망했던 미래와는 확연히 다를 것이다.

우리 대부분은 자기가 어떤 역할을 맡아서 수행하는 모습을 그려볼 때, 다른 사람이 비슷한 일을 하는 모습을 참고한다. 물론 예외도 있다. 간혹 장애물, 역사적 사실, 주위의 반대를 무릅쓰고 직진해서 스스로 현실을 만들어 가며 그 뒤를 따르는 사람들에게 귀감이 되는 사람도 있다. 하지만 대부분은 백문이 불여일견이라는 말처럼 직접 보는 것만큼 확실한 게 없다. 나의 경우에는 그렇다는 뜻이다.

내 곁에서 본보기가 되어주고, 도와주고 격려해 준 여성들이 없었다면, 나는 결코 백악관 대변인이 되지 못했을 것이다. 그중에는 나와 친분을 쌓은 사람도 있고, 앞으로 알아가고 싶은 사람도 있다.

빌리 진 킹이 자칭 '남성우월주의자 돼지'인 바비 릭스의 도전을 수락하고 '성性 대결'로 유명해진 테니스 시합을 하기로 했을 때 나는 막 7학년에 올라간 뒤였다. 갓 서른 살을 넘긴 킹은 테니스계에서는 최고의 자리에 올라 있었으며 자신의 명성을 기반으로 스포츠 세계에서 여성의 입지를 다지는 데 이바지하고 있었다. 1972년 US 오픈을 제패한 후, 킹은 이듬해 여자 경기의 상금이 남성의 상금과 같아지지 않으면 대회에 임하지 않겠다고 선언했다. 킹의 요구는 수락되었고, 그녀는 경기에 참여했다(안타깝게도 세계에서 가장 권위 있는 윔블던 대회에서 남녀 선수의 상금이 동등해지기까지는 그 후로 34년이 더 지나야 했다).

당시 게임을 앞두고 긴장감이 고조되던 분위기를 나는 또렷하게 기억한다. 사람들은 성별에 따라 편을 갈라섰고, 바비 릭스는 살아 있는 돼지들에게 끊임없이 둘러싸여 있는 듯이 보였다. 열두 살밖에 안 되었던 나도 긴장감을 느꼈다. 단순한 개인적 승리를 위한 경기가 아니었으며, 릭스가 선수 생활의 전성기를 훌쩍 넘긴 50대에 들어섰다는 사실도 중요하지 않았다. 훗날 킹의 말을 들어보면, 그녀는 만약 자기가 진다면 여성의 진보를 50년쯤 후퇴시켜 놓는 셈이 될 것 같은 책임감을 느꼈다고 했다.

"모든 여성 선수의 사기는 물론이고 여성의 자긍심까지 무너뜨릴 것 같았어요."

하지만 그녀는 지지 않았다. 킹이 이겼다. 입장권이 매진된 휴스턴 아스트로돔에서. 전 세계에서 생방송으로 지켜보는,

5,000만이 넘는 시청자 앞에서. 그것도 전 세트를 연승으로! 그때의 전율과 승리의 희열은 지금도 생생하다. 뭔가 중대한 변화가 일어난 듯한 느낌이었다. 그건 테니스 경기에 국한된 문제가 아니었다. 적어도 나에게는 그랬다. 세상이 여성을 좀 더 진지하게 받아들이도록 만드는 일이었다. 지금도 빌리 진 킹이라는 이름을 들으면 나도 모르게 "나도 여자예요."라는 말을 흥얼거리곤 한다.

몇 년 후 내가 고등학교 졸업반이었을 때, 마거릿 대처는 영국 총리가 되었다. 당시 나의 정치적 견해는 진보적으로 변하는 중이었지만 대처가 당당히 세계 무대에 발을 디디는 걸 보면서 어떤 가능성 같은 걸 느꼈던 기억이 있다. 대학을 졸업하고 일주일 뒤에는 샐리 라이드가 미국 최초의 여성 우주비행사가 되었는데, 그에 얽힌 이야기들과 함께 그 사건이 가져다준 만족감은 또 하나의 좋은 기억으로 남아 있다. 나는 비록 프로 테니스 선수나 영국 총리 우주비행사가 될 수 없지만, 이들의 성취는 가능성의 폭을 넓혀주었다. 그런 의미에서 이 여성 선구자들은 나에게 매우 중요한 존재였다.

롤모델, 여성을 이끌다

그러나 앞날에 대한 나의 기대에 가장 큰 영향을 준 건 가까이에서 함께 일하며 만난 여성들이었다. 대학을 졸업하고 몇 달 후, 나는 월터 먼데일의 대통령 선거운동 캠프에서 일하기로 했다. 그 무렵 나의 정치적 견해는 확고했다. 로널드 레이건 대통령의 식상한 정책에 실망한, 열정적인 민주당 지지자였다. 하지만 내가 아는 사람 중에 정치계 인사는 물론이고 잠시라도 정치에 발을 디뎠던 사람조차 없었다. 그런데도 그 일을 해야겠다고 마음먹은 것이다. 나는 우선 전화번호 안내 서비스에 연락해 캘리포니아 남부 민주당 본부의 전화번호를 문의했고, 먼데일의 연락 담당자인 테리 하나건Terri Hanagan의 연락처를 받았다.

나중에 알게 된 사실인데 테리가 일하는 법률사무소 파트너인 마이클 캔터Mickey Kantor가 먼데일 선거 캠페인의 주 의장이었다. 전화로 얼마간 통화하고 나서 테리는 나에게 자기를 만나러 오라고 했다. 하지만 그녀와의 첫 번째 만남은 성사되지 않았다. 집에서 키우는 미니어처 푸들이 독일계 셰퍼드에게 물리는 바람에 병원에 데려가 봉합 수술을 받아야 했기 때문이다. 그 후로 테리가 종종 농담 삼아 이야기하듯이, 반려견에 얽힌 이 사건은 나의 정치 경력을 거의 망칠 뻔했다. 다행히도 테리는 나에게 두 번째 기회를 주었고, 나는 테리의 사무실에서 무보수 인턴으로 일하며 전화도 받고 시 정계 인사들을 초대해 공항에서 먼데일 부통령을 맞이하도록 주선하는 등의 업무를 보게 되었다. 힘든 일이었지만 나는 그 일이 좋았다. 생활비를 벌기 위해 저녁 시간과 주말에는 백화점에서 도자기 파는 일을 하고, 나머지 시간은 가능한 선거 캠프에 투자했다. 테리는 참을성 있게 나를 지도해 주었고, 사무실 사람들에게 나를 소개했으며, 자기 집으로 초대해 저녁 식사도 대접해 주었다. 그 시절 테리 하나건은 나의 정신적 지주였고, 지금은 좋은 친구가 되었다.

캠페인의 규모가 커지면서 내가 맡은 책임도 커졌다. 결국 나는 캠페인 사무실에서 자원봉사자 코디네이터로 일하게 되었다. 그것이 내가 정계에서 처음으로 얻은 유급(심지어 월 900달러나 받는) 직업이었던 셈이다. 내가 맡은 임무 중에는 후보의 로스앤젤레스 방문을 지원하는 운전기사와 수화물 담당자, 잡무 담당자를 관리하는 일도 있었다. 나는 선거 캠페인에서 일하며 대통령 후보로 나선 전직 부통령을 실제로 볼 수 있었을 뿐만 아니라 처음으로 자동차 행렬, 비밀 경호원, 텔레비전 카메라와 몰려든 군중 그리고 목적의식이 투철한 보좌관들을 목격했다. 당시에는 휴대전화기가 없던 시절이었기에 보좌관들은 중요한 일을 의논하고자 끊임없이 전화기를 찾으며 분주하게 행동했다. 그런 긴장감 넘치는 현장을 가까이에서 지켜보는 건 가슴 벅찬 일이었다.

되도록 현장의 중심으로 다가가기 위해 나는 호텔 스위트룸에 마련된 스태프 라운지에서 온갖 중요한 시중을 도맡았다. 여행 수행원들이 모이는 그곳에 전화기와 다이어트 콜라를 충분히 공급해 주고, 그들의 이름이 적힌 봉투를 벽에 붙이며 모든 메시지가 빠지지 않고 전달될 수 있도록 했다. 여행 수행원은 대부분 남자였다. 먼데일의 비행기가 착륙하는 순간 수행원들은 계단을 미끄러지듯 뛰어 내려가 활주로로 쏟아져 나갔다. 말 그대로 검은 정장을 입은 백인 남자들이 스크럼을 짜듯이 나가는 것 같았다. 여자는 거의 없었지만, 그래도 그들의 모습이 경이로워 보였다. 맥신 아이작Maxine Isaacs은 먼데일의 언론 담당 보좌관이고, 클린턴 행정부에서 백악관 사회 담당 비서를 지내게 된 앤 스톡Ann Stock은 맥신의 비서였다. 그리고 아이린 트리츨러Irene Tritschler도 있었다. 캘리포니아 선거의 후원회장을 맡았던 그녀는 여행 수행원은 아니었지만, 먼데일 후보가 시내에 나갈 때면 항상 곁에 아이린이 있었다. 후보 일행이 중요한 회의에 참석하기 위해 복도를 미끄러지듯 걸어갈 때 그녀가 남자들 무리에 섞여 먼데일에게 뭔가 보고하는 모습을 스태프 라운지 창문으로 엿보던 기억이 생생하다. 모든 게 정말 대단하고 흥미진진해 보였고, 문득 내 손에 닿을 듯 느껴졌다. "저런 일을 나도 할 수 있겠구나!" 생각했던 것 같다!

그 캠페인에는 나를 도와주고 격려하고 지도해 준 몇 명의 여성이 있었는데, 그중에도 가장 큰 도움이 되었던 사람은 주 언론 담당 비서인 알리 웹Ali Webb이었다. 알리는 당시 로스앤젤레스 시장이었던 톰 브래들리의 언론 담당 비서로 일하고 있었는데, 본업을 잠시 쉬고 캠페인에 참여한 거였다. 나보다 한두 살 정도 많았을 뿐이었는데 정계에서의 경험도 훨씬 많고, 예리하며 영리했다. 게다가 함께 있으면 항상 즐거웠다. 우리는 금세 친해져서 종종 함께 사무실을 빠져나가 이야기를 나누거나 점심을 먹곤 했으며, 퇴근 후에는 술도 함께 마셨다. 그해 여름에는 샌프란시스코에서 열린 민주당 전당 대회까지 함께 차를 몰고 갔다. 총선 기간에 그녀는 나를 공보실 부관 중 하나로 고용했는데, 그곳에서 보도 자료를 작성하고 기자들과 통화하면서 캠페인과 관련된 왜곡 기사를 추적할 때 나는 마치 비로소 내 소명을 찾은 듯한 예감을 느꼈다. 공보실이야말로 내가 있어야 할 곳이라는 생각을 했다. 알리는 여성이 대중의 목소리가 되어 공인으로 성공하는 모습을 몸소 증명했고, 나는 알리 웹을 보면서 내가 배워야 할 것들을 배웠다.

먼데일의 선거 캠페인에서 가장 눈에 띄는 사람은 여성 최초로 국가 차원의 공직을 놓고 선거를 치르게 된 제럴딘 페라로였다. 그 소식을 듣던 날 아침을 잊을 수가 없다. 잠시 부모님과 살고 있을 때였는데, 아버지가 소리쳤다.

"먼데일이 페라로를 러닝메이트(부통령 후보)로 선택했어!"

나는 페라로가 최종 후보에 오르지 않았기 때문에 그럴 리가 없다고 자신 있게 말했다. 캘리포니아 캠페인 자원봉사자 코디네이터로서 나는 당연히 알고 있을 만한 위치에 있었다.

"방금 라디오에서 들었다. 좀 전에 발표했다는구나."

불신은 곧 환희로 바뀌었다. 순간 나는 이렇게 생각했다. "여성이다! 먼데일이 여성을 선택했어!" 그동안 선거 캠페인을 지켜본 내 경험으로 미루어 볼 때 먼데일의 선택은 위험할 수 있었다. 페라로가 정치적 기량을 갖추었고 난항 중인 캠페인에 에너지를 불어넣은 건 사실이지만 단지 여성이라는 이유만으로도 남학생 여름 캠프에 단 한 권 남은 『플레이보이』 잡지보다 더 촘촘한 검열을 받을 것이 분명했기 때문이다. 우선 선택 절차의 일환으로 먼데일은 인종과 성별을 막론하고 모든 후보를 미니애폴리스에 있는 자택으로 초대해서 면접을 진행했다. 집에 들어서기 전에 후보마다 진입로에서 카메라 세례를 받게 하면서 노아의 방주를 방불케 하는 떠들썩한 장면을 연출했는데, 이는 먼데일이 후보들의 자격보다는 '정치적 필요'에 근거해서 선택한 게 아니냐는 의혹을 불러일으켰다(정치적인 필요라니! 부통령 후보 인선 과정에서? 설마 농담이겠지!) 게다가 페라로는 전직 검사였으며 뉴욕 퀸스 출신의 3선 하원의원이었다. 그녀의 이력서는 탄탄했지만 화려하지는 않았기 때문에 출발부터 자격이 없다는 혐의와 싸울 수밖에 없었다. 끝으로 이 나라에서 국가 차원의 공직에 여성이 임명되었던 적이 없었던 탓에 대중은 '첫 번째 여성 부통령이 나올 수 있다'는 사실과 페라로의 남편인 '세컨드 맨'의 존재를 받아들이기 힘들 것이다. 결국 이러한 맥락에서 페라로의 남편인 존 자카로John Zaccaro는 철저하고도 성역 없는 조사의 대상이 되었고, 캠페인이 끝날 즈음, 제럴딘 페라로는 자산만큼이나 부채도 많아졌다.

그렇기는 하지만 페라로가 후보군에 속했다는 사실 자체가 내 인생의 분기점이 되기엔 충분했다. 알리와 전당 대회까지 차를 몰고 가면서, 이번 일이 선거 캠페인뿐 아니라 전 세계를 바꾸리라 확신했다. 기적과도 같았던 그 일주일 동안 나는 컨벤션 센터에 있는 캠페인 사무실에서 메시지와 소포, 정보 등을 받아서 전당대회장에 있는 대표단에 전달하는 일을 맡았다. 일은 너무 단순했고, 도전 거리가 될 만한 요소라곤 없었지만 재미있었다. 그리고 무엇보다 좋았던 건 내가 행사장 패스를 받았다는 사실이었다. 패스를 잘만 이용하면 맨 앞줄에 앉아서 중요한 연설을 들을 수 있었다. 후보 지명을 수락하기 직전인 수요일 저녁, 역사적인 순간을 기대하며 전당대회장에 몰려드는 대의원과 실무자들 그리고 일반 참석자들에게 성조기를 나눠주는 일을 도왔다. 그러면서 머릿속으로는 성조기를 흔들며 그 모든 웅장함을 만끽하기에 좋은 자리를 찾기 위한 나만의 전략을 세웠다.

페라로가 단상에 나타나기 몇 분 전, 나는 연단 밑에 있는 공간으로 몸을 웅크리고 들어갔다. 그때 갑자기 그녀의 모습이 보였다. 흰색 정장에 도로시 해밀의 헤어스타일을 한 그녀의 다듬어진 모습에서는 활기와 낙관적인 여유가 뿜어져 나왔다(당시 페라로의 나이는 마흔여덟, 이 책을 쓴 지금의 나보다 두 살 많았다). 관중은 열광했고, 그들이 흔드는 빨간색, 흰색, 파란색의 성조기가 벌의 날개처럼 윙윙거렸다. 나는 얼마나 가까이 앉아 있었는지, 페라로가 마이크 앞으로 다가설 때, 우뚝 솟은 연단 위로 그녀의 머리만 보였다. 페라로가 연설을 시작하던 순간부터 나는 내 삶이 예전 같지 않을 거라는 확신이 들었다. 어떤 면에서는 정말 그랬다. 나는 그 순간에 완전히 몰입되어 그녀가 불어넣는 가능성의 감각을 호흡하면서 여성으로서 국가 정치에 한몫할 수 있다는 믿음을 갖게 되었다. 하지만 페라로가 언론과 공화당 반대자들로부터 거친 대우를 받는 것을 본 후로는 그 일이 쉬울 거라는 기대는 아예 하지 않게 되었다. 그리고 그 점에서는 좌절한 적이 없었다. 그러면서 동시에 언제든 그런 일이 있을 수 있다는 가정을 했던 것 같다. 그러한 각오가 다른 모든 걸 가능하게 했다.

이 책을 쓰기 위해 제럴딘 페라로와 이야기를 나누었을 때, 그녀는 자신의 성취가 마치 아무것도 아닌 양 가볍게 이야기하고자 했다.

"요즘은 다른 사무실에 전화했다가 전화 받은 사람이 서른다섯 살 이하면 언제나 똑같은 상황이 벌어져요. 내가 내 이름을 얘기하죠. '제 이름은 페라로입니다. F-E-R-R-A-R-O'라고 철자까지 말해줘야 해요."[248]

제럴딘 페라로는 특유의 유머와 퀸스 출신다운 톡 쏘는 억양으로 대수롭지 않다는 듯이 말하며 웃었다. 나도 웃었다. 하지만 여전히 그녀를 기억하는, 서른다섯을 넘긴 우리 같은 사람이 수백만이나 있지 않은가.

롤모델은 많을수록 좋다

이 책을 쓰면서 만나본 거의 모든 여성이 하나 같이 '롤모델의 중요성'을 이야기했다. 캔자스 주지사 캐슬린 시벨리어스는 정치인 집안에서 자랐지만 어렸을 때 자신이 후보가 되는 걸 생각해 본 적은 없다고 했다. 캐슬린의 아버지가 미국 하원의원에 당선되었다가 후에 오하이오주 주지사로 당선되긴 하였어도 선거 캠페인에 여성이 나선 적은 없었기 때문이다.

"여성은 편지 봉투를 붙이고 전화를 받는 등 뒷정리에 해당하는 일들을 주로 했지요. 그리고 아주 소수의 여성만이 정책 토론에 참여했어요."

하지만 그녀가 살던 위치토Wichita 지역구 주의원이 다른 직책에 출마하기로 결정하며 공석이 생기자, 상황이 달라졌다.

"그때 처음으로, '음, 그래, 내가 할 수도 있겠구나.'라고 생각했어요. 그동안 입법부 사람들과 일해본 적도 있고, 좋은 관계를 유지하고 있었으니까요. 캔자스는 여성이 지도적 역할을 해온 역사가 아주 깊습니다. 여성을 보는 관점이 타 주와는 다르다고 생각해요."[249]

'자유를 옹호하는 주'를 추구하던 캔자스는 일찍이 노예제 폐지 운동가와 페미니스트들을 강력히 지지해 왔다.

"다른 주보다 훨씬 앞서서 여성의 재산권이 인정된 곳이기도 하지요. 여성의 참정권이 전국적으로 도입되기 20년 전부터 캔자스에서는 여성도 투표를 했습니다. 시정부의 구성원이 전부 여성인 도시도 있었어요. 여성에게 투표권이 부여되기 훨씬 전에 말이죠. 그러다 보니 타 주에서는 볼 수 없는, 여성 리더와 시민 사이에 깊은 신뢰가 형성되어 있습니다."

여성 롤모델은 다른 여성이 더 크고 더 나은 역할을 맡은 자신의 모습을 상상하게 하는 것 외에도 엄청난 영향력을 행사한다. 여성 롤모델은 예로부터 남성이 담당했던 직책을 여성이 맡는 상황을 (이 표현이 맞는지 모르겠지만) '적응'시키고 이를 수긍할 수 있도록 돕는다. 그러고 나면 그 뒤를 잇는 일이 좀 더 쉬워진다. 시벨리어스는 첫 번째는 아니고, 두 번째로 캔자스주 주지사로 선출된 여성이다. 8년 먼저 조안 피니Joan Finney가 선출되었기 때문이다. 또한 캔자스 출신의 낸시 랜던 카세바움Nancy Landon Kassebaum이 미국 상원의원으로 선출되기도 했다. 어떤 주에서 여성이 입법부나 주 하원 또는 상원에 선출되고 나면, 그 뒤를 잇는 다른 여성이 나올 가능성이 커진다. 캘리포니아주와 메인주는 각각 두 명의 여성이 미국 상원의원으로 선출됐다. 루이지애나주는 여성 상원의원이 한 명 있었고, 최근까지 주지사도 여성이었다. 워싱턴주도 주지사가 여성이며 여성 상원의원도 두 명 있다. 롤모델 여성이 많다는 사실 자체가 큰 의미를 가질 때가 있다.

지난 20년간 여성이 놀라운 성과를 거둔 영화 산업에서도 마찬가지다. 셰리 랜싱의 말에 따르면, 그녀가 처음 시작할 때만 해도 여성의 선택지가 매우 제한적이어서, 대본 읽기 담당이나 편집 업무 담당처럼 승진의 기회가 거의 없는 낮은 직급에 국한되었다고 한다.

> "그래서 나는 '내 평생에 여성이 스튜디오 책임자가 되는 일은 없을 거야.'라고 단언하곤 했어요. 그런데 그 말을 취소해야 할 일이 생긴 거죠."[250]

랜싱은 1986년에 셀룰로이드 천장Celluloid Ceilin*을 뚫고 파라마운트사의 책임자가 되었을 때를 회상하며 이렇게 말했다. 2005년에는 7개의 주요 스튜디오 중 5개 스튜디오를 여성이 책임졌다.

> "더는 그러한 뉴스가 1면을 장식하지 못해요. 이제 여성은 쇼 비즈니스에 완전히 자리를 잡았습니다."

---

* 할리우드 영화계 내 여성 감동 및 제작자들이 겪는 차별을 비유하는 표현이다.

왜 그럴까? 프로듀서인 루시 피셔Lucy Fisher는, 수많은 이유 중 하나로 '할리우드의 이민자, 이방인 정신'을 꼽았다.²⁵¹ 이 업계의 1세대 기업가와 기획자들은 기존의 안정된 분야에서는 일자리를 찾을 수 없었던 유대인 이주자들이었다. 다시 말해서 적어도 경영진의 관점에서는 혈통이나 외모가 중요하지 않았다.

> "이 바닥에서는 수입을 창출할 수 있다면 고릴라처럼 생겼어도 환영받습니다."

루시 피셔의 말이다. 특정 직책에 있는 사람은 이러이러한 외모에 이러이러한 행동 양식을 보여야 한다는 고정관념이 없으니 남자든 여자든 능력과 생산성으로 평가받고, 그러한 여건은 여성에게 아주 잘 맞았다. 여성의 성공 사례가 많이 나올수록 더 많은 여성이 그 업계에 발을 디디고, 성공의 선순환이 이어진 것이다.

그렇다고 해서 모든 업계 또는 대다수 업계가 단숨에 달라질 수 있다는 뜻은 아니다. 지금까지 그렇지 않았고, 앞으로도 그렇게 되지는 않을 거다. 정계부터 비즈니스 그리고 대학교수까지, 많은 영역에 걸쳐 '여성의 수'가 너무나도 적다.

교수진에 남성의 비율이 너무 높다는 우려를 종종 표명해 온 프린스턴 대학의 학장 셜리 틸먼은 "대학에서 나와 닮은 사람을 볼 수 없다는 사실은, 전체의 50%를 차지하는 여학생들에게 부정적 메시지를 줄 수 있다."라고 말한다. 그러면서 "하지만 대학의 행정 영역에서는 여성이 점점 두각을 나타낸다."라고 덧붙였다. 하버드와 프린스턴, 브라운, MIT를 포함하는 많은 명문 대학의 총장이 여성인데, 이러한 사례가 지니는 파급력은 너무도 명확하다.

"지난 5년간 많은 여성 교수가 내 사무실에 찾아와 '학장도 되고 싶고, 총장도 되고 싶습니다. 내가 그 자리에 오르도록 도와주실 수 있나요?'라고 말했습니다. 여성이 성공하는 모습을 보고 고무되었기 때문이에요. 게다가 이들은 학문적 성취 수준에서도 절대로 꿀리지 않는 여성들이죠. 자기 분야에서 최고의 위치에 있는 사람들이에요. 그들이 내가 지금 서 있는 지점을 향해 오려는 거죠. 좋아요, 나는 지금 내 분야의 정점에 올라와 있어요. 그런데 여기에 머물 수도 있고, 반대편 언덕을 오를 수도 있습니다. 아니면 전혀 다른 도전 거리를 찾을 수도 있죠. 그 역시 멋진 일이 될 거예요."[252]

롤모델의 뒤를 따라서

롤모델의 역할은 우리가 삶의 어느 지점에 와 있는지, 무엇이 필요한지에 따라 달라진다. 월터 먼데일과 제럴딘 페라로가 50개 주 중에서 49개 주에서 패배한 후 나는 충격과 상심에 빠져 있었다. 젊은 신봉자의 믿음만큼 순수하고 뜨거운 건 없으니까! 그렇지만 의기소침해진 건 아니었다. 얼마 지나지 않아 나는 다시 캘리포니아주 상원의원 밑에서 현장 담당자로 일하기 시작했다. 나는 상사였던 아트 토레스**Art Torres**를 좋아했다(그는 이후 캘리포니아주 민주당 의장이 된다). 하지만 언론 분야의 일이 그리웠다. 그래서 이듬해 내 친구 알리 웹이 로스앤젤레스 시장의 언론 담당 보조 비서직을 제안했을 때, 뛸 듯이 기뻤다. 당시 스물세 살이었던 나는 살면서 만난 고마운 여성들 덕분에 그 후로 10년을 언론 담당으로 일하게 되었다.

삶의 단계마다 나를 도와주고 격려해 준 여성이 있었다. 그렇다고 남자들은 전혀 없었다는 말은 아니다. 물론 있었다. 톰 브래들리 로스앤젤레스 시장도 그의 모범적인 삶으로 나를 고무해 주었을 뿐 아니라, 언제나 친절했고 늘 나를 존중해 주었다. 그는 내가 항상 나만이 기여할 수 있는 뭔가를 가진 듯 느끼게 했다. 1990년에 다이앤 파인스타인의 주지사 선거 캠페인을 이끌었던 빌 캐릭 **Bill Carrick**은 내가 함께 일했던 가장 뛰어난 선거 캠페인 매니저였다. 그리고 클린턴 대통령은 내 삶을 완전히 바꿀 기회를 주었다. 그와 관련된 다소 복잡한 사정은 1장에서 이야기했다. 나는 이들에게 영원히 감사할 것이다. 그 외에도 많은 남성이 있었다. 성별을 이유로 그들이 내게 미친 영향을 평가절하하려는 건 아니다. 그럼 내가 성차별주의자가 되는 거니까. 그리고 그건 옳지 못하니까. 하지만 여성이 내게 미친 영향은 좀 다르다. 그들은 내가 가능성을 꿈꿀 수 있게 해주었고, 때로는 내 앞에 가로 놓인 위험을 가

늠하게 해주었다.

1988년에 있었던 두카키스 선거 캠페인에서 수전 에스트리치가 지휘봉을 잡고 전국 규모의 선거 캠페인을 이끄는 첫 여성이 되었을 때는 정말 신났었다. 하지만 에스트리치는 임무를 수행하는 데 필요한 권한은 부여받지 못한 채 캠페인에 관한 모든 일을 책임져야 했고, 그녀의 경험에서 나는 경각심을 느꼈다. 그럼에도 수전은 그 일들을 성공적으로 해냈으며, 그녀가 보여준 본보기 덕분에 가장 절망스러운 날들을 보내는 동안에도 무엇이든 해낼 수 있다는 신념을 가질 수 있었다.

그리고 다이앤 파인스타인이 있었다. 1989년 봄에 다이앤을 위해 일하기 시작했는데, 그때 그녀는 캘리포니아 주지사 출마를 준비 중이었다. 그녀는 이미 정계의 유명인사였다. 전임자가 암살되는 바람에 샌프란시스코 시장이 되었고, 그로부터 두 번의 임기를 성공적으로 마쳤다. 게다가 몇 년 전에는 월터 먼데일의 자택 진입로를 당당하게 걸어 들어갔던 부통령 후보 중 한 명이었다. 그녀는 훤칠한 키에 우아하고 권위적인 면모도 있었다. 방안에 들어서면 바로 그 존재감이 느껴지는 사람이었다. 그전에도, 그 후에도 나는 줄곧 남성 정치인 밑에서 일했다. 그렇다 보니 여성 후보를 위해 일할 수 있다는 사실 자체가 설렜고, 첫 번째 여성 주지사가 선출되는 데 내가 조금이라도 이바지할 수 있다는 사실에 신이 났었다. 그리고 곧이어 내 위치가 달라졌다는 걸 깨달을 수 있었는데, 행사 중에 다이앤이 화장실에 들어가면 예전처럼 복도에서 서성이며 기다리지 않고, 주저 없이 그녀 뒤를 따라 들어갈 수 있었다. 나는 처음으로 특별한 접근 권한과 정보를 획득한 사람이 되었다. 이는 권력이라는 마법을 얻은 사람에게만 허용되는 힘이다.

다이앤은 선거에 이기지 못했다. 하지만 당시 미 상원의원이었던 피트 윌슨Pete Wilson에 맞서 열심히 싸웠다. 중책을 놓고 벌인 경쟁이었음에도 캠페인은 불미스러운 형국으로 흘러가거나 개인적인 싸움이 되지 않았고, 몇 년 동안 익히 보았던 파괴적인 진흙탕 싸움으로 흘러가지 않았다. 선거를 치르면서 그녀의 평판은 유지되기만 한 게 아니라 오히려 더 좋아졌다. 그리고 2년 후 다이앤은 미 상원의원으로 당선되었고, 그 후 세 번이나 당선되었다.

다이앤을 위해 일하면서 나는 또 다른 여성이 거칠고 변화무쌍한 정치 굴곡을 넘어서는 모습을 지켜볼 수 있었다. 제럴딘 페라로의 행보는 멀리서 지켜보았지만, 다이앤 파인스타인의 행보는 가까이서 볼 수 있었다. 다이앤은 자기 가족이 관련되었을 때를 제외하고는 이중잣대에 별로 불평한 적이 없었다. 페라로가 그랬듯이 파인스타인도 남편의 사업이 번번이 실패하고 사업 동기가 의혹의 대상이 되는 걸 지켜봐야 했는데, 이보다 더 그녀의 투지를 자극하는 일은 없었다. 그럼에도 그녀는 우아하고 자신감 있게 캠페인에 임했다. 특히 기억에 남는 일화가 있다. 캠페인 초기에 있었던 일인데, 다이앤과 연이어 의견 충돌을 빚어온 수석 컨설턴트가, 그녀가 자궁적출 수술을 받고 몇 주 캠페인에 집중하지 못하는 동안 그만두었다. 그는 파인스타인에게 통보하기도 전에 감정적으로 다이앤을 깎아내리는 글을 팩스로 기자들에게 보내고, 그녀의 뱃속에 이기려는 열정이 있는지 의문을 제기했다(다이앤은 훗날 "나는 뱃속에 타오르던 열정이 꺼진 줄 알았다."라며 농담하곤 했다). 처음 보도되는 뉴스에는 컨설턴트가 후보의 선거를 포기한 것으로 보도되었고, 캠페인의 분위기는 곧장 나락으로 떨어졌다. 대다수 정치 참모와 관찰자는 다이앤이 단번에 무너져 사퇴할 거로 예측했다. 하지만 틀렸다! 다이앤은 상황을 파악했다. 그녀는 주지사가 되기를 원했고, 그럴 만한 자격이 있었으며, 민주당의 어느 후보만큼이나 당선 가능성이 높았다. 다른 사람이 그녀를 대신해 상황을 결정하도록 내버려 둘 수 없었다. 다이앤은 지지자들을 규합하고, 두 명의 유능한 컨설턴트를 고용했다. 그러고서 몇 개월 만에 선두를 차지했다. 그녀는 예비 선거에서 승리했고, 총선에서도 승리를 목전에 두고 있었다.

다이앤은 그렇게 달렸고, 나는 그녀를 보며 배웠다. 성공과 좌절은 피할 수 없는 것임을 배웠고, 다이앤이 대범하게 둘 다를 받아들이고 헤쳐나가는 모습을 보았다. 여성이기에 부차적으로 맞닥뜨려야 하는 장애물이 있다는 사실도 배웠다. 그리고 다이앤이 수많은 장애물을 결단력과 원칙으로 극복하는 모습을 지켜보았다. 여성은 직업적으로, 개인적으로 경험을 쌓으면서 리더가 될 준비를 한다는 진리도 깨달을 수 있었다. 다이앤이 샌프란시스코 시장 자리에 취임하게 된 계기가 전임자가 암살되어서였던 것처럼 그녀의 가족 역시 폭탄의 위협을 받았다. 딸의 침실 창틀에 설치되었던 폭탄이 천만다행으로 터지지 않아서 가족들이 목숨을 건질 수 있었다. 그녀는 존스타운 학살사건●이후 도시를 진정시켰고, 에이즈 전염병의 확산 조짐을 감지했으며, 시 예산의 수지 균형을 맞췄다. 그녀는 딸을 키웠고, 죽은 남편을 묻었다. 그런 그녀가 여성이 지도자가 될 수 있는 강단이 지녔느냐는 의혹을 못 견디는 건 당연하다. 다이앤의 삶은 그 자체로 시험이었고, 그녀는 시험을 통과했다. 또한 다이앤의 삶은 일종의 간증이었고, 그 간증은 우리 여성 전체를 고무한다. 다시 한번 말하지만, 다이앤 파인스타인은 내 삶의 지평을 넓혀주었다.

서로의 이정표가 되는 여성들

나는 인생과 직장생활의 거의 모든 단계에서 나보다 앞선 여성들의 도움을 받았다. 그러나 다른 여성들의 경우에는 어떤 일을 하고자 할 때, 그들보다 앞서 그 일을 하고 있었던 여성이 없었다. 그들은 한발 한발 나아가면서 스스로 기회를 만들어야 했

● 인민 평등과 빈민 구제를 표방한 종교집단 '인민사원(People`s Temple)'의 교주, 짐 존슨은 남미 가이아나에 종교공동체를 건설했다. 각종 비리 문제, 신도 착취 의혹에 시달리던 짐 존슨은 공동체가 붕괴할 것이라 예견했다. 이에 1978년, 신도 약 1,000명에게 집단 자살을 명령했다고 한다. 이를 존스타운 학살사건이라 부른다.

다. 때로는 작은 도움을 받아서, 그러나 대부분은 자신의 힘과 용기로 길을 닦았다. 그녀들은 누군가를 바라보고 본받기보다는 우선 '존재'하기 위해 매진해야 했을 것이다.

1960년대 초 제인 구달 박사가 침팬지를 연구하기 위해 정글에 들어갔을 때, 그녀는 그 분야에서 최초의 여성이자 유일한 여성이었다. 그러나 세계적인 영장류학자인 루이스 리키Louis Leakey는 여성이 야생에서 동물을 관찰하는 고된 작업에 잘 맞는다고 말했다.[253] 또한 구달과 함께 일한 적이 있었던 리키는 그녀가 젊고 경험은 적지만 그 일의 적임자라고 생각했다. 그의 생각대로 구달의 발견은 세상을 뒤흔들었고, 한 세대의 과학자들에게 영감을 주었다. 그러자 두 명의 여성, 다이앤 포시Dian Fossey와 비루테 갈디카스Biruté Galdikas가 리키를 찾아와 구달이 하는 일과 비슷한 일을 하게 해 달라고 사정했다. 리키는 포시를 르완다에 보내 고릴라를 관찰하게 했다. 하지만 포시는 그곳에서 살해되었고, 이 일화는 〈정글 속의 고릴라Gorillas in the Mist〉라는 영화의 소재가 되었다. 그리고 갈디카스는 보르네오로 떠나 오랑우탄을 연구했다. 오늘날 전 세계 영장류 학자의 3분의 2가 여성인데, 이는 구달이 아니었다면 상상할 수도 없는 일이다. 최근 워싱턴에 갔다가 구달을 만났을 때 그녀는 이렇게 말했다.

"강의가 끝날 때마다 사람들이 내게 와서 말합니다. '당신 덕분에 할 수 있었어요.'라고요. 대부분 여성이에요. 그리고 중국과 유럽을 비롯한 세계 각국에 있는 소녀들이 말합니다. '여자가 그런 일을 할 수 있다고는 생각하지 못했어요. 그런데 당신의 책을 읽고 생각했습니다. 당신이 할 수 있다면, 나도 할 수 있겠다.'라고요."[254]

살아 숨 쉬는 본보기가 없다면 수많은 여성은 책에 의존할 수밖에 없다. 소설도 풍부한 영감의 원천이 되는 건 분명하다. 내 딸 케이트와 『해리포터』 7권을 읽어가는 동안 그 애가 자기를 헤르미온느 그레인저와 동일시한다는 걸 알 수 있다. 똑똑하고 부지런하며 의리까지 있어서 등장인물 중에서도 절대로 없어서는 안 되는 헤르미온느와 동일시하는 모습이 흐뭇하고 기뻤다.

전기를 읽을 수도 있다. 프랜시스 퍼킨스Frances Perkins의 뒤를 이어 노동부 장관이 된 알렉시스 허먼은 "대학 시절에 책에서 프랜시스 퍼킨스를 만났어요. 노동부 장관직을 맡으며 미국 역사상 처음으로 내각 구성원이 된 여성이었죠."라고 말했다.[255]

마찬가지로 암흑 물질을 발견한 천문학자 베라 루빈Vera Rubin도 어린 시절 여성 과학자를 별로 보지 못하고 자랐다. 그렇지만 도서관에서 몇 명을 만날 수 있었다. "도서관에서 마리아 미첼Maria Mitchell의 전기를 찾아 읽었어요. 1847년에 혜성을 발견한 여성 천문학자죠. 그때 천문학자가 되기로 마음먹었습니다."라고 말했다.[256] 그런 말을 한 베라 루빈의 네 자녀 역시 모두 과학자다.

케이 베일리 허치슨은 셀 수도 없는 '최초'의 기록을 세운 여성이다. 휴스턴 최초의 여성 텔레비전 리포터였고, 텍사스주 의회에 선출된 최초의 공화당 여성의원이었으며, 미국 상원의원에 텍사스 대표로 선출된 최초의 여성의원이었다. 그녀에게는 전통적인 의미의 롤모델이 없었는데, 이는 그녀가 되고 싶었던 자리에 이른 여성이 없었기 때문이다. 그런 허치슨도 어린 시절에 전기를 많이 읽었다고 한다.

"6학년 때 잊을 수 없는 기억이 있습니다. 위인전을 일정 분량 읽어야 했는데, 학교 도서관에 있는 전기를 모두 읽어서 더는 읽을 게 없었던 거예요. 텍사스주의 '라마르크'라는 지역으로, 인구 15,000명의 작은 도시에 있는 도서관이었죠. 그곳에 있는 전기들을 읽으며 용기를 얻었던 것 같아요. 누구나 역경에 부딪히고 고난을 겪지만, 굳은 결의만 있으면 위대한 일을 해낼 수 있다고 생각했어요."[257]

허치슨의 말에 따르면, 그녀가 찾을 수 있었던 거의 모든 전기가 남성의 이야기였고, 여성은 미국 국기를 최초로 제작한 재봉사 벳시 로스Betsy Ross가 유일했다고 한다. 그렇지만 허치슨은 자기가 그들과 다르다고 생각하지 않았다고 한다(허치슨은 지금까지 세 권의 책을 저술했으며 모두 성공한 여성의 이야기를 다루고 있다는 점에 주목하자).

허치슨이 텍사스 대학 법과대학에 진학하면서 상황이 바뀌기 시작했다. 그녀는 1967년 입학생 236명 중에 단 7명의 여학생 가운데 한 명이었는데, 당시 많은 여성이 그랬듯이 "너 왜 여기 있니? 왜 남자가 들어올 수도 있었던 자리를 차지하고 낭비하는 거지?"라는 식의 취급을 받았다고 한다. 그녀는 끈질기게 노력한 끝에 거의 수석으로 졸업하다시피 했지만, 변호사로 일할 수 없었다. 텍사스에 있는 어떤 법률사무소에서도 허치슨을 채용하지 않았기 때문이다. 하지만 몇몇 여성의 도움으로 허치슨은 자신이 나갈 길을 찾을 수 있었다. '우연히' 지역 텔레비전 방송국에 면접을 보게 되었던 것이다. 보건·교육·복지부 장관을 역임하고 여군 사령관을 지냈으며 당시 휴스턴 포스트 컴퍼니Houston Post Company 이사회 의장이었던 오베타 컬프 하비Oveta Culp Hobby가 소유하고 있던 방송국이었는데, 그녀가 허치슨에게 기회를 주기로 마음먹은 것이다. 허치슨에 따르면 하비는 나중에 방송국 관리자에게 "자격을 갖춘 여성을 채용하지 않을 수 없고, 나는 휴스턴 포스트 컴퍼니에서 처음으로 여성을 채용한 사람이 되고 싶다."라고 말했다고 한다.

허치슨이 몇 년 동안 주의회 취재를 하자, 휴스턴의 해리스 카운티 공화당의 여성 의장이 허치슨에게 주의회에 의석이 하나 새로 생겼는데 출마해 보라고 권했다. 당시 하원에는 민주당 여성의원이 4명뿐이었고, 공화당에는 여성의원이 하나도 없었다. 하지만 허치슨은 가능성을 보고 의욕이 생겨 출마를 결정했다. 그리고 당선되었다.

"그러고 보면 처음으로 내게 기회를 주어 텔레비전 방송국에서 일할 수 있게 도와준 사람도 여성이고, 의회에 출마하라고 권한 사람도 여성이었어요."

허치슨은 자신이 미국 상원의원으로서 텍사스 주민을 대표한 다는 사실을 강조하면서도, 여성의 롤모델이 되어야 한다는 의식을 분명하게 가지고 있었다. 그리고 여성의 성공은 다른 여성에게 직업적 도전 의식을 가지게 하는 촉진제가 될 뿐 아니라, 세상 사람들에게 이제 여성도 준비가 되었다는 사실을 확인시키는 계기가 된다고 믿고 있었다. 나는 그녀에게 이 나라가 여성을 대통령으로 선출할 준비가 되었느냐고 물었다. 그러자 그녀는 한 치의 망설임도 없이 "그럼요, 그렇고 말고요."라고 대답했다. 그러고 나서 이렇게 덧붙였다.

"사람들이 대통령을 바라보는 시각을 보면, 달라진 게 없습니다. 그러니 우리가 더 열심히 싸워야겠지요. 그렇지만 그들은 우리가 경험을 쌓았다는 사실을 알고 있지요. 외교정책도 다루어봤고, 주 정부를 이끌어 보기도 했어요. 기업의 최고경영자였던 여성도 있고요. 어쩌면 내가 편견을 가졌을지도 모르겠어요. 다를 게 없다고 생각하니까요. 하지만 나는 사람들이 여성 대통령 후보나 부통령 후보에게 투표할 때는, 그가 국가를 위해 하려는 일들이 마음에 들고, 그가 임무를 수행할 수 있는 능력과 경험을 가졌다고 확

신하기 때문이라고 생각합니다."²⁵⁸

허치슨 의원의 주장이 타당하여 이 나라가 여성 대통령을 선출할 준비가 되어 있기를 바란다. 하지만 확신하지는 못하겠다. 그래도 힐러리 클린턴의 선거 캠페인이 순항 중이고, 우리는 처음으로 그러한 가정을 시험해 볼 준비를 하고 있다. 현재 추세로 보면 대중은 그녀가 자격이 있다고 믿는 것 같다. 그것만으로도 지금까지 출마를 꿈꾸던 여성이 넘지 못한 장애물을 그녀는 넘은 것이다. 민주당 후보들 간의 끝없는 초기 토론 후 『아이오와 인디펜던트』의 칼럼니스트 더그 번스Doug Burns는 다음과 같이 썼다.

"더는 '여성이 대통령이 될 수 있는가?'라는 질문이 제기되어서는 안 된다. 민주당의 네 번째 토론에서 힐러리 클린턴이 압승을 거두면서, 미국인 모두가 던져야 할 질문은 '18세기 후반부터 이 자리를 놓고 지원하는 과정에서 인구의 절반을 제외한 까닭에 우리는 무엇을 놓치고 있었는가?'가 되어야 할 것이다."²⁵⁹

사실 그렇다. 그럼에도 나는 여전히 힐러리가 다른 남성 후보자들은 거치지 않은 검열 과정을 거쳤다고 확신한다. 첫 주자는 항상 그렇다. 예를 들어, 그녀의 결혼 상태를 문제 삼을 것이다. 남성 후보들도 결혼 상태에 관한 질문을 받는다. 특히 두 번 이상 결혼한 경우는 더 그렇다. 하지만 그들의 대답은 선거에 큰 영향을 미치지 않는다. 하지만 힐러리에게는 잘못된 대답 하나가 치명타가 될 수 있다.

분명한 것은 힐러리가 직면한 장벽은 성별 문제만이 아니라는 사실이다. 허치슨의 말을 들어보더라도 힐러리가 자격은 있지만, 자신은 그녀에게 투표하지 않을 거라고 했다. 대다수 유권자에게는 이념이 생물학적 요인보다 강하게 작용하기 때문이다. 그렇지만 성별은 언제나 그녀의 서사에서 중요한 비중을 차지할 주제이다. 그리고 처음으로 대통령에 당선되는 여성은, 그게 누가 됐든 세상에서 가장 영향력 있는 사람이 될 것이고, 대대손손 소녀들의 영감이 될 것이며, 변화의 가능성을 보여주는 기념비가 될 것이다. 그리고 모든 롤모델의 모체가 될 것이다.

수십 년 동안 여성은 롤모델과 멘토가 여성에게 거대한 기회의 강을 만들어 줄 것이라고 주장해 왔다. 사회에 진출하는 여성의 수가 점점 늘어나고 있기는 하지만 그 속도는 참기 힘들 정도로 더디다. 전문직의 정상에 이른 대다수 여성의 수는 전 세대가 소망하고 기대했던 수에 비해 한참이나 부족하다. 그러나 다른 측면에서는 지속적이지는 않아도 빠른 진전을 보이기도 했다. 1967년에만 해도 텍사스의 기혼 여성은 자기 재산이나 임금을 마음대로 통제할 수 없었다.[260] 1967년에 말이다! 하지만 지금 텍사스 출신의 상원의원은 여성이다. 칠레 대통령, 독일 총리, 미국 국무부 장관도 여성이다. 이베이의 최고경영자도 여성이고, 하버드대 총장도 여성이다. 그리고 잠재적으로는 미국에 여성 대통령이 당선될 가능성도 있다. 이 여성들을 비롯해 가정에 한 발 더 가까이 있으면서 간호사, 교사, 수녀, 의사, 변호사, 교장, 기업가, 엔지니어로 일하는 모든 여성은 어린 소녀들은 물론이고 일부 소년들의 정신을 일깨우고 그들의 지평을 넓혀준다. 어떠한 정치 성향을 따르는지에 상관없이 그들에게 열려 있는 가능성을 확장시켜 줄 것이다.

힐러리 클린턴은 선거 캠페인 초기에 전국을 순회하면서 만났던 사람 중에 깊은 감명을 준 두 사람이 있다고 말했다. 한 사람은 역사를 만들고 싶어 하는 90대 여성이었고, 또 한 사람은 어린 딸을 둔 엄마였다고 한다. 아이오와 에임스에서 열린 연설 중에 그녀가 이렇게 말했다.

"연설을 끝내고 군중과 악수를 하다 보면, 어린 자녀를 향해 부모들이 속삭이는 소리가 들립니다. '얘야, 보렴. 네가 어떤 사람이 되기를 원하든 그대로 될 수 있어.'라고요."[261]

백문이 불여일견이다.

소녀는 성공한 여성을 눈으로 보아야 자신의 성공을 믿는다.

10장

여자가 지배하는 세상을 위해

> "누군가 권력을 주기를 바라지 말고 스스로 권력을 쟁취해야 한다. 여성은 이 사실을 알아야 한다."
>
> ― 로잰 바(Roseanne Barr), 코미디언·배우·작가

백악관 대변인으로서, 나는 마지막 브리핑으로 데이비드 레터맨 David Letterman식의 '최상위 10개 목록' 두 개를 발표했다.[262] 첫 번째 목록은 한 해를 마무리하는 시점에서 대통령의 업적을 돌아보도록 구성된 항목들로 채웠다. '주간은행영업 허용법안Interstate Banking Bill*' 같은 기념비적인 이정표를 읽는 동안 좌중에서는 탄식이 일었다. 두 번째 목록은 내가 두 번 다시는 마주하고 싶지 않은 사람 또는 상황들로 채웠다. 헬렌 토마스는 그중에 두 번째와 열

---

* 미국에서는 한 은행이 한 주에서만 영업할 수 있었으나 이 법이 통과된 후 한 은행이 여러 주에서 영업할 수 있게 되었다.

번째에 올라 있었다. 그녀는 자신이 백악관 입장에서는 가시 같은 존재라는 사실에 기쁘다는 반응을 보이면서, 오히려 첫 번째가 아닌 것에 살짝 삐치기도 하였다. 이렇게 잠시 분위기가 가벼워졌으나 기자들이 나를 향해 날카로운 질문을 던지자 긴장감이 감돌기 시작했다. 당시 하원의장이었던 뉴트 깅그리치**Newt Gingrich**[**]는 책을 집필하는 조건으로 400만 달러의 선입금을 받았다. 기자들은 이에 관해 내게 질문했다.

"그 문제에 관해서는 대통령과 상의한 적이 없으며, 그 책에 대한 대통령의 생각이 어떤지도 알지 못합니다."

이윽고 한 기자가 "질문을 받아주실 수 있습니까?"라고 되물었다. 대통령에게 그의 질문을 전달하고, 대통령의 답변을 전해줄 수 있느냐는 뜻이었다. 내가 "물론입니다."라고 대답하는데 갑자기 박수가 터져 나왔다. 어리둥절해서 오른쪽을 돌아보니 놀랍게도 대통령이 연단을 향해 걸어오고 있었다.

"내가 들어와서 당신을 뜨거운 물에서 꺼내줘야 할 것 같았어요. 그동안 당신이 나를 위해 그렇게 해왔으니까요."

[**] 공화당의 뉴트 깅그리치는 빌 클린턴 대통령 재임 시기에 하원의장이 된 인물로, 클린턴 대통령과는 정치적으로 대립했다.

대통령이 농담처럼 말했다. 그는 모여 있는 기자단과 잠시 대화를 나눈 뒤, 고별인사를 하고 내게 선물을 건넸다.

"여러분 앞에서, 디디에게 감사하다는 말을 전하고 싶었습니다. 내가 대통령이 되기 오래전, 선거 캠페인을 시작할 때부터 나를 위해 노력한 디디에게 깊이 감사하고 있습니다. 최근에 함께 작은 비행기를 타고 첫 출장을 가던 때를 디디에게 언급한 적이 있었습니다. 당시 내가 비행기 안에서 잠들었던 일을 이야기했는데요. 그날의 내 모습을 돌이켜 생각해보니, 디디가 어려운 질문들에 답해야 할 때 내가 얼마나 도움이 안 될 사람인지를 미리 알려준 상황이 아니었을까 싶더군요. 우리는 사무적으로도 훌륭한 관계를 이어왔고, 개인적으로도 좋은 우정을 쌓았습니다. 저는 디디와 함께 일하는 행운을 누렸던 거죠. 진심으로 그리울 거예요."

하지만 야수들(우리는 브리핑룸에 모인 기자들을 야수라는 애칭으로 불렀다)은 대통령의 감상은 충분히 들었고, 깅그리치의 집필 선급금 문제를 어떻게 생각하는지를 궁금해하기 시작했다. 클린턴은 예상했던 상황이 재미있다는 듯 껄껄 웃었다. 그리고 1분 후 브리핑룸을 떠났다.

나는 대통령의 깜짝 출연이 반가웠고, 그가 한 말이 고마웠다. 조지 스테퍼노펄러스와 마크 기어런이 이런 장난을 기획했다. 대통령이 브리핑룸에 들어올 때 두 사람이 한쪽 구석에서 내가 놀

라는 모습을 보며 빙그레 웃는 모습이 찍힌 사진은 지금도 좋아
한다.

퇴임 전의 수개월은 정말 힘든 기간이었다. 내 직책과 임무를
재정비하고, 대통령의 사람으로서 새로 정한 규칙과 위신을 지키
느라 고군분투해야 했다. 결국 나는, 대통령을 보호하고 명예롭게
행동하기 위해 최선을 다했다. 나와 같은 위치에 있는 여성이 어
떠한 대우를 받는 것이 합당한지를 정했다. 일종의 '기준선'을 그
었다는 사실에 만족하였다.

7월이 되자 막이 내리기 시작했다. 17개월간 격동의 시기를 보
낸 대통령은 새 비서실장 자리에 리언 패네타를 임명하며 웨스트
윙의 개편을 공식화했다. 개편이 발표되는 날 밤, 리언 패네타는
전임자인 맥 맥라티와 함께 〈래리 킹 라이브쇼〉에 출연했다. 킹은
내가 떠날 수도 있느냐고 단도직입적으로 물었다. 그러나 두 사람
은 명확한 대답을 하지 못했고, 그로 인해 나의 앞날이 불분명하
다는 인상을 남겼다. 그날 밤 리언은 내게 전화해 사과하면서 자
기는 전적으로 나의 앞날을 확신한다고 말했다. 하지만 그가 방송
에서 한 말들은 그가 의도했든 하지 않았든 나의 앞길에 공공연한
의혹을 일으켰다. 나는 앞날이 순탄치만은 않을 것임을 알 수 있
었다.

그 후 몇 주가 지나는 동안 질문은 계속 쏟아졌고, 나는 대통령
과 리언에게 좀 더 힘 있는 대변인이 필요하고, 내게 주어졌던 것
보다 더 확장된 접근성과 권한이 부여되어야 한다고 말하며, 그들

을 설득하고자 노력했다. 나를 계속 일하게 하려면 그런 문제를 개선할 것을 두 사람 모두에게 요구하면서 동시에 다른 대변인을 원한다면 나는 미련 없이 물러날 것이라는 점도 분명히 말했다.

어느 날 리언이 나를 사무실로 불렀다. 회의 테이블 위에는 언론 비서실의 새로운 조직도가 펼쳐져 있었다. 맨 위에 수석 대변인이라는 새 직책이 공란으로 남아 있었다. 워싱턴 경험이 많고 노련하며, 언론을 상대하면서 커뮤니케이션을 이끌 수 있는 사람이 필요한 자리였다. 그 밑에는 '출장 대변인' 자리가 그려져 있었다. 그 직책은 나를 위한 자리였는데, 매일 브리핑을 처리하고 대통령의 출장을 수행하는 임무를 맡게 될 거라고 했다.

"잘 안될 거예요."

나 자신의 대담함에 스스로 놀라면서도 당당하게 대꾸했다.

"그 제안을 받아들이지 않겠습니다. 한 사람에게 맡겨야 해요. 임무를 나눌 수는 없어요."

우리는 시간을 갖고 좀 더 이야기해 보기로 했다. 9월 말에 접어들면서 당시 국무부 수석 대변인이었던 마이크 맥커리Mike McCurry가 패네타를 만났다. 이 소식이 미리 유출되자 로이터 통신은 '클린턴 대변인이 될 국무부 보좌관'이라는 제목으로 기사를 냈다.[263]

몹시 격분한 나는 리언과 담판을 짓기 위해 복도를 행군했다. 그리고 리언에게 "그동안 나는 팀의 일원으로서 충실했다고 자부한다. 그렇다면 내 후임자에 관한 기사가 지면에 실리기 전에 내게 먼저 말해줬어야 했다."라며 따졌다. 리언은 전혀 공감하지 않는 표정이었다. 누구에게도 내 자리를 제안하지 않았다는 것이다. 그렇지만 자기가 원하는 사람과 대화할 권리 정도는 있지 않겠냐고 반문했다. 그리고 끝으로 내게 대통령을 만날 것을 권했다.

몇 시간 후, 나는 대통령 집무실로 갔다. 그는 책상 뒤에 앉아 있었고, 나는 등받이가 딱딱한 의자 중 하나를 골라 앉았다. 나는 그동안 일이 처리되는 방식에 실망했다고 말하고, 몇 달 동안 바람에 휘둘린 느낌이라고 했다. 클린턴은 내가 힘든 시간을 보냈으리라는 걸 안다고 말하면서, 자기가 의도한 바는 아니었지만 진심으로 미안하다고 말했다. 그러고 나서 앞으로 어떻게 해야 할지 이야기를 나누었다.

"백악관 대변인의 임무와 처우를 개선하고 제게 기회를 주세요. 그러면 저는 올해 말에 떠나겠습니다."

그렇게 해야 백악관 대변인으로서 나의 위신이 바로 설 것이고 결국 대통령에게도 득이 될 거라고 설명하면서, 짧은 기간이어도 좋으니 내가 할 수 있다는 걸 증명할 기회를 달라고 했다.

대통령은 내가 이런 식으로 떠나길 원치 않았다는 걸 안다. 그렇지만 내가 계속 있을 수 없다는 것도 알았으리라 생각한다. 리언과 그런 지경에 이른 상태에서 내가 어떻게 계속 있을 수 있었겠는가? 처음부터 내 존재를 문제시하는 상황은 개선되지 않았고, 내가 맡았던 직책의 권한은 약화했으며, 그로 인해 나의 위상은 초라해지고 내 역할의 효율성은 의심받았다. 대통령은 그것들을 바로 잡을 기회를 주고 싶어 했지만, 여러 가지 면에서 너무 늦었다. 그는 결국 내 조건에 동의했다. 하지만 다가올 결말에는 충분히 만족하지 못했다.

다음 날 아침 북서쪽 정문에서 웨스트윙 입구로 걸어가는데 수많은 카메라가 따라왔다. 내가 대통령과 면담했다는 사실과 더불어 나의 '승진 소식'은 참모 교체설의 단초가 되었다. 대통령이 나의 요구를 들어준 건 감사했지만 그것은 잠정적인 유예였을 뿐 크리스마스가 되면 나는 이미 백악관에 있지 않을 것이었다.

마지막 몇 개월은 만족스럽기도 하고 힘들기도 했다. 직무 수행을 위한 접근 권한이 확장되고 전통적인 보좌관의 사무실에서 일하게 되었으며 직위와 급여도 인상되었다. 거의 2년 만에 처음으로 임무를 수행하는 데 필요한 권한을 온전하게 확보한 느낌이었다. 그러나 그것들을 얻기 위해 내가 치러야 하는 대가는 그곳을 떠나는 게 합당하다는 생각이 들기에 충분했다. 게다가 리언이 나에게 완전히 냉담해졌다. 12월 중순쯤 나는 그의 사무실로 불려갔다.

"이달 말에 떠날 준비를 하세요."

그는 마치 석 달 동안 그 말을 하기 위해 기다려 왔다는 듯 말했다. 내게 말해줄 필요가 전혀 없었는데도.

12월 22일, 마지막 브리핑을 끝내고 내 사무실로 돌아왔다. 웨스트윙 스타일의 작별 인사를 나눌 시간이었다. 메시지와 서명된 사진들, 케이크, 샴페인이 준비되어 있었다. 작별 인사를 나누러 와준 친구와 동료 중에는 캠페인 초기부터 함께 일한 사람도 있었고, 클린턴의 대통령 임기 중 첫 분기에 해당하는 기간을 함께 보낸 사람도 있었다.

그날 저녁 대통령 대변인으로서 마지막으로 퇴근하며, 나는 내 삶이 이전과는 달라졌다는 것을 알았다. 내가 맡았던 직책은 어떤 면에서는 기대에 미치지 못했지만, 또 어떤 면에서는 상상했던 것 이상이었다. 그리고 좋은 의미로든 나쁜 의미로든 나는 언제나 '최초의 여성 백악관 대변인'일 것이다.

여자가 이끄는 더 나은 결말

나는 '최초'의 여성이기는 했지만 더는 '유일'한 여성이 아니다. 2007년 9월, 부시 대통령이 다나 페리노Dana Perino를 백악관 대변인으로 지명했다. 그녀는 대통령 대변인이 된 두 번째 여성이다. 나는 진심으로 기뻐했다. 무엇보다도 그녀는 내가 마주쳤던 많은 문제를 마주하지 않을 것이라 확신했다. 페리노는 이미 백악관에서 수년간 일했던 경력자고, 전임자의 수석 부보좌관직으로 근무했으며, 워싱턴을 잘 알았다. 대통령의 임기 전반이 아니라 후반에 투입되었다. 그리고 15년이라는 세월이 지난 지금, 특정 직위의 여성에게 권한보다 책임을 더 많이 부여하는 일은 용납되기 어려울 것이다. 기회가 달라지면 기대도 달라지는 법이다. 다나 페리노의 이야기는 나와는 다른 결말을 맞을 것이다.

나의 이야기 일부가 텔레비전 방송에서 재현될 기회가 생겼다. 신나는 일이었다. 클린턴 행정부를 떠나고 몇 년이 지난 후였는데, 〈어 퓨 굿 맨A Few Good Men〉, 〈아메리칸 프레지던트The American President〉 등 브로드웨이와 영화업계에서 여러 히트작을 낸 재능 있는 작가 에런 소킨Aaron Sorkin이 내게 전화를 걸었다. 그는 텔레비전 시리즈 〈웨스트윙The West Wing〉을 준비 중인데 내가 컨설턴트로 참여할 의사가 있는지 물었다. 나는 그런 기회가 온 것이 기뻤다. 그로부터 6년 동안 작가와 프로듀서, 감독, 배우와 함께 일하며 극의 인물과 사건에 사실감을 더하는 데 도움을 주었다. 완전히 새로운 분야인 텔레비전 드라마를 내부에서 들여다보며 훌륭하고 재능있는 팀원들을 만나 함께 일할 수 있는, 흔치 않은 기회였다. 나는 그 일이 아주 즐겁고 좋아서, 이렇게 이야기를 지어내는 직업이 있는 줄 진즉에 알았더라면 정치판에서 그 세월을 낭비하지 않았을 거라며 농담하곤 했다.

나는 웨스트윙에서 실제로 일하면서 보고 경험한 것에 근거해서 줄거리 흐름을 실감 나게 구성하는 데 도움을 주었다. 그런즉 저절로 그때의 기억을 되살려야 했고, 그 과정을 통해 내게 일어났던 일들을 좀 더 객관적으로 받아들일 수 있었다. 그리고 극 중 내 분신 캐릭터인 언론 담당 비서 C. J. 크레그Claudia Jean Cregg에게는 좀 더 나은 상황을 만들어 줄 수 있었다.

그중에 특히 만족스러웠던 에피소드가 두 개 있다. 하나는 대통령이 다른 나라를 상대로 군사 작전을 계획하는 과정에서 언론 보좌관인 C.J.가 정보 네트워크에서 제외되는 이야기다. 내가 겪은 바로 그 상황이다. 하지만 나와는 다르게, 그녀는 사전에 군사 작전이 비밀리에 진행 중이라는 사실을 알게 되고, 대통령과 행정부가 그 상황을 놓고 대중과 성공적으로 소통할 수 있도록 돕는다. 또 다른 하나는 C.J.가 치아에 근관 시술을 받는 이야기다(에런이 이 설정을 생각한 이유는 C.J.를 연기한 앨리슨 제니Allison Janney가 사실은 몸으로 하는 코미디 연기의 대가이기 때문이었다). 시술이 끝나고 C.J.가 브리핑을 할 수 없게 되자, 동료인 조쉬 라이먼Josh Lyman이 대신 연단에 선다. 그의 서툴고 애매한 발언 때문에 재정적 위기 상황이 발생하고, 조쉬는 브리핑이 보기보다 어려운 일이라는 깨달음을 안고 차를 몰고 집으로 간다.

얼마 전 대학 캠퍼스에서 연설을 마치고 나오는데 한 젊은 여성이 다가오더니 "아, 당신 C.J. 크레그랑 닮았어요."라고 말했다. 그 순간 나와는 다른 상황에 놓인 C.J.를 떠올리며 "아니요, 그녀가 나를 닮은 거죠."라고 답했다.

텔레비전에서만 여성의 역사가 재구성되는 건 아니다. 점점 더 많은 여성이 앞서간 여성들의 경험을 바탕으로 새로운 기회와 더 나은 결말을 향하여 자신의 이야기를 만들어 가고 있다.

몇 년 전, 텍사스 커 카운티Kerr County 보안관인 프랜시스 카이저 Frances Kaiser는 오랫동안 알고 지낸 한 남성의 집에 도착했다.[264] 이혼으로 인한 충격에 정신착란 증세가 겹친 그 남자가 총으로 자살하겠다고 위협하고 있었기 때문이었다. 사건이 정리된 후 카이저는 당시 일을 이렇게 회상했다.

"그가 정말 그런 일을 저지르고 싶은 건 아니라고 생각했어요. 제가 그를 알거든요. 안으로 들어가서 그에게 '당신은 포옹이 필요해요.'라고 말했어요. 그러고는 그의 어깨에 제 팔을 둘렀죠. 그는 무릎 사이에 총을 놓은 채 의자에 앉아 있었는데, 제가 그를 만지고 팔을 두르니 몸에 힘이 빠지면서 긴장을 풀더군요. 그러자 나와 함께 갔던 다른 경찰관이 총을 가져갔어요. 다시 또 그런 상황에 맞닥뜨린다면, 그렇게 행동하지는 않을 거예요. 그때를 돌아보니 그런 생각이 들었습니다. 하지만 그때는 진심에서 우러나와 한 행동이었어요. 연민이었던 것 같아요. 그가 정말 자살하고 싶은 건 아니라는 걸 알았기 때문이지요. 그는 도와달라고 외치고 있었던 거예요."

자살을 앞둔 남자에게 다가가 그를 위로하고 도운 행위. 카이저는 이를 '엄격한 사랑'이라고 평한다.

"우리는 사람들이 자기 행동에 책임을 지도록 이끄는 동시에 곁에서 그들을 지원해야 합니다. 우리 여성에게는 그러한 자질이 있어요. 남성에게는 없는 거죠. 저는 그러한 자질에 대해 스스로 자부심을 느끼고 있어요. 그래서 오늘도 이 일을 하는 거겠죠."

우리는 카이저의 이야기가 다른 결말에 이를 위험이 있었음을 쉽게 상상할 수 있다. 하지만 한 여성의 본능과 연민으로 비롯된 행동이, 필연적인 비극으로 끝날 수도 있는 상황을 완전히 새롭게 전환한 것이다. 카이저의 '엄격한 사랑'은 그 일에 관련된 모든 사람에게 더 나은 결말을 안겨주었다.

마거릿 대처 딜레마

내가 요즘 여성이 공공의 삶을 변화시키는 방식을 탐구하는 책을 쓰고 있다고 말하면 대부분, 특히 남자들은 "음, 마거릿 대처는 어때?"라고 묻는다. 대처는 권력을 가진 여성이 아무것도 변화시키지 않음을 입증한 예가 아닐까? 그녀가 소비에트 연방을 언변으로 구타한 후 소련 언론이 붙여준 별명처럼, '철의 여인'은 결국 남자처럼 통치했다. 대처는 책임감 있는 개인은 책임감 있는 사회를 구성하는 요소라고 믿는 철저한 보수주의자였다. 또한 시민의 '자유'를 증진하고자 정부의 역할을 줄어야 한다고 믿었으며, 시민 개개인이 주도권을 가지고 행동하면 그것만으로도 영국의 영광을 되찾을 수 있다고 믿었다. 그녀를 대표하는 말은 연민보다는 강직함이었다. 총리로서 10년이 넘는 재임 기간 중 기억할 만한 일들로는 포클랜드 제도 전쟁, 노동조합과의 대립, 로널드 레이건과의 우정 등이 있다. 그중 어느 것도 '여성만이 실현할 수 있는 정치', 그러니까 정치계에 더 많은 여성이 입문하면 이루어질 것이라 희망하는, '여성만이 실현할 수 있는 정치'의 일면을 보여주지는 않는다.

대처나 당시 여성 운동가들은 서로를 여성 동지로 생각하지 않았다. 작가 질 트위디Jill Tweedy는 "대처 총리는 '여성'이지만 '자매'는 아니에요."라고 말한 적이 있다. 대처 총리도 '강경한 여성'은 좋아하지 않는다고 분명하게 말했다.

"나는 능력이 있으면서도 여성 운동을 너무 내세우지 않는 여성이 좋습니다. 당신이 뭔가를 이루게 된다면, 그건 당신의 능력 때문이지, 성별 때문이 아니니까요."[265]

어떤 주제로든 '운동'이라는 개념은 그녀와 상관이 없었다. 그렇지만 대처도 남성과 여성의 분명한 차이는 알고 있었다. "정치판에서 뭔가를 말하고 싶다면 남성에게 조언을 구하세요. 하지만 어떤 일을 이루고 싶다면 여성에게 조언을 구하세요."라는 유명한 말을 남긴 걸 보면 말이다. 자신의 성공이 성별 때문이 아니라고 생각하면서도, 그녀가 직무를 수행하는 데 긍정적으로 작용했을 '여성으로서의 자질'은 중요하게 여긴 것 같다.

대처는 또한 "나는 모두가 등을 돌리고 떠날 때도 내 직무를 굳건히 수행할 수 있는 여성의 능력을 지녔습니다."라고 말한 적도 있었다. 그녀는 여성이 사회에 이바지할 수 있는 부분이 많으며, 그러한 여성의 수가 많아지면 상황이 더 나아질 거라고 믿은 게 분명하다. 그리고 또 "여성의 사명은 남성적인 정신을 강화하는 게 아니라 여성성을 표현하는 것입니다. 남성이 만든 세계를 보존하는 게 아니라 모든 활동에 여성적인 요소를 불어넣어 인간적인 세계를 창조하는 것입니다."라고도 말했다. 다시 말해서 여성은 세상을 바꿀 수 있는 자질을 선천적으로 가지고 있다는 뜻이다. 그리고 여성의 자질은 '가정'에만 국한되지 않는다.

일각에서는 대처가 정치에 '여성적인 요소'를 불어넣는 데에 이바지한 바가 거의 없다고 주장한다. 하지만 한 여성이 수세대에 걸쳐 남성에 의해, 남성을 위해 만들어진 체제를 바꾸리라 기대하는 게 공정할까? 그녀 역시 여성이 오랫동안 직면했던, 예측 가능한 장애를 모두 경험했다. 1979년 대처가 보수당을 압도적인 승리로 이끌며 현대 서구 정부의 최초 여성 지도자가 되었을 때, 작고한 언론인 R. W. 애플Raymond Walter Apple은 그녀의 약점에 관련해 이런 글을 썼다.

"많은 유권자가 대처의 목소리를 듣고 태도를 바라보면서 학창시절 싫어하던 친구를 떠올린다. 그녀의 정책을 좋아했던 많은 사람은 그녀가 총리가 되는 데 도움을 주지 못했다."[266]

대처가 총리가 되었을 때 의회와 정부, 보수당 지도부, 그리고 영국을 포함한 전 세계 권력 구조는 거의 남성으로 구성됐다. 태어나면서 그 자리에 오른 (내 친구가 종종 농담으로 '행운의 정자 클럽 멤버'라고 부르는) 여왕을 예외로 친다면 대처에게는 여성 동료가 없었다. 성공하기 위해서는 남성의 행동거지를 닮아야 하는 세상에서, 그러한 수적 열세에 몰려 있음에도, 그녀는 혼자서 모든 걸 바꿔야 했다.

그렇다고 마거릿 대처가 매사에 나무랄 데 없는 발자취를 남겼다는 뜻은 아니다. 10년 이상 총리직에 머무는 동안 대처는 단 한 명의 여성 장관을 임명했는데, 이는 보수당과 노동당의 여성들 모두를 좌절시키는 일이었다. 토니 블레어 내각의 장관이었던 퍼트리샤 휴잇Patricia Hewitt은 BBC와의 인터뷰에서 "마거릿 대처는 여성 직장인의 지위를 훼손하고, 가족과 공동체를 붕괴시켰으며, 여성의 사회적 지위를 위해 아무것도 하지 않았다. 그녀는 엄청난 기회를 낭비했다."라고 말했다.[267]

그런데 대처에게 "여성의 사회적 지위를 위해 아무것도 하지 않았다."라는 평가를 남기는 건 공정할까? 1979년 그녀가 총리직에 올랐을 때, 영국 의회에 여성의원은 27명에 불과했다.[268] 하지만 1990년 그녀가 다우닝가를 떠날 때는 43명이었다. 물론 세계 각지에서 여성이 점차 정치적 영향력을 확장하는 추세였으니 다른 요소도 있었을 것이다. 다만 대처는 "여성이 지도자가 될 만큼 강인한가?"라는 의문 자체를 무력화시켰다.

캐나다의 첫 여성 총리인 킴 캠벨Kim Campbell은 "마거릿 대처는 여성 지도자가 없는 세계에 여성을 위한 선거구를 만들었다."라고 말했다.[269] 캠벨은 재임 기간에 캐나다 전국을 순회하면서 연설했는데, 그때의 일화 중 하나를 들려주었다.

"여성 총리가 선출되자 사람들이 무척 기뻐했어요. 한 나이 많은 여성은 내게 다가오더니, '당신이 우리들의 마거릿 대처가 될 거예요.'라고 말하더군요. 나는 마거릿 대처 같은 사람은 아니에요. 그렇지만 그녀는 강인한 여성 지도자의 이미지를 구축한 사람이죠."

한 사람으로는 부족하다

얼마 전 프린트 기업 제록스는 승계 계획을 세우기 시작했다.[270] 몇 년 전 파산 위기에 처했던 제록스는 고군분투하여 재정 건전성을 회복했고, 실권자들은 애초에 그러한 위기를 초래했던 승계 실수를 반복하지 않을 방도를 모색했다. 하지만 그 외의 모든 승계 절차는 이례적이었다.

우선 이사회는 상황을 호전시킬 계획을 설계한 CEO와 오랫동안 후임자로 내정된 인물에게 확신을 느꼈기 때문에, 그들이 세부사항을 직접 실행할 수 있도록 전례 없는 권한을 부여했다. 두 사람은 모든 가능성을 열어놓고 진솔한 대화로 그들이 직면한 난관을 어떻게 극복할 것인지 논의했다. 그러한 본보기가 미국 내 타 기업에 도움이 되기를 바라면서. 그러한 과정을 거친 후 어설라 번스Ursula Burns가 앤 멀케이Ann Mulcahy의 뒤를 이으면서 제록스는 『포춘』50대 기업 역사상 처음으로 여성 CEO가 전임 여성 CEO의 뒤를 이은 기업으로 기록되었다.

『포춘』과 인터뷰를 진행하는 동안, 멀케이와 번스는 자신들이 여성이라는 사실은 별로 언급하지 않았다. 그럴 필요가 없었기 때문이다. 그들이 대화 중에 사용하는 은유에서도 그러한 면이 드러난다. 멀케이는 권한을 내려놓는 일의 어려움을 설명하면서, '상황을 통제할 수 있는 명쾌함'과 '항상 필요한 존재로 남고 싶은 유혹'을 둘 다 포기하는 일이 쉽지 않았다고 말했다. 아이들이 자라는 과정을 떠올리면 쉽게 이해가 될 것 같다. "아, 내가 더는 우주의 중심이 아니구나." 같은 사실을 깨닫는 순간이 있지 않던가? 리더십에 접근하는 그들의 방식은 명확했다.

"이 단계에서는 '내가 하라고 했잖아, 그러니까 가서 해.'라는 방식은 통하지 않아요. 해야 할 일을 스스로 알아서 하는 사람이 있는가 하면, 포옹과 애정을 쏟아야 움직이는 사람이 있습니다. 어설라는 그러한 역동성을 잘 이해하고 수용할 역량이 있어요."

그들이 서로 소통하는 방식에서도 그런 점이 분명하게 드러났다.

"우리는 무엇이든 꺼내 놓고 이야기합니다. 영화배우, 인플루언서, 비즈니스는 물론이고요, 얘들 자라는 이야기, 그들의 삶에 이정표가 되었던 순간들까지 말이죠."

한 세대 전만 해도 그런 식으로 대화를 나누고, 통솔하면서 경영자의 자리에 오른다는 건 상상하기 힘들었다. 한 번은 요행으로 될 수 있지만 두 번이나 연이어서 말이다. 멀케이와 번스는 남성 경영자의 관습을 받아들이지 않았다. 그 대신 그들만의 방식으로 문제를 풀어나갔고 그들만의 성과를 창출했다.

여성 한두 사람이 기업의 성과를 바꿀 수 있다면, 여성이 문화를 바꾸어 더는 남성의 기준에 맞출 필요가 없는 환경을 만드는데에는 얼마나 많은 여성이 필요할까? 그 변화를 위한 임계 질량은 얼마일까? (여기서 '임계 질량'이라는 말은 물리학에서 빌린 용어로, 핵분열 물질이 돌이킬 수 없는 연쇄 반응을 시작하는 데 필요한 최소한

의 질량을 뜻한다.)

몇 명만으로는 부족할 때가 있다. 내가 백악관에서 근무할 때만 해도 꽤 많은 여성이 고위직에 있었다. 하지만 그 후로도 여성의 수는 점점 늘었고, 그들 간에 공유되는 경험이 분명히 있었을 것임에도, 클린턴 행정부의 백악관 여성들은 정보를 공유하거나 동맹을 강화하기 위해 뭉치지 않았다. 굳이 성별에 관련된 것이 아니더라도 업무상의 스트레스나 답답함을 나누며 해소하려 하지 않았다. 최근 행정부 초대 내각 업무 담당 국장을 지낸 크리스틴 바니Christine Varney와 점심을 함께하며 이 문제를 논의한 적이 있었다. 바니도 나의 의견에 동의했다. 같은 처지에 있거나 때때로 고립된 위치에 서게 됐던 여성들끼리 좀 더 많은 시간을 보낼 수 있었더라면 도움이 되었을 것이다. 그런데 왜 그러지 않았을까?

우리가 생각해낸 두 가지 이유는, 업무 중에 시간을 내기가 어렵고 업무에 겹치는 부분이 늘 있는 게 아니기 때문이라는 거였다. 둘 다 맞긴 했지만 그게 다는 아니다. 여성이라는 이유로 경험할 수밖에 없었던, 모종의 '소외감' 같은 문제도 고려해야 한다. 다른 여성과 너무 많은 시간을 보낸다거나 여성이라는 사실을 너무 드러내다 보면 권력의 중심에서 더 멀리 밀려날 테니까. 대다수 여성은 무언가 성취를 이룩하는 것보다도 살아남기 위해서 동료들과 공동의 명분을 만들어야 한다는 강박에 시달린다. 많은 경우 동료란 '남성'을 의미한다. 돌이켜보면, 그건 틀린 생각이었음이 분명해진다. 이따금 저녁 식사를 함께하는 것만으로도 힘을 얻고,

최소한 서로의 생각을 비교하며 나만 그런 게 아니라는 사실을 확인할 수 있었을 테니까. 하지만 그때는 뭔가 우리를 그렇게 하지 못하도록 하는 요인이 있었다. 무엇 때문인지는 모르지만, 그렇게 하고 나면 대가를 치르게 될지도 모른다는 생각을 은연중에 했던 것 같다.

물론 힐러리 클린턴은 백악관에서 중요한 역할을 담당했다. 대통령의 부인이자 역사상 최초로 자기 직업과 경력, 권력 기반을 갖춘 영부인이었기 때문이다. 그뿐 아니라 내가 그곳에 있는 동안 그녀는 정책 입안자이자 정권의 실세였다. 당시 힐러리의 참모들은 대부분 충성스러운 정예 요원으로, 그들이 정보를 흘리거나 힐러리를 떠날 가능성은 무척 적었다. 그리고 지금과 마찬가지로 그녀는 백악관 밖에도 웰즐리 대학 시절부터 우정을 쌓은, 대부분이 여성으로 구성된 친구 그룹이 있었다. 그러나 웨스트윙에서 일하던 여성들과의 관계는 가끔 껄끄러울 때가 있었다.

나는 한 번도 힐러리가 나를 지지하거나, 젊은 여성 직원의 어려운 처지에 공감해 준다고 느낀 적은 없었다. 하지만 어느 순간부터 그녀의 무심함을 이해하게 됐다. 그녀가 직면한 어려움이 너무 컸기 때문일 수도 있다. 1994년 가을, 내가 나의 직책을 사수하기 위해 고군분투할 당시, 그녀는 (엄청난 비난을 몰고 온) 의료보험의 붕괴, 공화당의 의회 장악, 정치적으로 위기에 몰린 남편 때문에 골머리를 앓았다. 대변인을 바꿀 것인지 대통령을 바꿀 것인지를 두고 무엇을 선택해야 하는가? 이 문제는 너무도 쉬웠다. 그렇다 한들, 나를 도와주진 못하더라도 공감 정도는 표시하는 게 치명적인 해가 되진 않았겠지만.

그러고 보면, 힐러리 역시 대통령의 참모들이 그녀를 딱히 지지한다고 느끼지는 못했을 것 같다. 힐러리는 우리가 대통령을 정치적 난관에서 구할 수만 있다면 주저 없이 자신을 버스 밑으로 밀어 넣을 것*이라 생각했고, 때때로 그녀의 생각은 옳았다.

그렇기는 하지만, 힐러리는 공직 생활 내내 자기가 중요하게 여기는 것들을 지키기 위해 열심히 싸웠다. 의료 개혁뿐 아니라 유아 교육, 가정 폭력 방지 그리고 무엇보다도 정부의 모든 공직에 좀 더 많은 여성과 소수자를 등용하는 일과 관련해서는 그녀가 행사할 수 있는 막강한 영향력을 모두 활용했다. 그녀는 자신이 중시하는 안건을 위해 고군분투했다. 그렇게 그녀는 존재만으로도 변화를 가져올 수 있었다. 하지만 그녀의 영향력은 부차적으로 파생되는 것이었을 뿐, 그녀 자신이 '보스'는 아니었다. 그리고 백악관은 그녀의 것이 아니라 대통령의 것이었다. 여성은 여전히 소수였고, 너무 자주 소외되었다.

힐러리가 대통령이었다면 백악관의 분위기는 어땠을까? 그녀의 영향력이 결혼이 아닌 헌법에 근거한 힘이었다면? 시간이 지나면 알 수 있을 것이다. 영부인으로 지낸 그녀의 시간이 몇 가지 단서를 제공해준다. 그렇지만 더 중요한 건 그녀가 상원의원으로

---

* 비난하거나 저버릴 수 있다는 의미를 비유적으로 표현

보낸 시간일 것이다. 나는 연방 상원에서 힐러리를 위해 또는 다른 누구를 위해 일해본 경험은 없다. 하지만 그동안 남겨진 기록이나 문헌을 고려하면, 여성은 권력이 자기 소유가 되어도 지나치게 움켜쥐려 하지 않는다. 권력을 시의적절하고 융통성 있게 행사할 것이고, 이에 따라 더 위대한 효과를 낼 수 있을 것이다.

3분의 1을 넘어야 한다

전직 노동부 장관 알렉시스 허먼은 이렇게 말했다.

"숫자에 힘이 있다고 믿습니다. 중요한 자리에 여성이 많아질수록 장벽들이 저절로 하나둘 무너질 것이라 생각해요. 하지만 여전히 핵심 직책에 여성이 한두 명밖에 없으니, 불균형으로 인한 부담이 있을 수밖에 없습니다."[271]

기업 이사회를 대상으로 진행한 최근 연구에서는 이사회의 분위기 흐름을 바꾸려면 세 명의 여성이 필요하다는 결과가 나왔다.[272] 여성이 한 명인 경우, 그녀는 자기가 '여성의 견해'를 대표한다는 느낌을 받게 되며, 결정을 내리기 위한 토론이나 친목 모임에서는 제외될 수 있다는 것이다. 두 번째 여성이 들어오면 도움이 된다고 한다. 세 번째나 그 이상의 여성이 이사회에 들어와야 비로소 마법이 작동한다는 내용으로 보고서는 결론을 맺는다. 여성은 더 이상 논의 밖 외부인이 아니다. 토론의 내용과 과정에 미치는 여성의 영향력이 눈에 띄게 커지고 있다.

여성은 '협조적인 역동성'을 불러일으킨다. 다른 사람의 의견을 경청하는 분위기를 끌어내고, 사회적 지원을 유도하여 모두가 승리하는 방향으로 문제를 해결한다. 여성은 어려운 문제를 다루고, 어려운 질문을 하며, 직접적이고 상세한 답변을 요구한다. 토론에 다양한 아이디어와 관점을 들여와 논의의 범주를 확장한다. 한마디로, 여성이 참여하면 생산성이 높아지는 것이다.

물론 '3의 마법'이 항상 효과를 발휘하는 건 아니다. 그랬으면 좋겠지만 상황에 따라 다른 해결책이 필요하기 때문이다. 대규모 항공우주 회사의 문화를 바꾸려면 소규모 회계법인에 소속된 여성 직원보다는 많은 수의 여성이 필요할 것이다. 소수의 여성이 발휘하는 영향력은 가부장적인 아프리카 국가의 의회보다는 미국의 주의회에서 더 크게 작용할 것이다. 그러므로 "몇 명이면 될까?"라는 질문에 답하기란 어렵다. 하지만 여전히 '더 많이' 필요한 경우가 그렇지 않은 경우보다 많다. 왕가리 마타이는 이렇게 말했다.

"남성이 당신을 포용하고 지지하도록 하려면, 당신도 거의 그들처럼 생각해야 합니다. 그리고 때로는 그렇게 하는 것이 변화의 흐름에 동참한다는 의사표명이기도 합니다. 그러므로 우리는 더 많은 여성이 리더의 자리에 오를 수 있게 하려는 노력을 계속해야 합니다. 이따금 50%를 기대하는 것은 지나친 욕심이 아닐까 하는 회의감도 느껴요. 하지만 여성 리더가 3분의 1만 되어도 남성의 생각이 바뀌기 시작할 겁니다."[273]

사실 여러 문헌에 따르면, 여성이 입법부나 그 외 선출직 인원으로 구성된 조직의 3분의 1을 차지하면 그 영향력이 확실히 커진다고 한다.[274] 하지만 이 역시 그렇게 간단하지만은 않다. 다수의 연구가 시사하는 바와 같이 여성은 그보다 훨씬 이전 단계, 즉 전체 구성인원의 6분의 1만 되어도 영향력을 발휘하기 시작하기 때문이다(흥미롭게도 미국 의회가 이제 막 그 지점에 도달하고 있다). 다만 여성의 권한은 제한적인 경우가 많다. 어렵게 3분의 1 지점에 도달하더라도, 의회에 더 오래 있었거나 더 많은 권력을 가진 남성의 영향력이 불균형하게 크기 때문이다.

전 세계를 통틀어 여성의원 비율이 3분의 1 이상인 나라는 15개국에 불과하다.[275] 그런데 그러한 의회를 가진 나라들은 변화를 체험하고 있다. 덴마크나 핀란드, 스웨덴은 여성이 직장과 가정을 양립할 수 있도록 보육 및 육아 휴직 제도에 더 많은 공공 자원을 쓰고, 남아공에서는 여성이 주도하여 정부 예산 지출의 혜택이 남성에게 편중되지 않도록 조절한다. 르완다는 여성의원들의 힘으로 여성의 재산 상속권과 소유권을 금지하던 법을 개정했다.

변화는 물결처럼 연못을 가로질러 퍼져나간다. 코펜하겐의 영향력 있는 시장이자 전 유럽연합 집행위원이었던 리트 비에르가르트Ritt Bjerregaard는 시정부에 여성 리더의 수를 늘리기 위해 노력했다.[276] 그녀는 어떤 전략을 사용했을까? 아기가 태어나면 아이 아빠가 더 많은 시간을 가족과 함께 보내도록 지원했다. 아기의 엄마와 아빠는 최대 48주까지 육아 휴직을 할 수 있으며, 그중 14주는 유급 휴가로 급여 전액을 받았다. 이러한 제도가 실행되기 전에는 아기 엄마의 평균 육아 휴직 기간은 120일이고, 아빠는 14일에 불과했다고 한다. 아빠가 좀 더 많은 시간을 가족과 함께 보내고 육아의 노고를 나눠질 수 있도록 하고자 비에르가르트는 자녀를 출산한 가정의 아빠에게 우유병과 턱받이, 기저귀 등을 포함한 축하 선물 세트를 보냈다. 가정으로 돌아가 그것들을 사용하길 바라는 의미에서.

사회에 참여하는 여성의 수가 임계치에 이른 국가는 어떤 형태로든 비례대표제도를 활용한다.[277] 그중 널리 사용되는 형태는 각 정당이 유권자에게 후보자 명단을 제출한 후, 득표수에 비례하여 대표자를 선출하는 것이다. 과반수는 아니라도 일정 득표를 받은 정당과 후보자는 의석을 확보할 수 있으니 인종적, 이념적 소수자와 여성도 선출될 확률이 높아진다. 또한 그런 나라들은 대부분 쿼터 제도와 선거 보조금 제도도 활용하고 있다.

성공하는 여성이 많을수록

물론 문화도 중요하다. 스웨덴, 노르웨이, 핀란드, 덴마크, 아이슬란드처럼 북유럽 국가들은 여성이 실권이 있는 공직에 진출한 역사가 길다.[278] 1906년에 핀란드는 유럽 최초로 여성에게 투표권을 부여했다(뉴질랜드는 1893년 세계 최초로 여성에게 투표권을 부여했다). 1924년 니나 방Nina Bang은 덴마크의 교육부 장관이 되었고, 1990년 엘리자베스 렌Elisabeth Rehn은 서구 여성 최초로 핀란드 국방부 장관이 되었다. 하지만 렌은 취임 직후 특이한 난관에 부딪혔다고 한다. 수세대에 걸쳐 정치계와 비즈니스계의 남성들은 사우나에서 정기 모임을 갖는 전통이 있었던 것이다. 당시 렌은 "나는 옷을 입은 채로 토론에 참여하는 걸 선호합니다."라고 자기 의사를 분명히 밝혔다고 한다.[279]

5개국 모두 부강하고 성숙한 민주주의 국가다. 모두 의회 구성원의 3분의 1이 여성이며, 대부분 여성이 총리나 대통령 또는 둘 다에 선출된 적이 있었다. 연구자들은 이러한 현상이 북유럽 지역의 농업 문화와 평등주의 기풍에 근거한다고 본다. 노트르담 대학교의 정치학 교수인 라이모 바이리넨Raime Vayrynen은 "농촌 공동체는 대체로 모계사회의 풍조를 유지하고, 남성이 일할 때 여성도 옆에서 함께 일합니다."라고 말했다.

매년 유엔에서는 기대수명, 소득, 교육 등의 기준에 따라 각 나라를 평가한다. 노르웨이가 지난 6년간 연이어 가장 살기 좋은 나라로 선정되었다.[280] 그러한 결과가 전적으로 여성의 영향은 아닐지 모른다. 그런데 여기서 상위 10개 국가 중 5개 국가가 최근에 여성을 리더로 선출했다는 점에 주목할 필요가 있다(미국은 8위에 선정되었다). 거기에 더하여 여성의 존재가 큰 해를 끼친 것 같지는 않다. 여성 코미디언 일레인 부슬러Elayne Boosler는 최근 노르웨이가 석유와 가스, 광산업, 조선업, 어업, 제지업을 기반으로 경제를 부흥시킨다는 점을 언급하면서, "화장품 회사 메리케이는 이들 산업과 비교할 때 어느 부분도 앞지르거나 압도한 게 없다."라고 말했다.[281]

남아시아는 세계 다른 어느 지역보다도 많은 여성이 최고위직에서 정부를 이끌고 있지만 평등주의 기풍보다는 왕조 문화의 전통이 강하다.[282] 아시아의 여성 리더 대부분은 권력자의 딸, 아내 또는 미망인이었다. 인디라 간디는 아버지가 병환으로 갑자기 사망하고 몇 년 후 인도의 첫 여성 총리가 되었다. 그 외의 많은 여성 지도자, 특히 첫 여성 지도자는 친척 중에 권력의 자리에 있던 남성이 교수형, 총격 또는 폭탄 테러로 사망한 후 권력을 잡았다. 이들은 순교한 영웅의 횃불을 이어받았다는 이유로 정치적 정당성을 부여받고 권좌에 올랐지만, 대부분 정치 경험이 없었기 때문에 그 결말은 대부분 혼란스러웠다. 스리랑카의 시리마보 반다라나이케Sirimavo Bandaranaike는 남편이 암살된 후 세계 최초로 여성 총리가 되었고, 코라손 아키노Corazon Aquino는 남편이 암살된 후 사실상 필리핀의 야당 지도자가 되었다가 대통령으로 당선되었으며,

파키스탄의 베나지르 부토Benazir Bhutto는 아버지가 이끌던 정권이 쿠데타로 전복되고 아버지가 처형된 후로 권력의 자리에 오르기 시작했다. 부토는 그 후 이슬람 국가 최초로 여성 총리가 되었고, 두 번의 임기를 가졌는데 두 번 다 부패 혐의로 중도에 사퇴했다. 그리고 10년 가까이 망명 생활을 하다가 2007년 가을에 다시 의회에 출마하기 위해 파키스탄으로 돌아갔다. 종교적 지지가 아니라 대중의 지지를 받는 지도자로서 여전히 논란의 중심에 서 있던 그녀는 2008년 1월 선거를 12일 앞두고 암살당했다.

왕조 비극의 역사가 없는 나라에서도 여성은 유권자의 투표로 선출되는 경우보다 의회 동료의 선택을 받아 리더의 위치에 오르는 경우가 더 많다. 영국의 대처 외에도 독일의 앙겔라 메르켈, 이스라엘의 골다 메이어Golda Meir, 터키의 탄수 칠레르Tansu Çiller와 같은 전·현직 지도자들이 모두 정당 구조에 편승해 권력자가 됐다. 그렇다고 해서 그들이 존경과 권위를 얻기 위해 열심히 노력하지 않았다는 뜻은 아니다. 그들은 노력했다. 그리고 국민의 선택을 받아 리더가 되었다. 그렇지만 수백 또는 수십 명의 동료가 결정하는 정당 간 경선보다 수백만 유권자의 신뢰를 얻어야 하는 총선거에서 여성의 승산이 작은 건 확실하다.

그런데 이런 경향도 변하고 있으며, 세계 각국의 총선거에서 여성이 선출되는 경우가 많아지고 있다. 핀란드, 니카라과, 라트비아가 모두 여성을 대통령으로 선출했으며, 아일랜드, 필리핀, 스위스도 각각 두 명의 여성이 선출되었다. 2005년 라이베리아는 아프리카 국가 최초로 엘런 존슨-설리프Ellen Johnson-Sirleaf를 여성 대통령으로 선출했고, 2006년에는 칠레가 남아메리카 최초로 미첼 바첼레트를 첫 여성 대통령으로 선출했다. 그 이듬해, 아르헨티나도 크리스티나 페르난데스 데 키르치네르Cristina Fernandez de Kirchner를 여성 대통령으로 선출했다. 특기할 만한 사실은 페르난데스 데 키르치네르는 13명의 경쟁자를 물리치고 결정적인 승리를 거두었다는 것이다.[283] 게다가 2위를 차지한 후보도 여성이었는데, 그 두 여성이 전체 투표수의 70% 이상을 차지했다. 파라과이와 브라질 같은 국가에서도 능력 있는 여성이 고위직에 도전할 준비가 되어 있는 만큼, 머지않아 '남성성'의 대명사였던 남미 주민의 절반 이상이 여성 지도자를 따르게 될 것이다. 이는 불과 몇 년 전만 해도 상상조차 할 수 없었던 일이다.

결론을 말하자면, 더 많은 여성이 성공할수록 더 많은 여성이 성공한다. 그리고 미국에는 힐러리 클린턴이 있다.[284] 여성에게 투표권이 허락되기 50년 정도 전인 1872년의 빅토리아 우드홀Victoria Woodhull•이후, 힐러리는 미국의 대통령 선거에 출마한 스물한 번째 여성이 되었다. 하지만 실질적으로 당선 가능성을 가졌던 후보로 말하자면 첫 번째 여성이다. 미국이 언젠가 여성 대통령을 선출하게 된다면 세계적으로 엄청난 변화의 신호탄이 될 것이다. 역사상 처음으로 남극을 제외한 모든 대륙에서 최소한 한 국가를

• 1872년 미국 대통령 선거에 출마한 여성 참정권 운동의 지도자

여성이 이끌게 될 것이기 때문이다. 그리고 인류가 침팬지 조상에서 분리되어 정글을 벗어나 문명화된 미래를 향해 나아간 이래 처음으로 여성이 지구상에서 가장 강력한 지도자가 되는 것이다. 그러면 그 어떤 것도 예전 같지 않을 것이다.

세상을 바꾸는 여성

나는 최초의 여성 백악관 대변인으로 기록되었으나 마지막 여성으로 기억되지 않을 것이다. 우리는 모두 우리보다 먼저 온 여성들, 어떤 여성도 간 적이 없는 곳에 가기 위해 목을 내놓고 머리를 잘리기도 했던 수많은 여성의 희생을 딛고 서 있다. 물론 그들 모두가 여성의 권익을 위해 노력한 건 아니다. 그렇지만 그들 덕분에 뒤를 따라온 우리는 더 나은, 더 많은, 더 다양한 기회를 얻을 수 있었다. 적어도 나는 그랬다. 나는 정치, 정부, 언론, 비즈니스 분야에서 새로운 길을 개척한 여성들에게 큰 빚을 지고 있다고 생각한다. 우리가 원하는 만큼 빠르지는 않으나 꾸준히 더 나은 방향으로 변화했고, 그 변화는 지금도 계속되고 있다. 『포춘』은 미국에서 가장 영향력 있는 50인의 여성을 선정하는 연례 특집에서, "상황은 전반적으로 낙관적이다. 진정성 있게, 지속적으로 진보하는 추세는 여성에게 좋은 일이며 그들이 근무하는 기업에도 좋은 일이다."라는 글을 썼다.[285] 여성 리더가 늘어날수록 그들이 소속된 공동체와 국가에도 유익하며, 궁극적으로 지구 전체에 득이 된다. 캐나다의 전 총리 킴 캠벨은 이렇게 말했다.

"흥미로운 사실은 여성의 수가 많아지면, 여성으로 존재하는 데에 자신감이 생긴다는 거예요. 그러면 각자 다양한 목소리를 낼 뿐 아니라 서로의 관점이 어떻게 다른지를 보기 시작하고, 문화를 변화시키기 시작하지요."[286]

한 사람으로 족할 때가 있는가 하면 여러 사람이 필요할 때가 있다. 하지만 내 경험에 의하면 거의 언제나, 수를 세지 않아도 될 만큼 많은 여성이 모여야 한다. 그래야 여성은 '여자답게 행동해야 한다'는 무언의 압박에서 벗어나 자유를 쟁취한다. 그제야 우리는 이중잣대를 없애고 남성과 여성이 다르다는 사실을 받아들일 수 있다. 남성과 여성이 각기 가지고 있는 다른 범주의 경험과 기술, 강점을 공공 생활에 적용할 수 있음을 인정하고, 여성도 남성과 동등한 가치를 지닌 존재임을 인정하며, 여성의 다양한 선택지를 수용할 수 있도록 제도를 개편할 수 있다.

그래야만 우리는 리더십의 정의를 확대하고 더 광범위한 언어로 그것을 설명할 수 있게 된다. 그래야만 우리는 국민 전체를 온전히 대변하는 정부를 가질 수 있을 것이고, 더 나은 학교를 만들며, 더 효과적인 외교정책을 펼칠 수 있을 것이다. 비로소 우리는 더 굳건한 공동체와 더 공정한 사회를 갖게 될 것이고, 갈등을 줄이며, 더 나은 미래를 건설할 수 있을 것이다. 그때가 되면 우리는 각자가 가진 것들로 모두를 유익하게 할 수 있다. 비로소 여성이 세계를 지배할 수 있을 것이다.

여성이 세상을 지배하는 순간 권력의 정의가 달라질 것이다.

세상이 변화할 것이다.

감사의 말

책을 쓰다 보면 한가지 아이러니한 사실을 깨닫는다. '책 쓰기'는 여러 가지로 지극히 고독한 작업인 동시에, (아프리카 속담을 활용하여 표현하자면) 한 마을이 필요한 일이라는 점이다. 적어도 나는 그랬다. 그런 의미에서 내가 피운 모닥불 주변에 텐트를 쳐준 고마운 사람들이 정말 많다.

누구보다도 먼저 남편 토드 퍼덤에게 사랑과 감사를 전한다. 내가 힘겨운 날을 보내고 절벽 끝에 서 있을 때 그는 나를 대화로 다독여 주었고, 피드백이 필요할 때 내 글을 읽어주면서 나를 앞으로 나아가도록, 그러나 떠밀리는 느낌은 들지 않도록 격려해 주었다. 그러는 게 내키지 않는 날도 더러는 있었겠으나 그보다 훨씬 더 많은 날 기꺼이 나를 지지했을 거라 진심으로 믿는다.

자기 엄마를 이 프로젝트와 나눠 가져야 했던 나의 아이들에게도 고맙다. 아이들은 이 책이 얼른 마무리되기를 고대하면서도, 호기심과 자랑스러움이 섞인 마음으로 글 쓰는 과정에 관심을 보여주었다. 그리고 한없이 오래 걸리는 이 일에 놀라움을 금치 못했다. 내가 도저히 시간을 내지 못할 때 나 대신 아이들을 먹이고, 씻기고, 잠자리에서 책을 읽어주며 사랑으로 보살펴 준 코니 스페이드와 셰릴 애플턴에게도 고마운 마음을 금할 수 없다.

부모님인 스티브 마이어스와 주디 마이어스는 내가 글을 써나가는 과정을 열심히 지켜보면서, 가족 모임에서 종종 일찍 일어나야 하는 우리의 사정을 이해해 주었다. 학교 시절 치어리더였던 나의 자매들, 벳시 마이어스와 조조 프라우드는 내가 글을 쓰는 내내 든든한 동반자였고, 열정적인 치어리더였다.

알리 웹은 예리한 감각과 솟아오르는 열정을 적절히 절충하며 내게 조언했다. 내게 수정을 건의할 때도 한 번이 아니라 적어도 세 번은 원고를 다시 읽어보는 친구였다. 마릴린 스미스는 나를 위한 최선이 무엇인지를 늘 염두에 두고 현명한 통찰을 공유했다. 리 새터필드는 내 이야기를 들어주고 현명한 질문을 던지며 내가 매일 크고 작은 문제들을 '충분히 생각하도록' 고무해 주었다.

오로지 너그러운 인품에서 우러난 선의로 도움을 준 쿨렌 머피에게도 감사한다. 그의 도움 없이는 이 책을 끝낼 수 없었다고 해도 과언이 아니다. 카렌 아브리치는 이 책의 주제를 향한 나의 관심을 격려했을 뿐 아니라 이 책의 근간이 된 방대한 기사와 연구 자료, 서적을 발굴해 주었다. 캐서린 콜린스는 내가 다듬어지지 않은 아이디어를 정리하느라 씨름할 때, 간간이 새우 샐러드를 시켜 먹으며 나와 수많은 날의 긴긴 오후를 함께 보내며 도와주었다.

백악관에서부터 카풀 라인까지, 그리고 그사이에 지나는 많은 장소에서 내 글을 읽고 격려해 준 나의 친구들에게도 감사를 전한다. 그들의 격려가 나에게 얼마나 큰 힘이 되었는지 그들은 모를 것이다. 앨리슨 애브너, 수전 브로피, 니나 벌리, 웬디 버튼, 리사 카푸토, 팀과 콜린 크레센티, 앤 디커슨, 베스 도조레츠, 타미 하다드, 카프리시아 마샬, 제이 로고빈, 비키 롤린스, 힐러리 로젠, 캐시 세이폴, 리키 시드먼, 클레어 시프먼, 비기 트루스데일, 크리스틴 바니, 린 바서만, 샤론 잘루스키.

이 프로젝트가 시작될 수 있도록 도와준 나의 에이전트 '로버트 바넷'과 환상적인 '하퍼콜린스'의 팀원들, 그리고 첫날부터 나와 내 책을 믿어주고, 내가 필요한 순간마다 위로와 격려의 말을 해준 편집자 클레어 와첼에게도 감사를 전한다. 책의 홍보를 위해 지칠 줄 모르고 뛰어 준 캠벨 와튼에게도 진심으로 감사하며 줄리아 노비치, 캐시 슈나이더, 티나 앤드레디스에게도 감사의 마음을 전한다.

끝으로 귀한 시간을 내서 나의 끝없는 질문들에 응답해 주고 품격과 지혜, 빛나는 유머로 자신의 이야기를 나눠준 경이로운 여성분들 그리고 몇 분의 남성께도 감사하고 싶다.

다이앤 파인스타인 상원의원, 존경하는 제랄딘 페라로 여사, 제인 프리드먼, 로빈 거버, 제인 구달, 버나딘 힐리 박사, 알렉시스 허먼 장관, 스와니 헌트 대사, 케이 베일리 허치슨 상원의원, 셰리 랜싱, 데브라 리, 로라 리스우드, 왕가리 마타이, 주디스 맥헤일,

팻 미첼, 톰 피터스, 고 아니타 로딕, 캐슬린 시벨리어스 주지사,

돈 스타인버그, 셸리 틸먼 박사, 켄 월락, 마리 윌슨.

미주

프롤로그

1   A comprehensive review of encyclopedia entries: Karin Klenke, *Women and Leadership: A Contextual Perspective* (New York: Springer Publishing, 1996).

2   "We relate on a personal level, because": quoted in Mary Leonard, "Transfer of Power: The Female Contingent," *Boston Globe*, January 19, 2001.

3   the Irish women came away inspired: Susan Page, "Across Party Lines, Senate's Women Forge Unique Bonds," *USA Today*, July 24, 2000.

4   "women tend to be better at working across the aisles": quoted in Lizette Alvarez, "Feminine Mystique Grows in Senate," *New York Times*, December 7, 2000.

5   Still, women make up only 16 percent: Center for American Women and Politics, Rutgers University, *Women in Elected Office 2007 Fact Sheet*, Viewed online at http://www.cawp.rutgers.edu/Facts/Offi ceholders/elective.pdf.

6   women account for only 16 percent: Catalyst, *2006 Catalyst Census of Women Corporate Offi cers and Top Earners of the Fortune 500*, Viewed online at http://www.catalyst.org/knowledge/titles/title.php?page=cen_COTE_06.

7   Women make up half of law school graduates: Deborah Rhode, The Unfi nished Agenda: Women and the Legal Profession, *The American Bar Association Commission on Women in the Profession*, 2001. Viewed online at http://www.abanet.org/ftp/pub/women/unfin ished agenda.pdf.

8   Women make up nearly half of medical school graduates: Bonnie Darves, "Women in Medicine Force Change in the Workforce Dynamic," New England Journal of Medicine, April 2005. Viewed online at http://www.nejmjobs.org/career-resources/women-in-medicine.aspx.

9   They are 20 percent of university presidents: Caryn McTighe Musil, "Harvard Isn't

Enough," *Ms.*, April 2007.

1부

1장

10 And after checking old clips: Richard L. Berke, "Clinton Selects a Mostly Youthful Group of White House Aides", *New York Times*, January 15, 1993.

11 Clinton found himself playing defense: Catherine S. Manegold, "Clinton Ire on Appointments Startles Women," *New York Times*, December 23, 1992.

12 In fact, women devalue whole sectors: Catalyst, *The Double Bind Dilemma for Women in Leadership: Damned If You Do, Doomed If You Don't*, 2007.

13 In 2002, 40 percent of medical residents: Bonnie Darves, "Women in Medicine Force Change in Workforce Dynamics," *New England Journal of Medicine*, April 2005.

14 their broadcasts haven't shown any real ratings growth: According to *Broadcasting and Cable*, ABC's *World News*, anchored by Charlie Gibson, averaged 8.95 million viewers the week ending October 26, 2007. While that was better than NBC's *Nightly News*, anchored by Brian Williams (which averaged 8.51 million viewers) or CBS's *Evening News* anchored by Katie Couric, it marked the broadcast's biggest audience in eight months (since February 2007). The numbers dropped again in subsequent weeks. *Broadcasting and Cable* information viewed online at http://www.broadcastingcable.com/article/CA6495665.html.

15 women working full-time earned just eighty cents: U.S. Government Accounting Office, *Women's Earnings: Work Patterns Partially Explain Difference between Men's and Women's Earnings*, October 2003. Viewed online at http://www.gao.gov/new.items/d0435.pdf.

16 even when you control for other factors: Hillary Lips, "Women, Education and Economic Participation," Keynote Address Presented at the Northern Regional Seminar, National Council of Women of New Zealand, Auckland, New Zealand, March 1999.

17 "people think that what men do is more important": quoted in Betsy Morris, "How Corporate America Is Betraying Women," *Fortune*, January 10, 2005.

18 Fifty-five percent … said they wanted to be CEOs: Catalyst, *Women "Take Care," Men "Take Charge": Stereotyping of U.S. Business Leaders Exposed* 2005.

19 An executive at Boeing told *Fortune* : Morris, "How Corporate America Is Betraying Women."

20 men negotiated their initial salary: Linda Babcock and Sara Laschever, *Women Don't Ask: Negotiation and the Gender Divide*, (Princeton: Princeton University Press, 2003), viewed online at www.womendontask.com/stats.html.

21 failing to negotiate that first salary: ibid.

22 "Society really teaches young girls": Linda Babcock, interviewed by Bill Hemer for CNN, August 21, 2003.

23 "We hear that it's in its final phases": Dee Dee Myers, White House Briefing, June 25, 2003 (transcript).

24 By virtually every measure, the assault was a success: Eric Schmitt, "U.S. Says Strike Crippled Iraq's Capacity for Terror," *New York Times*, June 28, 1993.

25 White House's success in keeping the missile strike secret: Doug Jehl, "Administration Finds Just Keeping a Secret Can Be a Triumph," *New York Times*, June 28, 1993.

26 "Dee Dee, you've been reported to be concerned": Dee Dee Myers, White House Briefing, June 28, 1993 (transcript).

27 Larry Speakes, President Reagan's spokesman: Larry Speakes, *Speaking Out*, (New York: Charles Scribner's Sons, 1988), 150–54.

28 Larry King did a show: Brit Hume, Andrea Mitchell, Rita Braver, and Wolf Blitzer interview by Larry King, *Larry King Live*, CNN.

2장

29 perceive women as better at "caretaking skills": Catalyst, *Women "Take Care," Men "Take Charge."*.

30 she and her husband had hired a Peruvian couple: Robert Reinhold, "An Angry Public, Fueled by Radio and TV, Outcry Became Uproar," *New York Times*, January 23, 1992.

31 "Voters focus on a female candidate's performance": *Cracking the Code: Political Intelligence for Women Running for Governor*, The Barbara Lee Family Foundation, 2004, 21.

32 if a woman is too assertive: Alice H. Eagly and Linda L. Carli, "Women and the Labyrinth of Leadership," *Harvard Business Review*, September 2007.

33 "I think [men] won't tolerate some things": Kathleen Sebelius, interview by the author, September 13, 2006.

34 "What I hear from young women to the old": Anonymous interview by the author, May 16, 2006.

35 "It's not easy": YouTube, viewed online at http://fr.youtube.com/watch?v=pl-W3IXR-THU&feature=dir.

36 "Nothing drives me crazier": Judith McHale, interview by the author, July 18, 2006.

37 "Why do you feel that way?": ibid.

38 "The emphasis on Katie's appearance": quoted in Howard Kurtz, "At CNN, Taking On the Cable Guys," *Washington Post*, July 30, 2007.

39 when someone tries to "restate" one of their ideas: Catalyst, *The Double Bind Dilemma*, 28.

40 on the CBS Web site, Couric recounted: Katie Couric, "A Woman at the Table," viewed online at http://www.cbsnews.com/blogs/2007/01/17/couricandco/entry2366267.shtml.

41 studied 15,000 men—and no women: Malcolm Gladwell, "The Healy Experiment," *Washington Post Magazine*, June 21, 1992.

42 government take women's health issues more seriously: Erik Eckholm, "A Tough Case for Dr. Healy," *New York Times Magazine*, December 1, 1991.

43 "So when I got there, I said, 'Guess what?' ": Bernadine Healy, interview by the author, July 13, 2006.

44 Healy launched the Women's Health Initiative: Eckholm, "A Tough Case for Dr. Healy."

45 until recently, all the research into the disease: U.S. Department of Health and Human Services, National Institutes of Health, *Subtle and Dangerous: Symptoms of Heart Disease in Women*, 2006.

46 "everything else becomes men are the normative standard": Healy interview.

47 women are the engine driving economic growth worldwide: "The Importance of Sex," *Economist*, April 12, 2006.

48 companies with the highest representation of women: Catalyst, *The Bottom Line: Corporate Performance and Women's Representation on Boards*, October 1, 2007.

49 Women now earn 60 percent: Tamar Lewin, "At Colleges, Women Are Leaving Men in the Dust," *New York Times*, July 9, 2006.

50 Women already make the vast majority: Hillary Chura, "Failing to Connect: Marketing Messages for Women Fall Short," *Advertising Age*, September 23, 2002.

51 women will control some $12 million: Maureen Nevin Duffy, "Tips for Working with Female Clients: Women Approach Investing Differently than Men," *Journal of Accountancy*, April 1, 2004.

52 The Right Hand Rules the World: Tim Schooley, "Does De Beers Ad Campaign Ring True?" *Pittsburgh Business Times*, February 27, 2004.

53 devised a basket of 115 Japanese companies: "A Guide to Womenomics," *Economist*, April 12, 2006.

54 women ··· are also wise investors: "The Importance of Sex," and "Merrill Lynch Investment Managers Survey Finds: When It Comes to Investing, Gender a Strong Influence on Behavior," *Business Wire*, April 18, 2005.

55 In every presidential election since 1980: Center for American Women in Politics, Rutgers University, *The Gender Gap: Voter Choices in Presidential Elections*, March 2005.

56 women are more likely to introduce and support: Michele Swers, "Understanding the

Policy Impact of Electing Women: Evidence from Congress and State Legislatures," PS: *Political Science and Politics*, Vol. 34, No. 2, June 2001.

57 women are "better listeners, more honest and can work across party lines": Deborah Barfi eld Berry, "Seasoned Women Face Critical Races, *USA Today*, August 17, 2006.

58 Nobel Prize laureate economist Amartya Sen: Amartya Sen, *Development as Freedom* (New York: Anchor Books, 1999), 203.

3장

59 most women want pretty much the same things: Danielle Crittenden, *What Our Mother's Didn't Tell Us* (New York: Simon & Schuster, 2000), 23.

60 "I'm not a women's lib person or anything": quoted in Sean Gregory, "It's Ladies Fight," *Time*, July 30, 2007.

61 "Here's the president of Harvard": quoted in K. C. Cole, "Sally Ride," *Smithsonian*, November 2005.

62 "Larry put his foot in it": Shirley Tilghman, interview by the author, June 20, 2006.

63 there is no gender difference: Steven Pinker and Elizabeth Spelke, *The Harvard Debate*, Mind/Brain/Behavior Institute, Harvard University, April 22, 2005.

64 signifi cant difference in "variation": ibid.

65 99 percent of our genetic material: U.S. Department of Health and Human Ser vices, National Institutes of Health, *New Genome Comparison Finds Chimps, Humans Very Similar at DNA Level*, August 31, 2005, viewed online at http://www.genome.gov/15515096 and William Saletan, "Don't Worry Your Pretty Little Head: The Pseudo i-viii_Feminist Show Trial of Larry Summers," *Slate*, January 21, 2005, viewed online at http://slate.com/id/2112570/.

66 "the brain is a sex organ": quoted in Amanda Ripley, "Who Says a Woman Can't Be Einstein," *Time*, March 7, 2005.

67 male and female brains are indistinguishable: Louann Brizendine, *The Female Brain* (New York: Morgan Road Books, 2007), 14.

68 women have on average 11 percent more neurons: ibid., 5.

69 much less debilitating in a woman: Simon Baron- Cohen, *The Essential Difference* (London: Penguin Books, 2004), 106, and Dorian Sagan, "Gender Specifi cs: Why Women Aren't Men," *New York Times* on the Web, June 21, 1998, viewed online at http://www.nytimes.com/specials/women/nyt98/21saga.html.

70 "peripheral visionaries": quoted in Sagan, "Gender Specifi cs."

71 these differences manifest themselves in a variety of ways: Baron-Cohen, *Essential Differ-*

374

ence, 32.

72 female brains are wired to empathize: Ibid., 31 – 32.

73 ability to recognize emotion: Ibid., 59 and Appendix 2.

74 Stossel's crew made lemonade: John Stossel, "The Difference Between Boys and Girls," ABC News, April 14, 2006, viewed online at http://www.abcnews.go.com/2020/print?id=123726.

75 "I didn't want to make anyone feel bad": ibid.

76 what happens in the brain when someone falls in love?: "How the Brain Reacts to Romance," BBC News, November 12, 2003, viewed online at http://newsvote.bbc.co.uk./mpapps/pagetools/pringt/news.bbc.co.uk/1/hi/health/3261309.stm.

77 http://newsvote.bbc.co.uk./mpapps/pagetools/pringt/news.bbc.co.uk/1/hi/health/3261309.stm.

78 men laugh at fl atulence jokes: quoted in "She Who Laughs Last," *The Week*, November 25, 2005.

79 "a trip to the surface of the Moon": quoted in "What are the 78 Differences Between Women and Men?" BBC News, June 19, 2003, viewed online at http://news.bbc.co.uk/2/hi/uk_news/3002946.stm.

80 "at every age, the girls and women faced each other": ibid.

81 men's self- esteem derives more: Brizendine, *Female Brain*, 41. "women were kept out of the legal profession": in "If Women Ruled the World: A Washington Dinner Party," *The Millennium Dinners*, PBS, first aired March 17, 2001.

82 "hysteria": Barbara Ehrenreich and Deirdre English, *For Her Own Good: 150 Years of the Experts' Advice to Women* (New York: Anchor, 2005); Rachel F. Maines, *The Technology of Orgasm: "Hysteria," the Vibrator, and Women's Sexual Satisfaction* (Baltimore: Johns Hopkins University Press, 2001); and Bill Cassleman, *Bill Casselman's Dictionary of Medical Derivations (Pearl River*, NY: Parthenon Publishing Group, 1998).

83 "Danica is pretty aggressive in our cars": quoted in Perspectives, *Newsweek*, July 24, 2006.

84 when infant monkeys are given a choice: Ronald Kotulak, "Gender and the Brain," *Chicago Tribune*, April 30, 2006.

85 neutralize traditional gender roles: Lawrence H. Summers, Remarks at NBER Conference on Diversifying the Science and Engineering Workforce, Cambridge, MA, January 14, 2005, viewed online at http://www.president.harvard.edu/speeches/2005/nber.html.

86 where biological boys have been raised as girls: John Colapinto, *As Nature Made Him: The Boy Who Was Raised a Girl* (New York: HarperPerennial, 2006).

87 "what if the communication center": Brizendine, *Female Brain*, 8.

88 "Women have a biological imperative": Ibid., 163.

89   when the women who worked in the lab: "UCLA Researchers Identify Key Biobehavioral Pattern Used by Women to Manage Stress," *Science Daily*, May 22, 2000, and Gale Berkowitz, "UCLA Study on Friendship Among Women," 2002, viewed online at http://www.anapsid.org/cnd/gender/tendfend.html.

90   basket neatly stacked with free tampons: Yilu Zhao, "Beyond Sweetie," *New York Times*, November 7, 2004.

91   Sherry Lansing, the former chief of Paramount: Sherry Lansing, interview by the author, August 22, 2006.

92   "if 50 percent of your viewing public": McHale interview.

93   Look at Revlon: Tom Peters, interview by the author, May 11, 2006; Revlon Web site viewed online at http://www.corporate-ir.net/ireye/ir_site.zhtml?ticker=REV&script=2200; and Procter & Gamble Web site viewed online at http://phx.corporate-ir.net/phoenix.zhtml?c=195341&p=irol-govmanage.

94   a speech he gave at a gem ⋯ conference: Peters interview.

95   Debra Lee, the CEO of Black Entertainment Networks: Debra Lee, interview by the author, May 25, 2006.

96   both Republican and Democratic women: *Cracking the Code*, 2.

97   Kay Bailey Hutchison was the first: Kay Bailey Hutchison, interview by the author, July 12, 2006.

98   Hutchison believes: ibid.

99   she's a "huge believer": Sebelius interview.

100   "My mother wrote that law!": Lindy Boggs, *Washington through a Purple Veil: Memoirs of a Southern Woman* (New York: Harcourt Brace & Company, 1994), 312–14.

101   "I listened to the women from the countryside": Wangari Maathai, Speech to Accenture, Washington DC, May 24, 2006.

102   when women control the family funds: Isobel Coleman, "The Payoff from Women's Rights," *Foreign Affairs*, May/June 2004.

103   in India, researchers found: Raghabendra Chattopadhyay and Ester Dufflo, *Women as Policy Makers: Evidence from an India-wide Randomized Policy Experiment*, Massachusetts Institute of Technology, October 2001.

104   motherhood literally alters a woman's brain: Brizendine, *Female Brain*, 95.

105   the constant physical and emotional demands: Katherine Ellison, *The Mommy Brain: How Motherhood Makes Us Smarter* (New York: Basic Books, 2005).

106 "The expression 'the buck stops here' ": Daniel Stern, *The Birth of a Mother* (New York: Basic Books, 1998), 15 – 17.

107 when she became president of Princeton: Tilghman interview.

108 "Give a woman an inch, and she'll park a car in it": Geraldine Ferraro, Remarks to the Madeleine Albright Grants Luncheon, National Democratic Institute, Washington DC, May 1, 2006.

109 "Women are accustomed, I guess, to cleaning up": Dianne Feinstein, interview by the author, July 28, 2007.\

5장

110 women hold thirty-nine out of eighty seats: Inter-Parliamentary Union, *Women in National Parliaments*, October 31, 2007, viewed online at http://www.ipu.org/wmn-e/classif.htm.

111 "Before the genocide": quoted in Marc Lacy, "Women's Voices Rise and Rwanda Reinvents Itself," *New York Times*, February 26, 2005.

112 "We were the wives left as widows": quoted in Emily Flynn Vencat, "Keepers of the Peace," *Newsweek*, November 14, 2005.

113 "It was like asking Jews": Swanee Hunt, interview by the author, July 20, 2006.

114 "Widows of the genocide": quoted in "Women Taking a Lead: Progress Toward Empowerment and Gender Equity in Rwanda," *Critical Half: Bi-Annual Journal of Women for Women International*, September 2004, 15.

115 women became symbols of moderation: Elizabeth Powley, *Strengthening Governance: The Role of Women in Rwanda's Transition*, United Nations Office of the Special Advisor on Gender Issues, January 26, 2004, 4.

116 "women are better at reconciliation": quoted in Lacy, "Women's Voices Rise."

117 "Traditionally, a woman is not a breadwinner": quoted in Mike Crawly, "Rwandan Social Structure Evolves," *Christian Science Monitor*, June 21, 2000.

118 30 percent of the seats ⋯ were set aside for women: Lacy, "Women's Voices Rise."

119 "Some men even complained": ibid.

120 "women rolled up their sleeves": quoted in *The Vital Role of Women in Peace Building*, Hunt Alternatives Fund, viewed online at http://www.huntalternatives.org/pages/460_the_vital_role_of_women_in_peace_building.cfm. "women have served as peace educators": quoted ibid.

121 women are ⋯ better at creating and keeping the peace: Vencat, "Keepers of the Peace."

122 "After the war in Bosnia": Hunt interview.

123 "if mothers ruled the world": quoted in James Hibberd, "Sally Field Speaks Out at the Emmys," *TV Week*, September 16, 2007, viewed online at http://www.tvweek.com/blogs/james-hibberd/2007/09/sally_field_at_the_emmys.php.

124 "essential" that women participate in every phase: Klara Banaszak, Camille Pampell Conaway, Anne Marie Goetz, Aina Iiyambo, and Maha Muna (editors), *Securing the Peace: Guiding theInternational Community towards Women's Effective Participation throughout Peace Processes*, United Nations Development Fund for Women, October 2005.

125 "Women are more practical": Mostar women, interview by the author, May 1, 2006.

126 "Men are stubborn": quoted in Vencat, "Keepers of the Peace."

127 During South Africa's post-apartheid transition: Pumla Gobodo-Madikizela, *Women's Contributions to South Africa's Truth and Reconciliation Commission*, Women Waging Peace Policy Commission, February 2005.

128 "I convinced Thomas Friedman": Pat Mitchell, interview by the author, May 16, 2006.

129 "the voice of women is clearer": Shulamit Aloni, "Give Peace a Chance: Women Speak Out," bitterlemons-international.org, September 4, 2003, viewed online at http://www.bitterlemons-international.org/previous.php?opt=1&id=9#37.

130 "During my meetings with Palestinian women": quoted in Anat Cohen, "Israeli and Palestinian Women Talk About Peace," Women's eNews, March 11, 2003, viewed online at http://www.womensenews.org/article.cfm?aid=1251.

131 "For men, negotiation": quoted ibid.

132 "women usually delve into the little details": quoted ibid.

133 recent efforts to empower women: Sen, *Development as Freedom*, 178-79.

134 educating girls probably produced better returns: Coleman, "The Payoff."

135 "increases in household income": ibid.

136 large gap in the literacy rates: Steven Fish, "Islam and Authoritarianism," *World Politics*, October 2002.

137 "One time I found a woman": quoted in Richard Wrangham and Dale Peterson, *Demonic Males* (Boston: Houghton Miffl in, 1996), 4.

138 men are the primary perpetrators: ibid., 113.

139 chimpanzees engage in certain behaviors: Esther Addley, "Life: The Ascent of One Woman," *Guardian*, April 3, 2003.

140 the group split into two separate factions: Wrangham and Peterson, *Demonic Males*, 12-16.

141 "It was only one female who really participated": Jane Goodall, interview by the author, September 15, 2006.

142 "It was a very primitive war": ibid.

143 a male chimp in his prime: Wrangham and Peterson, *Demonic Males*, 191.

144 Of the more than 4,000 mammals: ibid., 23 – 24.

145 "Male chimps are very aggressive": Goodall interview.

146 "phenomena like aggression": Francis Fukuyama, "Women and the Evolution of World Politics," *Foreign Affairs*, September/October

147 Inter – Parliamentary Union's annual ranking: Inter – Parliamentary Union, *Women in National Parliaments*.

148 "chimpanzees show love": quoted in Addley, "Life."

6장

149 an ominous feeling: Alexis Herman, interview by the author, August 1, 2006.

150 One hundred eighty – three thousand workers: Charles Krause, "Package Deal," *The News-Hour*, PBS, August 19, 1997.

151 "absolutely crucial" to the settlement: quoted in Elizabeth Shogren, "The Strike Settlement: Herman Survives Trial by Fire," *Los Angeles Times*, August 20, 1997.

152 rated her performance "at least a 9, if not a 9.5": quoted in Kevin Merida, "For Alexis Herman, a Proving Ground," *Washington Post*, August 20, 1997.

153 Is there such a thing as a "female style"?: Alice Eagly, Mary Johannesen–Schmidt, Marloes van Engen, *Transformational, Transactional and Laissez- Faire Leadership Styles: A Meta-Analysis Comparing Men and Women*, Institute for Policy Research at Northwestern, 2004.

154 "By valuing a diversity of leadership styles": Judith Rosener, "Ways Women Lead," *Harvard Business Review*, November/December 1990.

155 "forced to pioneer ⋯ strategies": Sally Helgesen, "Women and the New Economy," *Leader to Leader*, 1997, viewed online at http://www3.interscience.wiley.com/cgi–bin/abstract/114100179/ABSTRACT?CRETRY=1&SRETRY=0.

156 "When you put together a thirty– person project team": Peters interview.

157 "This is why you want to hire women": Pat Mitchell interview.

158 When Kathleen Sebelius was insurance commissioner: Sebelius interview.

159 "All the women leaders I've met": quoted in "When Women Lead," *Newsweek*, October 24, 2005.

160 "I do think there's such a thing as intuition": Feinstein interview.

161 "I think we make them faster": Jane Friedman, interview by the author, May 15, 2006.

162 "I'm not for a woman in any government job": quoted in Adam Clymer, "Book Says Nixon Considered a Woman for the Supreme Court," *New York Times*, September 27, 2001.

163 Gut feelings are not just: Brizendine, Female Brain, 120.

164 "women are better than men at decoding": quoted in David G. Myers, "The Powers and

Perils of Intuition," *Psychology Today*, November–December 2002.

165   "It's only when men actually see tears": Brizendine, Female Brain, 119.

166   To forge connection: ibid., 28–29.

167   "The advice from the men": Peters interview.

168   "I do think women approach things": Sebelius interview.

169   "Always leave a little something": quoted in "12 Leaders on Life Lessons," *Newsweek*, October 24, 2005.

170   "'No, it's got to be my baby'": Sebelius interview.

171   "Women are more honest": Lee interview.

172   They call themselves "the Sirens": Karen Breslau, "A New Team in Town," *Newsweek*, October 24, 2005.

173   Tactics that aren't "badge heavy": ibid.

174   "I do think mostly women are more collaborative": Kay Bailey Hutchison, interview by the author, July 12, 2006.

175   "excited by an interdisciplinary approach": quoted in Victoria Griffith, "Overhaul of a Grand Institution," *Financial Times*, March 7, 2005.

176   "I seek out people": quoted in Jonathan Darman, "A Much Fuller Understanding," *Newsweek*, September 17, 2007.

177   "They don't like power": Anita Roddick, interview by the author, September 18, 2006.

178   women leaders are increasingly speaking of mothering: Erkut, *Inside Women's Power*.

179   "It's a sign of their comfort with motherhood": quoted in Mary Meier, "Leaders Say Managing Kids Prepared Them to Be Boss," Women's eNews, October 16, 2001, viewed online at http://www.womensenews.org/article.cfm/dyn/aid/687.

180   "better leader in my job because I'm a parent": quoted in "12 Leaders on Life Lessons."

181   "It's about consistent discipline": Breslau, "A New Team in Town."

182   "I always find it very difficult to say": Wangari Maathai, interview by the author, May 24, 2006.

183   Judith McHale also expressed doubts: McHale interview.

184   "combine a strong focus on results": Erkut, *Inside Women's Power*.

185   "less effective and less fair than males": Leanne E. Atwater, James A. Carey, and David A. Waldman, "Gender and Discipline in the Workplace: Wait Until Your Father Gets Home," *Journal of Management*, September 1, 2001.

186   "when it comes to do the obituary on me": Roddick interview.

3부

7장

187 "Jane Swift had twins": quoted in Rita Braver, "The Quest to Become Ms. President," *CBS News Sunday Morning*, February 5, 2006.

188 "Waiting for the connection between gender": Susan Estrich, *Sex & Power* (New York: Riverhead Books, 1999).

189 women cite lack of opportunity: Peninah Thomson and Jacey Graham, *A Woman's Place Is in the Boardroom* (Houndsmills, England: Palgrave Macmillan, 2005).

190 These "micro-inequities" are like pebbles: Alison Maitland, "The Hidden Obstacles to Women's Final Ascent," *Financial Times*, September 12, 2005.

191 the accounting and consulting giant Deloitte & Touche: Douglas M. McCracken, "Winning the Talent War for Women: Sometimes It Takes a Revolution," *Harvard Business Review*, November/December 2000.

192 men were considered better musicians than women: Malcolm Gladwell, *Blink* (New York, Little, Brown and Company, 2005), 250.

193 Two different résumés were used: Pinker and Spelke, *The Harvard Debate*.

194 Nancy Hopkins … famously showed: Committee on Women Faculty, *A Study on the Status of Women Faculty in Science at MIT*, Massachusetts Institute of Technology, 1999.

195 "I always believed that contemporary gender discrimination": Charles M. Vest, Introductory Comments, *A Study on the Status of Women Faculty in Science at MIT*.

196 "If you're in pediatrics": Healy interview.

197 "Men are willing to talk about these things": quoted in Jody and Matt Miller, "Get a Life," *Fortune*, November 28, 2005.

198 desire to work with "people versus things": Pinker and Spelke, *The Harvard Debate*.

199 viewed "pure math and physics careers": Laura Vanderkam, "What Math Gender Gap?" *USA Today*, April 12, 2005.

200 girls who scored extremely high on the math portion: ibid.

201 As opportunities for girls to play skyrocketed: Terri Lakowski, "Title IX Myth-Fact," viewed online at http://www.womenssportsfoundation.org/cgi-bin/iowa/issues/rights/article.html?record=1209.

202 why there are more women in her field: Tilghman interview.

203 "I think there are a whole series of things": ibid.

204 was a champion of fl exibility: McHale interview.

205 "You can have flexible hours": Hutchison interview, July 12, 2006.

206 family-friendly policies increased: Alice Eagly and Linda L. Carli, "Women and the Laby-

rinth of Leadership," *Harvard Business Review*, September 2007.

207 The survey of mid-career women: Sylvia Ann Hewlett, "Off Ramps and On Ramps: Keeping Talented Women on the Road to Success," *Harvard Business Review*, September/October 2005.

208 "all you needed to do was fill the pipeline": quoted in Daniel McGinn, "Getting Back on Track," *Newsweek*, September 25, 2006.

209 The fi rst time I opened *Newsweek*: Advertisement following page 61, *Newsweek*, July 17, 2006.

210 "whoever figures this out first wins": quoted in McGinn, "Getting Back on Track."

211 Domino's pizza found: *Wall Street Journal*, February 2005.

212 "My kids were little": Sebelius interview.

213 2.5 percent of babies: according to various sources, including the Centers for Disease Control, about 4.1 million babies were born in the United States in 2005. Roughly 110,000—or 2.6 percent—ofthose were born to women forty or older.

214 "recognizing that fifty is probably the new thirty": Sebelius interview.

215 "I could not have done my job and raised children": Lansing interview.

216 "left my job as a correspondent for 60 Minutes": quoted in "Lessons We Have Learned," *Newsweek*, September 25, 2006.

217 Hillary Clinton said she'd been touched: Anne E. Kornblut, "Encouraged by Women's Response, Clinton Stresses Female Side,"*Washington Post*, October 7, 2007.

8장

218 He recounted that I had urged him to talk to the press: Bill Clinton, *My Life* (New York: Alfred A. Knopf, 2004), 499.

219 girls are more comfortable making decisions together: Brizendine, *Female Brain*, 22.

220 "The women are very bright": quoted in Daniel McGinn, "Vote of Confidence," *Newsweek*, October 24, 2005.

221 "Middle school is the moment of bifurcation": quoted in *Research & Action Report*, Wellesley Centers for Women, Spring/Summer 2005, 10 – 11.

222 "stereotype threat": Claude Steele and Joshua Aronson, "Stereotype Threat and the Intellectual Test Performance of African Americans," *Journal of Personality and Social Psychology*, November 1995.

223 Can you override stereotypes: Mathew McGlone and Joshua Aronson, "Social Identity Salience and Stereotype Threat in Standardized Test Performance," Conference Paper, International Communications Association Conference, New Orleans, May 2004.

224 "We were activating their snob schema": quoted in Richard Morin, "Women Aren't Good in Math … Or Are They?" *Washington Post*, August 31, 2006.

225 "Women negotiate very effectively": quoted in Dawn Klingensmith, "Mapping Your Route to the Top Job," *Chicago Tribune*, June 8, 2005.

226 men think of negotiating like a ballgame: Babcock and Laschever, *Women Don't Ask*.

227 "women need to find their own negotiating voices": Babcock interview by Bill Hemer.

228 "Women tend to run because": quoted in "Women's March into Offi ce Slows," *Wall Street Journal*, August 16, 2007.

229 women are even less likely to run: Jennifer Lawless and Richard L. Fox, *Why Don't Women Run for Office*, Taubman Center for Public Policy, Brown University, January 2004.

230 "I knew how we could win": Sebelius interview.

231 "There aren't enough women who say": Hunt interview.

232 "I'd go straight to Mrs. Truman and apologize": quoted in Richard Sevaro, "Margaret Chase Smith Is Dead at 97; Maine Republican Made History Twice," *New York Times*, May 30, 1995.

233 "Don't just think of me as a lawyer": McHale interview.

234 "improve the species": The Darwin Awards Web site, viewed online at http://www.darwi-nawards.com/darwin/.

235 major financial houses did a survey: Olivia Millan and Karina Piskaldo, "Men, Women and Money," *Psychology Today*, January 1999.

236 "women engage in … 'protective hesitation' ": Herman interview.

237 freshmen … awarded … Westinghouse Science Prize: Tilghman interview.

238 fathers get more credit than mothers: Deborah Rhode, *Speaking of Sex* (Cambridge, MA: Harvard University Press, 1997).

239 "these boys who get C's in math": quoted in Cole, "Sally Ride."

240 "When it comes to professional modesty": quoted in Patricia Sellers, "Power: Do Women Really Want It?" *Fortune*, October 13, 2003.

241 "weren't a lot of female breast surgeons": quoted in "12 Leaders on Life's Lessons."

242 "Don't assume that others are aware": ibid.

243 "Bobby is going to say he's responsible": quoted in George Vecsey, "People's Champ Earns Public Tribute," *New York Times*, August 29, 2006.

244 "I did my reports": Lee interview.

245 "One of Hollywood's first successful female producers … that's what I can't fi gure out": Anonymous interview by the author, March 12, 2007.

246 "When I made a mistake in the lab": Tilghman interview.

9장

247 If the Walls Could Talk: Jane O'Connor and Gary Hovland, *If the Walls Could Talk: Family Life at the White House* (New York: Simon & Schuster, 2004).

248 When I talked to Geraldine Ferraro: Geraldine Ferraro, interview by the author, May 15, 2006.

249 "The women licked the envelopes": Sebelius interview.

250 "There will never be a woman head of studio": Lansing interview.

251 Hollywood's "immigrant, outsider ethos": quoted in Nancy Hass,

252 "Hollywood's Old Girls' Network," *New York Times*, April 24, 2005.

253 "The notion that you can't see anybody": Tilghman interview.

254 Louis Leakey … believed that women: Addley, "Life."

255 "After every single lecture": Goodall interview.

256 "It was in college, through my books": Herman interview.

257 "I found a biography of Maria Mitchell": quoted in "When Women Lead," *Newsweek*, October 24, 2005.

258 "I'll never forget when I was in the sixth grade": Hutchison interview, July 12, 2006.

259 "No longer should the question be": Doug Burns, "Clinton's Debate Dominance Flips Script: Why Hasn't a Woman Been President?" *Iowa Independent*, July 23, 2007.

260 In 1967, married women in Texas: Elizabeth York Enstam, *Handbook of Texas Online*, Texas State Historical Association, viewed online at http://www.tsha.utexas.edu/handbook/online/articles/WW/jsw2.html.

261 "As I go by shaking hands and meeting people": quoted in Kornblut, "Encouraged by Women's Response."

10장

262 I opened my last briefing: Dee Dee Myers, White House Briefing, December 22, 1994 (transcript).

263 when word of the meeting leaked: Jeffrey Birnbaum, *Madhouse: The Private Turmoil of Working for the President* (New York: Times Books, 1996), 184.

264 Frances Kaiser, the sheriff of Kerr County, Texas: in "If Women Ruled the World: A Washington Dinner Party."

265 "In politics, if you want anything said": Margaret Thatcher, Brainyquote.com, viewed online at http://www.brainyquote.com/quotes/quotes/m/margaretth153838.html.

266 "Her voice and her manner reminded many": R. W. Apple, "Conservatives Win British

Vote," *New York Times*, May 4, 1979.

267 "Margaret Thatcher damaged women's place": quoted in Ollie Stone-Lee, "Thatcher's Role for Women," BBC News, November 11, 2005, viewed online at http://news.bbc.co.uk/1/hi/uk_politics/4435414.stm.

268 When she became prime minister in 1979: ibid.

269 Thatcher "created a constituency for women leaders": in "If Women Ruled the World: A Washington Dinner Party."

270 Xerox began planning for succession: Betsy Morris, "Dynamic Duo," *Fortune*, October 15, 2007.

271 "there is strength in numbers": Herman interview.

272 A recent study of corporate boards: Vicki W. Kramer, Alison M. Konrad, and Sumru Erkut, Critical Mass and Corporate Boards: *Why Three or More Women Enhance Governance*, Wellesley Centers for Women, 2006.

273 "In order for [men] to embrace you": Wangari Maathai, Speech to Accenture.

274 Studies show that women begin: Sandra Grey, *Women and Parliamentary Politics*, Australian National University, 2001.

275 Worldwide, only fifteen countries: Inter-Parliamentary Union, *Women in National Parliaments*.

276 Ritt Bjerregaard, the powerful mayor of Copenhagen: Ulla Plon, "Building a Better Family," Time, October 12, 2007.

277 Every country that has achieved critical mass: Jane S. Jaquette, "Women in Power: From Tokenism to Critical Mass," *Foreign Policy*, September 22, 1997, and *Getting the Balance Right in National Parliaments*, Women's Environment & Development Organization, 2003, viewed online at http://www.wedo.org/files/5050womnpar.pdf.

278 All of the Nordic countries: Matti Huuhtanen, "Finland Accustomed to Women in Charge; So Are Other Nordic Nations," *Miami Herald*, April 20, 2003.

279 "I certainly prefer": quoted ibid.

280 United Nations evaluates countries: *United Nations Development Program Annual Report*, 2007.

281 "Mary Kay cosmetics": quoted in "Is America Ready for a Woman? Go to Hell," *Huffington Post*, February 2, 2007, viewed online at http://www.huffingtonpost.com/elayne-boosler/is-america-readyfor-a-w_b_40300.html.

282 More women have led governments in South Asia: Vasanthi Ramachandran, "Women Leaders Who Rose to Their Jobs," *New Straights Times*, November 10, 2003; Neil Western, "Asia's Women Leaders," *Manila Bulletin*, March 7, 2005; and Barbara Crossette, "Enthralled by Asia's Ruling Women? Look Again," *New York Times*, November 10, 1996.

283 Fernandez de Kirchner crushed thirteen opponents: Monte Reel, "Argentina's First Lady

Wins Presidency by Wide Margin," *Washington Post*, October 29, 2007.

284 the twenty-first American woman to run: Ramachandran, "Women Leaders Who Rose to Their Jobs."

285 "the trend is genuine and sustained progress": Patricia Sellers, "The Power," *Fortune,* October 15, 2007.

286 "when women become present in greater numbers": in "If Women Ruled the World: A Washington Dinner Party."

참고문헌

Baron- Cohen, Simon. *The Essential Difference* London: Penguin Books, 2004.

Bennis, Warren. *On Becoming a Leader* New York: Basic Books, 1989.

Birnbaum, Jeffrey H. *Madhouse: The Private Turmoil of Working for the President* New York: Times Books, 1986.

Boggs, Lindy. *Washington Through a Purple Veil: Memoirs of a Southern Woman* New York: Harcourt Brace & Company, 1994.

Brizendine, Louann. *The Female Brain* New York: Morgan Road Books, 2007.

Buchanan, Bay. *The Extreme Makeover of Hillary (Rodham) Clinton* Washington, D.C.: Regnery Publishing Inc., 2007.

Collins, Gail. *America's Women: 400 Years of Dolls, Drudges, Helpmates, and Heroines* New York: William Morrow, 2003.

Coughlin, Linda and Ellen Wingard and Keith Hollihan. *Enlightened Power: How Women Are Transforming the Practice of Leadership* San Francisco: Jossey- Bass, 2005.

Crittenden, Ann. *If You've Raised Kids, You Can Manage Anything* New York: Gotham Books, 2004.

_____. *The Price of Motherhood* New York: Owl Books, 2001.

Crittenden, Danielle. *What Our Mothers Didn't Tell Us* New York: Simon & Schuster Paperbacks, 1999.

Davey, Moira. *Mother Reader: Essential Writings on Motherhood* New York: Seven Stories Press, 2001.

Edwards, Elizabeth. *Saving Graces* New York: Broadway Books, 2006.

Ellison, Katherine. *The Mommy Brain: How Motherhood Makes Us Smarter* New York: Basic Books, 2005.

Ephron, Nora. *I Feel Bad About My Neck* New York: Alfred A. Knopf, 2006.

Estrich, Susan. *The Case for Hillary Clinton* New York: Reagan Books, 2005.

_____. *Sex & Power* New York: Riverhead Books, 2000.

Fiorina, Carly. *Tough Choices: A Memoir* New York: Portfolio, 2006.

Fisher, Helen. *The First Sex: The Natural Talents of Women and How They Are Changing the World* New York: Random House, 1999.

Friedan, Betty. *The Feminine Mystique* New York: W. W. Norton & Company, 2001.

Gerber, Robin. *Leadership the Eleanor Roosevelt Way: Timeless Strategies from the First Lady of Courage* New York: Prentice Hall Press, 2002.

Gilligan, Carol and Janie Victoria Ward and Jill McLean Taylor, *Mapping the Moral Domain* Cambridge: Harvard University Press, 1988.

Gilligan, Carol. *In a Different Voice* Cambridge: Harvard University Press, 1982.

Gladwell, Malcolm. *Blink: The Power of Thinking without Thinking* New York: Little, Brown & Company, 2005.

Gray, John. *Men Are from Mars, Women Are from Venus* New York: Quill, 1992.

Hankin, Sheenah. *Complete Confidence* New York: Regan Books, 2004.

Harragan, Betty Lehan. *Games Mother Never Taught You* New York: Warner Books, 1977.

Helgesen, Sally. *The Female Advantage: Women's Ways of Leadership* New York: Doubleday Currency, 1995.

Henneberger, Melinda. *If They Only Listened to Us* New York: Simon & Schuster, 2007.

Hirschman, Linda R. *Get to Work: A Manifesto for Women of the World* New York: Viking, 2006.

Huffington, Arianna. *On Becoming Fearless* New York: Little, Brown & Company, 2006.

Hunt, Swanee. *Half Life of a Zealot. Durham* North Carolina: Duke University Press, 2006.

_____. *This Was Not Our War: Bosnian Women Reclaiming the Peace* Durham, North Carolina: Duke University Press, 2004.

Ingraham, Laura. *The Hillary Trap: Looking for Power in All the Wrong Places* New York: Hyperion, 2000.

Lake, Celinda and Kellyanne Conway. *What Women Really Want: How American Women Are Quietly Erasing Political, Racial, Class and Religious Lines to Change the Way We Live* New York: Free Press, 2005.

Lawless, Jennifer L. *It Takes a Candidate* New York: Cambridge University Press, 2005.

McKenna, Elizabeth Perle. *When Work Doesn't Work Anymore: Women, Work and Identity* New York: Delacorte Press, 1997.

Milkulski, Barbara et al. *Nine and Counting: The Women of the Senate* New York: William Morrow, 2000.

O'Beirne, Kate. *Women Who Make the World Worse: How Their Radical Feminist Assault Is Ruining Our Schools, Families, Military and Sports* New York: Sentinel, 2006.

Olson, Barbara. *Hell to Pay: The Unfolding Story of Hillary Rodham Clinton* Washington, D.C.: Regnery Publishing Inc., 1999.

Pinker, Steven. *The Blank Slate: The Modern Denial of Human Nature* New York: Penguin Books, 2004.

Popcorn, Faith. *Evolution: Eight Truths of Marketing to Women* New York: Hyperion, 1993.

Quinlan, Mary Lou. *Just Ask a Woman: Cracking the Code of What Women Want and How They Buy.* Hoboken New Jersey: John Wiley & Sons, Inc., 2003.

Rhode, Deborah L. *The Difference Difference Makes: Women and Leadership* Stanford, California: Stanford Law and Politics, 2003.

Roberts, Cokie. *Founding Mothers: The Women Who Raised Our Nation* New York: William Morrow, 2004.

_____. *We Are Our Mothers' Daughters* New York: William Morrow, 1998.

Rosener, Judy B. *America's Competitive Secret: Women Managers* New York: Oxford University Press, 1995.

Sanders, Marlene and Marcia Rock. *Waiting for Prime Time: The Women of Television News* New York: Harper & Row, 1993.

Shriver, Maria. *Ten Things I Wish I'd Known Before I Went Out into the Real World* New York: Warner Books, 2000.

Sommers, Christina Hoff. *Who Stole Feminism? How Women Have Betrayed Women* New York: Simon & Schuster, 1994.

Stassel, Kimberly A. and Celeste Colgan and John C. Goodman. *Leaving Women Behind: Modern Families, Outdated Laws. Lanham* Maryland: Roman & Littlefield Publishers, Inc., 2006.

Stephanopoulos, George. *All Too Human: A Political Education* New York: Little, Brown & Company, 1999.

Tannen, Deborah. *That's Not What I Meant! How Conversational Style Makes or Breaks Relationships* New York: Ballantine Books, 1986.

_____. *You Don't Understand! Women and Men in Conversation* New York: Ballantine Books, 1999.

Tiger, Lionel. *The Decline of Males: The First Look at an Unexpected New World for Men and Women* New York: St. Martin's Griffin, 1999.

Wilson, Marie C. *Closing the Leadership Gap: Why Women Can and Must Help Run the World* New York: Viking, 2004.

Wollander, Robin. *Naked in the Boardroom: A CEO Bares Her Secrets So You Can Transform Your Career* New York: Fireside Books, 2005.

Wrangham, Richard, and Dale Peterson. *Demonic Males: Apes and the Origins of Human Violence* Boston: Houghton Mifflin Company, 1996.

인명 색인

🔲부록 본문에서 언급하는 주요 여성 정치인

다이앤 파인스타인 1933~2023

다이앤 파인스타인은 미국 상원의원으로 활동한 민주당 정치인이다. 1969년 샌프란시스코 시의원에 선출됐고 1970년에는 시의회의 첫 번째 여성 의장이 됐다. 이후 1978~1988년에 샌프란시스코의 시장직을 맡았다. 1990년 캘리포니아 주지사 선거에서 낙선했으나 1992년에 연방 상원의원으로 당선되어 캘리포니아의 첫 번째 여성 상원의원이 된다. 90세에 사망한 당시 최고령 상원의원이었고, 역대 최장임 여성 상원의원으로 기록됐다.

리키 시드먼 1955~

리키 시드먼은 오하이오주 마이애미 대학교에서 학사학위를, 조지아 대학교에서 법학박사 학위를 취득했다. 1984년 월터 먼데일 대선 캠프, 1988년 마이클 두카키스 대선 캠프, 1992년 빌 클린턴 대선 캠프에 참여했다. 클린턴 대통령과 에드워드 케네디 상원의원의 보좌관으로 근무했고, 오바마 행정부 시기에 법무차관으로 활동했다.

알렉시스 허먼 1947~

알렉시스 허먼은 지미 카터 행정부에서 노동부 산하 여성국 국장으로 활동하며 여성과 소수자의 고용 및 사회 진출을 지원했다. 1992년에는 빌 클린턴 당선인의 인수위원회에서 활동했다. 1996년 클린턴 대통령은 알렉시스 허먼을 노동부 장관으로 임명했다. 허먼은 노동부 장관을 맡은 다섯 번째 여성이자 첫 번째 아프리카계 미국인이었다.

제럴딘 페라로 1935~2011

제럴딘 페라로는 1978년 뉴욕에서 연방 하원의원으로 선출되며 정치계에 입문했다. 이후 1980년, 1982년 선거에서 연달아 압승하며 3선에 성공한 뉴욕 퀸스 출신 여성 정치인으로 부상했다. 1984년 월터 먼데일의 러닝메이트(부통령 후보)로 지명되어 미국 최초 여성 부통령 후보로 기록됐다.

캐슬린 시벨리어스 1948~

캐슬린 시벨리어스는 1986~1992년에 캔자스 주의회 하원으로 활동했고, 1995년에는 민주당 출신으로는 최초로 캔자스주의 보험 감독관(보험국장)으로 당선됐다. 2002년에는 캔자스주 주지사 선거에서 승리했고, 2009년까지 주지사직을 맡았다. 오바마 행정부 시절, 2009~2014년에 미국 보건복지부 장관으로 근무했다.

케이 베일리 허치슨 1943~

케이 베일리 허치슨은 1972년 29세에 텍사스 주의회 하원의원으로 선출되며 정계에 입문한 공화당 정치인이다. 1990년에는 텍사스주 재무장관으로, 1993년에는 텍사스 최초의 여성 상원의원으로 선출되었다. 2013년 상원의원 임기를 끝냈고, 2017~2021년에는 NATO 주재 미국 대사로 활동했다.

옮긴이　민지현

이화여자대학교 영어영문학과를 졸업하고 미국 뉴욕주립대학교에서 교육학 석사 학위를 받았다. 현재 뉴욕에 살면서 번역가로 활동한다. 옮긴 책으로는 『톨스토이 단편선』, 『블루&그린: 버지니아 울프 단편집』, 『군주론』, 『어메이징 브루클린』, 『베러티』, 『불법자들: 한 난민 소년의 희망 대장정』, 『메이슨 버틀이 말하는 진실』, 『감정의 역사』, 『선을 긋는 연습』, 『카피캣』, 『갤럭시』, 『앨비의 또 다른 세계를 찾아서』, 『할아버지의 위대한 탈출』 등 다수가 있다.

여자가 왜 세상을
지배해야 하는가

초판 1쇄 발행　2024년 5월 3일

지은이	디디 마이어스
옮긴이	민지현
펴낸이	최용범
편집	박승리
관리	이영희
인쇄	㈜다온피앤피

펴낸곳	**페이퍼로드** paperroad
출판등록	제10-2427호(2002년 8월 7일)
주소	서울시 관악구 보라매로5가길 7 1309호
이메일	book@paperroad.net
인스타그램	@paperroad_book
전화	(02)326-0328
팩스	(02)335-0334
ISBN	979-11-92736-39-4 (03330)